KB149198

주식투자,
누가시장을
이기는가?

대한민국 베스트 펀드매니저에게 길을 묻다

박영규 지음

주식투자,
누가 시장을 이기는가?

목차

1부 주식 직접투자, 정말 성공하기 어렵다 18

**간접투자,
프로에게 맡겨라 84**

목차

>> 대형 서점에서 주식이나 펀드투자에 관한 책을 찾는다면 크게 두 가지 종류가 있을 것이다. 하나는 재무관리나 투자론 교재 섹션에 있는 가치평가(밸류에이션)나 포트폴리오 이론을 공부할 수 있는 딱딱한 학술서적들이고, 다른 하나는 재테크 코너에 쌓여 있는 소위 실전투자 전문가들이 쓴 투자비법을 전수하는 책들이다. 전자는 너무 이론에 치우쳐 경영학이나 경제학을 전공하지 않은 사람들이 이해하기 어렵고 설사 이해한다고 해도 실제 투자에 별 도움이 될 것 같지 않다. 반대로 후자는 이론적 근거 없이 본인들의 특별한 경험을 가지고 일반화하는 경우가 많아서 실제 투자자들을 올바른 투자세계로 인도할 만한 책이 드물다. 이런 와중에 실무와 이론을 겸비한 박영규 교수가 일반투자자들을 위한 주식 펀드투자 가이드북을 출간한다니 매우 반가운 일이 아닐 수 없다.

>> 박 교수는 한국 자본시장이 본격적인 성장을 시작하던 1980년대 말부터 증권회사 리서치부서에서 직장생활을 하며 시장을 경험했고 이후 대학에서 연구와 강의를 하면서도 활발히 시장에 밀접하게 활동해왔다. 내가 처음 최고경영자가 된 것은 1999년 삼성자산운용(당시는 삼성투신)에서 대표이사를 맡

으면서부터인데, 당시 제대로 된 이사회를 구성하기 위해서 국내에서 펀드 관련 연구를 가장 활발히 하던 그를 30대 중반이라는 젊은 나이에도 불구하고 사외이사로 위촉했다. 내 판단은 틀리지 않아서 그는 누구보다도 시장을 잘 이해하는 학자였고 활발한 의견 개진으로 회사의 발전에 큰 도움을 주었다. 그이후 삼성증권 사장을 거쳐 우리금융, KB금융 등 은행권에 가 있는 동안은 박 교수와 자주 만나지는 못했지만, 그가 늘 열심히 연구하고 금융투자업계 및 정책당국 자문활동을 통해 자본시장 발전을 위해 애쓰고 있음은 잘 알고 있었다. 2015년 금융투자협회장에 취임하면서 다시 박 교수와 자주 만나게 되었다. 그도 어느덧 중견학자가 되어서 여러 언론사의 펀드대상 심사위원장으로서, 또 금융위원회나 금융투자협회를 도와 자본시장의 발전, 특히 자산운용산업의 발전을 위해 많은 연구와 위원회 활동을 수행하고 있었기 때문이다.

>> 이처럼 주식시장과 펀드산업에 대해서 이론과 실무를 겸비하고 다양한 경험을 가진 그이기에, 그가 심혈을 기울여 자신의 연구와 현장 경험을 녹여 썼다는 이 책은 일반투자자는 물론 시장의 전문가들에게도 많은 도움이 될 것이라고 기대한

다. 먼저 이 책은 일반투자자의 입장에서 왜 주식투자가 그리 어렵고 수익을 얻기 힘든지 스스로 깨우치도록 설명하고, 그 대안으로써 간접투자를 이용하는 방법을 소상히 안내하고 있다. 이 과정에서 너무 이론적으로 치우치지도 않고 그렇다고 시장에서 필요한 현실적 조언이 부족하지도 않다. 지난 20여 년간 한국 주식시장의 다양한 통계와 실제 투자사례를 가지고 알기 쉬우면서도 논리적으로 투자자에게 올바른 투자의 나침반을 제시하고 있다고 생각된다.

>> 무엇보다 이 책의 백미는 대한민국 최고의 펀드매니저들을 통해 제대로 된 투자원칙과 투자방법을 배우는 데 있다. 우리나라 자산운용 업계를 대표하는 이들 스타 매니저들이 이 책을 통해서 자신들의 투자철학과 실제 경험을 솔직하게 일반인들과 공유하고자 한 것은 대단히 고마운 일이다. 이들은 대부분이 가치투자를 지향함에도 불구하고 그 투자 방식은 각각 다르다. 예를 들면 똑같이 가치투자를 한다면서도 한 사람은 삼성전자를 일등주라고 선호하는가 하면, 다른 매니저는 오히려 삼성전자를 사지 않는다고 한다. 이러한 투자철학과 투자방법의 차이를 비교하면서 읽는다면 독자들은 자신만의 올바른 투자관

을 정립할 수 있는 기회를 얻게 될 것이다.

　　>> 우리나라 자본시장은 한국경제가 세계 10위권에 올라와 있고 삼성전자를 비롯한 많은 기업들이 세계시장을 누비고 있는 데 비해서 아직까지도 제대로 성장하지 못했고, 이로 인해 한국 기업의 주가도 지속적으로 저평가 상태에 머물고 있다. 특히 인구의 고령화시대를 맞아 수많은 국민들의 노후를 준비하기 위해서도 자본시장과 금융투자업의 성장은 시급하다. 우리나라 증시의 고질적인 문제인 비효율적인 규제와 감독, 기업 지배구조의 불투명성, 지나치게 단기적인 투자문화 등이 꾸준히 개선되어 가고 있는 만큼 중장기적으로 한국 주식시장의 미래는 밝다 하겠다. 아무쪼록 이 책이 한국 주식시장 투자자들에게 널리 읽혀서 시장의 투자문화를 한 단계 업그레이드하는 데 일조하고 많은 투자자들이 시장에서 이기는 방법을 찾는 데 도움이 되기를 간절히 희망하며 이를 추천사에 갈음하고자 한다.

2019년 2월
황영기/ 전 한국금융투자협회 회장

　이 책의 목적은 일반투자자에게 주식투자나 펀드투자에서 시
장을 이기는 방법, 아니, 보다 솔직하게는 시장에 '당하지 않는'
방법을 제시하기 위한 것이다. 많은 사람들이 피땀 흘려 번 돈
을 좀 더 불려보고자 주식이나 펀드에 투자한다. 그러나 대다수
가 처음에 기대했던 수익을 내기는커녕 점점 손실이 커지는 계
좌를 보며 스트레스를 받다가 계좌를 정리하거나 아니면 아예
묻어두고 지낸다. 애초에 투자자금으로 마련한 그 돈은 당신이
얼마나 힘들게 번 돈인가? 직장에서 열심히 일해서, 혹은 온몸
이 고단하고 정신적으로 피곤한 가운데서 열심히 장사나 사업
을 해서 모은 돈일 것이다. 그런데 막상 투자에 임할 때는 주식
이나 펀드를 통해 돈 버는 것을 너무 쉽고 만만하게 생각하지는
않았는지, 반성해 볼 필요가 있다. 세상에 쉽게 돈 버는 방법은
부모님을 잘 만나서 유산을 물려받는 것 외에는 거의 없다. 주
식시장에서 돈을 버는 것 역시 쉬울 리가 없다. 그럼에도 불구
하고 너무 쉽게 시장을 만만하게 보고 덤빈 것이 당신이 시장을
이기지 못하는 가장 큰 이유다.

　이 책은 제1부에서 먼저 왜 개인투자자들이 주식시장을 이기
기가 쉽지 않은지 설명한다. 기본적으로 주식투자란 좋은 기업

의 주식을 저평가되어 있을 때 싸게 샀다가 그 기업의 주가가 제대로 평가를 받아 상승한 이후에 팔면 되는 것이다. 그러나 좋은 기업을 선별하는 것도 어렵고, 주가가 기업가치에 비해서 싼지 비싼지를 판단하기란 더 어렵다. 이를 제대로 하기 위해서 공부해야 할 것도 많고 수많은 자료를 보기 위해서 쏟아야 할 시간도 많다. 그런데 애초에 이런 노력을 쏟을 의지와 시간도 없고 또 재무제표나 사업 내용에 관련된 자료를 읽고 이해할 지식도 없으면서 주식투자를 한다는 건 요행을 바라는 행위일 뿐이다. 물론 노력할 의지도 있고 재무나 회계에 관한 지식도 있어서 투자를 위한 분석을 할 수 있다면, 주식투자나 펀드투자를 위한 기본은 갖춘 셈이다. 그러나 시장은 심리적인 요소에 의해서 움직이는 측면이 크기 때문에 열심히 종목을 분석하고 시장상황을 공부하며 투자를 해도 여전히 시장을 이기긴 힘들다. 이것은 직접투자를 해 본 사람이라면 뼈저리게 경험했을 것이며, 이 책은 생생한 실례를 들어 그런 심리적인 어려움을 설명한다.

그렇기 때문에 이 책은 제2부에서 대부분의 일반 개인투자자에게 직접투자보다는 간접투자가 낫다는 점을 보여 주면서,

좋은 간접투자 상품은 어떻게 고르는지를 얘기한다. 감히 시장을 이기려 하기보다는 시장에 발맞추어 시장의 수익률만큼만 기대하는 겸손한 투자자라면 인덱스펀드나 ETF 같은 패시브 펀드에 돈을 맡기는 것이 좋다. 이 책은 이런 패시브 펀드들의 장점과 인덱스펀드 및 ETF 투자 시 고려해야 할 점을 자세히 소개하고 있다. 그리고 만일 당신이 조금 더 공격적으로 시장을 이기는 수익률을 얻고자 한다면, 시장을 이길 확률이 높은 기존의 운용사와 펀드매니저들에게 돈을 맡기는 것이 현명한 투자 방법이다. 나는 대한민국 운용사와 펀드매니저들의 지난 10년 ~15년간 성과를 모두 모아서 성과 분석을 한 결과, 과연 어느 운용사의 어떤 매니저가 시장을 꾸준히 이겨 왔는지를 독자들에게 제시하고 있다. 물론 과거가 미래를 보장하는 것은 아니지만, 어차피 투자 역시 확률 게임이므로 이러한 성과 분석에 기반을 둔 펀드 및 펀드매니저 선정은 많은 이들에게 좋은 펀드투자 가이드가 될 것이다.

마지막으로 제3부에서는 제2부의 평가를 통해 대한민국 베스트 펀드매니저로 선정된 일곱 사람의 투자철학과 성공−실패 사례, 그리고 일반투자자에게 던지는 조언들을 담았다. 이들 대부분이 시장에서 널리 알려진 스타 펀드매니저이기 때문에 그간 신문이나 잡지 기사 등에 이들 각자의 인터뷰가 실린적은 여러 번 있다. 내가 이들 한 사람 한 사람의 투자인생 스토리를 책으로 쓰겠다고 생각했을 때는 언론 기사에선 담을 수 없는 제대로 된 대한민국 최고 매니저들의 투자철학과 투자 노하우를 담고 싶은 욕심이 있었다. 그래서 이들 한 사람 한 사람을 만나 허심탄회한 대화를 나누었고, 이를 바탕으로 각 매니저에게 충분한 지면을 할애하여 가능한 한 이들이 아는 모든 것을 독자에게 가르쳐주고자 했다. 이들과의 만남과 대화는 내게도 많은 걸 가르쳐주었고 느끼게 해 주었다. 그래서 이들의 투자 스토리를 읽는 것만으로도 독자들 역시 주식투자의 많은 것을 배우고 깨달을 수 있으리라고 생각한다. 간접투자가 아닌 직접투자를 하겠다는 분들도 이들이 전해 주는 투자 노하우를 잘 활용해 종목을 고르고, 타이밍을 기다린다면 시장을 이길 확률을 상당히 높일 수 있을 것이다.

이 책은 MBA를 취득하고 1988년 증권맨으로 첫 사회생활을 시작한 후, 다시 미국으로 돌아가 박사과정을 마치고 돌아와 지난 20여 년간 대학에서 투자론과 자산운용을 연구하고 가르친 나 자신의 시장 및 연구 경험이 녹아 있는 책이다. 그간 여러 권의 재무 분야 전문서적이나 교과서를 출판한 적은 있지만 일반투자자들을 대상으로 한 책으로는 처음이라, 일견 기대도 되지만 시장의 반응이 어떨지 두렵기도 하다. 그러나 언젠가는 저자가 시장에서 경험한 바와 학문적으로 연구한 것을 결합한 책을 쓰고 싶었기에 감히 일반투자자들에게 이 책을 내놓는다.

부족한 사람이 이 책을 출간하는 오늘에 이르기까지 많은 분들의 도움과 배려가 있었다. 무엇보다 내가 대학에 재직하면서 자본시장 현장에서 멀어지지 않고 계속 실무 경험을 쌓도록 각종 위원회에서 혹은 사외이사로 일할 기회를 주었던 금융위원회, 금융감독원, 기획재정부(기금평가단), 복지부(국민연금기금), 금융투자협회, 한국거래소, 한국예탁결제원, 한국증권금융, 펀드온라인 코리아, 삼성자산운용, 마이다스에셋의 전·현직 관계자분들에게 진심어린 감사의 인사를 전한다. 그분들이 시장 가까이서 일할 기회를 주지 않았더라면 저자는 백면서생에 지나지 않았을 것이다. 또한 같이 학교와 학계에서 함께 연구 활동을 해 온 동료 교수들 및 학계 선후배님들에게도 많은 지식을 함께 나누어 주신 데 대해서 고마움을 표하고자 한다.

그리고 이 책이 나오기까지 자료 정리 등을 도와준 제자들과 항상 힘이 되어 준 가족들에게도 늘 고맙고 사랑한다는 인사를 전하고 싶다. 끝으로 바쁜 일정에도 기꺼이 이 책을 위해 자신의 모든 경험과 노하우를 솔직하게 털어놓아준 아홉 분(2부에 소개된 두 분 포함)의 대한민국 최고의 매니저들에게도 감사와 동시에 축하의 인사를 드리고 싶다. 이 책은 저자뿐 아니라 이들 아홉 분이 같이 만든 책이나 다름없으니 말이다.

2019년 황금돼지해 설날 전날 (2월 4일)

저자 박영규

"왜일까? 왜 유독 대다수의 개인투자자는 주식시장에서 돈을 벌기 어려울까?
어째서 걸핏하면 손실을 보고 마는 걸까?
답은 간단하다. 개인투자자들은 양질의 기업을,
그러니까 높은 수익을 안겨줄 훌륭한 기업을,
찾아낼 만한 능력이 없기 때문이다."

1부

주식 직접투자,
정말 성공하기 어렵다

왜 우리는
주식투자에 실패하는가?

당신은 왜 주식투자에 관심을 갖는가?

주식투자를 통해서 이루고자 하는 목표는 무엇인가?

이렇게 물으면 대부분의 주식 투자자들이 제시하는 답은 단순하고도 명료하다. 돈을 벌고 싶기 때문이다. 주식투자를 하려고 나서는 사람이든, 이미 하고 있는 사람이든, 그 목적은 수익을 올리자는 것이다. 물론 주식투자를 통해 경제라든지 세상 돌아가는 양상을 배우겠다는 목적도 있을 수 있고, 증권회사나 자산운용사 취업에 대비하겠다는 예외적인 이유를 가진 사람도 있겠지만, 이들 역시 투자한 돈이 수익을 내기 바라는 것은 매한가지이다. 그런데 웬일일까, 실제로 주식투자를 통해 돈을 번 사람은 만나보기 힘드니 말이다. 다들 돈을 벌겠다는 목표로 주식투자를 했건만, 실제 결과를 보면 수익은커녕 손실을 봤다는 사람들뿐이다. 그럼에도 불구하고 많은 사람들이 여전히 직접 주식투자를 하고 있다니, 참으로 이해하기 어려운 아이러니가 아닌가!

　나는 오랜 기간 동안 개인적으로 주식투자를 해왔다. 또 대학교에서 학생들에게 투자론을 가르치면서 모의투자나 소액의 실전투자를 지도하기도 했다. 그러면서 꾸준히 관찰해본 바로는, 보통의 개인투자자가 주식시장에서 돈을 번다는 것은 (시장이 전반적으로 매우 활황일 경우를 제외하고는) 너무나도 어렵다. 주식에 직접 투자한 대부분의 개인투자자들은 돈을 잃게 되더라는 얘기다. 이렇다 보니 주식은 투자가 아니라 도박이라고 선언하는 사람도 많고, 큰 손실을 경험하고 다시는 주식에 손을 대지 않겠다고 맹세하는 사람도 많다.

　왜일까? 왜 유독 개인투자자들은 주식시장에서 돈을 벌기 어려울까? 어째서 걸핏하면 손실을 보고 마는 걸까?

　답은 간단하다. 개인투자자들은 양질의 기업을, 그러니까 높은 수익을 안겨 줄 훌륭한 기업을 찾아낼 만한 능력이 없기 때문이다. 또 그런 품질 좋은 기업의 주식 가격이 너무 비싼 건지, 적절한 건지, 아니면 저평가되어 있는 건지 판단할 실력을 갖추지 못한 상태에서 투자하기 때문이다.

　설사 운이 좋아서, 혹은 증권사 리포트나 기업 재무제표를 분석하는 등 나름대로의 노력을 통해서 양질의 기업 주식을 저평가된 가격에 매입한다고 해도 수익을 내기란 여전히 쉽지 않다. 왜 그럴까? 일반적으로 개인투자자들은 좋은 주식을 저렴한 가격에 사더라도, 그 주식이 저평가된 구간에 계속 머물면서 오르기만을 기다리다 지쳐 매입했던 가격 근처 혹은 그보다 낮은 가격에서 팔아버리고 말기 때문이다. 요행히 주식을 매수한 후에 주가가 오르는 경우에도 경험이 풍부하지 못한 개인투자자들은 너무 빨리 팔아서 적은 수익만을 얻고 큰 시세차익 기회를 놓친다든지, 반대로 오르는 주가가 좀 더 상승할 것 같아 기다리다가 적절한 매도 타이밍을 놓치고 주가가 다시 본전 혹은 본전 이하로 하락한 후에야 매도하는 경우가 비일비재하다.

결국 주식시장이란 곳은 저평가된(값이 싼) 좋은 기업을 찾아내기조차 쉽지 않은 판국에 매수-매도의 시점까지 잘 잡아야 수익을 볼 수 있는 고난도의 시험장이다. 매우 강한 활황 장세에서는 매수 시점에 크게 상관없이 대다수 종목의 주가가 잘 상승해서 일반 개인투자자들조차 착각하는 경우가 많다. 자신에겐 종목 선택의 능력도 있고 매수-매도 타이밍을 선정하는 것도 썩 어렵지 않다고 말이다.

그러나 활황이 얼마나 오래 가겠는가? 보통 활황 장세가 1~2년 계속된다면, 그 이후엔 하락 장세나 횡보 기간이 두 배 이상 길게 나타나는 법이다. 그래서 시장 하락이 시작되면 많은 투자자들은 활황의 시장에서 얻은 수익을 고스란히 반납하고 손실로 전환된 증권계좌를 쳐다보며 이렇게 깨닫는 것이다. "나는 결코 주식의 고수가 아니었구나."

TIDBIT
01

주식투자는 가장 매력적인 자산관리 수단이다

우리는 왜 여윳돈을 투자하는가? 미래에 소득이 감소할 때를 대비하기 위해서, 아니면 미래에 좀 더 풍요로운 생활을 누리기 위해서다. 그런데 이를 예금과 같은 저축 상품에 투자하는 경우에 얻는 이득은 시중 물가상승률을 커버하는 정도다. 즉, 지금 소비할 것을 참았다가 미래에 하는 것일 뿐, 경제적인 여유가 늘어나는 것은 아니다. 그렇지만 안전자산인 저축을 벗어나 위험자산인 주식에 투자한다면, 그 자산의 증가폭은 확연하게 달라진다.

다음 페이지의 차트는 우리나라 증권시장이 본격적으로 활성화되고 아파트 가격 통계가 처음 시작된 1986년부터 2018년 8월까지 정기예금, 부동산, 주식에 투자했을 때 각각의 투자성과를 비교한 것이다. 그리고 한국은행 통계에 따르면 과거 32.5년 동안 물가는 연평균 3.6% 올라서 3.2배 증가했는데, 이 점도 차트에 나타나 있다. 하지만 사람들이 체감하는 물가상승률은 이보다 훨씬 높았던 것 같다.

마치 미국의 소비자가 체감하는 물가상승률을 빅맥 가격으로 측정하는 것처럼, 우리의 짜장면 값을 한번 따져 보기로 하자. 1986년 서울의 짜장면 평균 가격은 650원이었는데 2018년에는 6,000원 정도로 올랐으니, 체감 물가는 9배 정도 오른 셈이다. 그런데 이 기간 중 안전자산인 정기예금으로 자산관리를 했다면 그 자산은 8.0배 증가하는 데 그쳤다. 자산이 체감 물가 상승만큼도 늘어나지 못하는 결과를 초래했다는 얘기다.

이에 비해서 주식에 투자했다면 어땠을까? 종합주가지수인 KOSPI 기준으로 같은 기간 중 21.8배 증가하여 100만 원이

2,100만 원으로 늘어나는 엄청난 차이를 보여주게 된다. (정기예금 100만 원이 800만 원으로 불어난 것과 비교해 보라!) 그리고 이는 흔히 부동산 중 가장 많이 올랐다고 하는 서울 아파트 가격 상승폭 15.3배조차도 훨씬 웃도는 투자수익률이다.

그러므로 주식은 분명 위험자산이긴 하지만, 장기투자 시 손해 볼 확률도 매우 낮고 (TIDBIT 3 참조) 수익은 다른 투자 상품이 따라올 수 없을 만큼 가장 매력적인 투자 대상이다. 이는 비단 우리나라뿐 아니라 대부분의 나라에서 역사적으로 증명된 사실이다.

안전자산과 위험자산의 투자 성과 비교

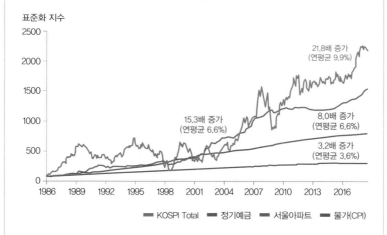

자료 : 삼성자산운용, 블룸버그, DataGuide, 한국은행, KB부동산
* 1986년 1월 각 자산에 100원을 투자한다는 가정. 주식투자는 배당을 포함해 재투자 가정. 부동산은 매매차익+현금흐름(전세금 예금 수익률×매매가격 대비 전세 가격 50%로 추정)
* 기간 : 1986년 1월 ~ 2018년 6월 월간 데이터

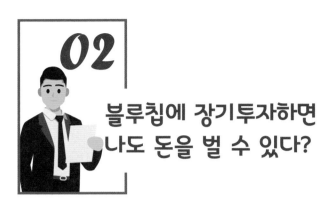

블루칩에 장기투자하면
나도 돈을 벌 수 있다?

그럼, 어떡할 것인가?

고수가 되긴 불가능한 보통의 개인투자자들은 아예 주식투자를 하지 말아야 할까?

TIDBIT 1에서 보았듯이 그러기엔 다른 금융상품에 비해 주식투자는 가장 수익률이 높은 매력적인 투자상품이다. 투자론 수업 첫 시간에 나는 수강생들에게 이야기한다. 주식투자는 매력적인 자산관리 수단이지만 여러분이 직접 주식투자를 하면 십중팔구 돈을 잃게 될 것이니 직접 주식투자를 하지는 말라고. 그래도 직접 투자를 하고자 한다면? 그렇다면 자금을 대표적인 우량기업들의 주식에 분산해서 투자하고 장기적으로 들고 가는 것이 가장 좋은 방법이라고 말해 준다.

예를 들어 보자. 당신이 2000년 초부터 2017년 말까지 우리나라를 대표하는 블루칩(우량기업의 주식)에 투자했다면 어느 정도의 수익률을 실현할 수 있었을까? 다음 페이지의 표는 업종별 대표 블루칩 종목(2000년 초 기준 각 업종별 시가총액이 가장 큰 종목을 선택)의 2000년 초 및 2017년 말의 주가, 그리고 해당 종목의 누적수익률 및 연평균수익률을 나타낸 것이다. 업종별 시가총액이 가장 큰 종목 중 예외인 것은 금융업종의 기업은행이다. 2000년경에는 국민은행이나 한빛은행(현 우리은행)이 기업은행보다 더 큰 규모였다. 그러나 이들은 이후 주택은행과의 합병(국민은행)이나 평화은행과의 합병(우리은행), 그리고 금융지주회사로의 변신 등으로 인해 2000년과 현재를 같은 기업으로 놓고 수익률을 산정하기에 부적합하다. 이 때문에 특별한 인수합병 등 없이 같은 기업의 형태를 유지해 온 기업은행을 금융업종 대표주로 사용한 것이다. 그밖에 특별히 언급해야 할 몇몇 종목이 더 있다. 우선 롯데케미칼의 경우, 2000년 당시는 회사명이 호남석유화학이었다가 2013년 롯데그룹에 인수되면서 롯데케미칼로 사명이 바뀌었다. 또 통신주의 경우, 지금은 SKT의 시가총액이 더 크지만 아직 집 전화가 더 많이 사용되던 2000년에는 KT의 시가총액이 더 컸으며, 제약 부문에서도 당시엔 한미약품보다 유한양행의 시가총액이 더 컸다는 점을 알아두자.

2000년~2017년 업종별 대표주 주가 변화 및 수익률

		2000년 초	2017년 말	누적수익률	누적수익률 (수정주가 기준)	연 수익률 (수정주가 기준)
전기-전자	삼성전자	305,500	2,548,000	734.04%	857.9%	42.1%
운수장비	현대차	20,700	156,000	653.62%	766.7%	42.6%
철강	POSCO	142,000	332,500	134.15%	166.0%	9.2%
금융	기업은행	5,100	16,450	222.55%	245.5%	13.6%
화학	롯데케미칼	15,900	368,000	2214.47%	2214.5%	123.0%
건설	현대건설	426,445	36,300	−91.49%	−90.2%	−5.0%
의약품	유한양행	18,386	219,000	1091.12%	1188.7%	66.0%
통신	KT	169,000	30,250	−82.10%	−83.1%	−4.6%
음식료	농심	50,110	354,000	606.45%	614.9%	34.2%
유통	신세계	34,970	300,000	757.88%	737.0%	40.9%
평균				624.07%	661.8%	36.8%

* 연 수익률 = 누적수익률/18 (단순수익률 계념)
* 마지막 줄의 평균은 10개 종목의 누적수익률의 평균 및 종목별 연 수익률의 평균을 의미함.

위의 종목별 누적수익률을 평균해 보면 661.8%인데, 이것은 어떤 의미일까? 만약 당신이 위의 종목들에 분산해서 투자했다면 지난 18년 동안 수정주가를 기준으로 연평균 36.8%라는 높은 수익을 내었을 것이라는 얘기다.

수정주가란?

    유상증자, 무상증자 등을 반영했을 때의 주가를 의미하며, 보다 더 정확한 실질수익률을 계산하기 위해선 이를 기준으로 수익률을 계산해야 한다. 가령 20% 무상증자를 하면 100주를 가진 투자자는 120주를 갖게 되므로 이후 투자자의 자산은 주가×100주가 아닌, 주가×120주로 계산하는 것이 타당하며, 수정주가는 이러한 부분을 반영하여 수익률을 계산하는 것이다.

    이런 수준의 수익률은 우리가 알고 있는 부동산 가격상승률보다 훨씬 높다. 같은 기간 중 우리나라 부동산의 블루칩 중에서도 알짜 블루칩이라고 할 수 있는 서울 아파트 가격상승률이 연 평균 9.9%였으며, 서울 내에서도 가장 상승률이 높았다는 강남구 아파트 가격상승률은 연 평균 11.67%였다고 하니, 위 블루칩 주식의 가격상승률에 견주어 보면 1/3에도 못 미친다. 더군다나 위의 주식들은 매년 2% 안팎의 배당을 지급해 왔던 것에 비해서, 아파트 보유자들은 배당은커녕 도리어 매년 재산세를 지불해야 했을 것이다. 물론 아파트는 실제 거주하는 재산이라는 실효의 측면이 있을 테지만, 순전히 투자수익이라는 관점에서만 비교할 때 주식투자가 부동산투자보다 오히려 장기수익률이 높았다는 사실을 보여주는 것이다.

이제 좀 더 구체적으로 앞의 표에 열거된 10개 대표 기업들의 주가가 지난 18년간 어떻게 변해 왔는지를 상세한 그래프와 함께 하나씩 살펴보자.[1]

수출 위주인 우리 경제를 대표하는 대기업 삼성전자와 현대차는 이 기간 중 8.5배와 7.6배의 주가상승률을 기록했는데 이는 10개 기업의 평균보다 높은 상승률이다. 먼저 삼성전자는 기간 내내 비교적 꾸준한 상승을 기록했다. 당사는 2008년 글로벌 금융 위기가 닥쳤을 때 주가가 한 차례 조정을 겪었고, 2013년부터 2015년까지 핸드폰 시장에서 애플 아이폰의 인기와 중국 핸드폰 업체들의 추격으로 시장점유율이 하락하면서 다시 심각한 조정을 받기도 했다. 그러나 소위 '반도체 슈퍼사이클'이 도래한 2016년 이후 다시 주가가 급등하여 이전 액면가 5,000원 기준 250만 원을 넘어섰다. 최근 들어서는 2017년의 액면분할 후 주가가 다시 밀려 있는 상태다.

---

1) 이 책에서 사용된 주가 그래프는 모두 키움증권 HTS에서 인용하였음.

⋮⋮ 삼성전자 주가 변동

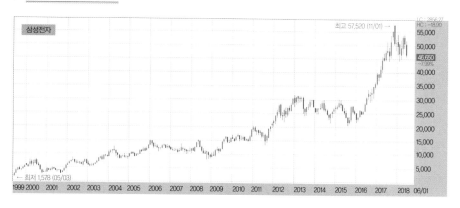

현대차의 경우 1998년 IMF 위기 이후 국내에서 별도 기업으로 존재하고 있던 기아차가 현대차그룹으로 인수되고 대우자동차, 쌍용자동차, 그리고 르노삼성자동차까지 외국기업에 매각되면서 국내에서 독보적인 자동차 업체로서의 위상을 확보했다. 이에 힘입어 매출과 수익이 꾸준히 늘어나면서 주가도 안정된 상승세를 보였다. 이후 2006~2007년 사이 해외에 공격적으로 진출했지만 그 성과가 부진해서 주가도 조정을 보였다. 그러나 2008년 글로벌 금융 위기 이후 미국 시장에서 경쟁업체인 도요타가 대규모 리콜 사태로 추락하자, 그 반사이익과 더불어 기술의 혁신적인 진보로 인해 품질 면에서 일본 차에 뒤지지 않는다는 평가를 얻었고 회사도 급성장하였다. 덕분에 현대차는 2010년대 들어 세계 자동차업계의 'Big 5' 중 하나로 부상하였으며, 이에 따라 주가 역시 크게 상승하였다. 다만 2013~2014년 이후 뚜렷하게 성공한 신차 모델이 없었고 해외시장에서의 점유율도 답보 상태에 머무르게 되면서 주가가 횡보하기 시작했다. 설상가상으로 최근에는 미국 시장과 중국 시장에서 점유율이 떨어진 데다 전

기차 등 새로운 변화에 적응이 늦다는 평가를 받으면서 주가도 상당 폭으로 빠진 모습을 보이고 있다.

⫴ 현대자동차 주가 변동

화학업계의 롯데케미칼과 철강업계의 POSCO 등, 경기에 민감한 종목들은 전통적으로 세계 경기의 호황과 불황 사이클에 민감하게 반응한다. 특히 2000년 이후에 이 주식들은 중국의 경기 사이클에 민감하게 반응해서 2005년~2006년부터 본격적으로 상승했는데, 예컨대 롯데케미칼 주가는 2005년부터 2011년 말까지 거의 10배 올랐고 이 덕분에 지난 18년간 가장 많이 상승한(22배) 주식이 되었다. 그러나 이들 경기 민감주들은 중국 경기가 둔화된 2012년경부터 그 주가가 확연한 조정을 보였다. 그러다 최근 몇 년간은 미국 경기가 리드하는 글로벌 호황에 힘입어 다시 완연한 회복세에 접어들어 있는 상태다. 특히 화학은 국제 유가의 상승-하락에 민감하게 반응하는 편이어서 철강에 비해 주가의 변동 폭이 큰데, 2015년부터 국제 유가가 지속적으로 상승하는 바람에 정제 마진이 높아져 주가 역시 최근 몇 년간 크게 상승했다.

롯데케미칼 주가 변동

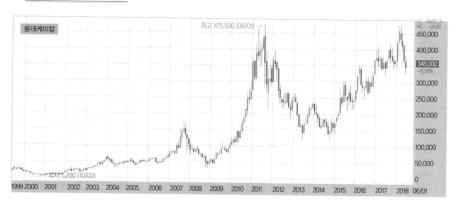

POSCO 주가 변동

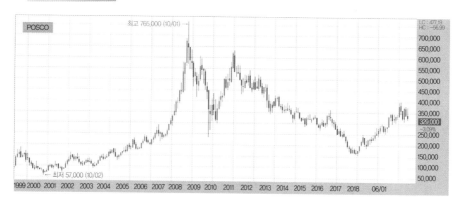

수출 관련주들이 지난 18년 동안 크게 성장한 반면, 순수 내수 산업인 금융(기업은행)과 통신(KT)의 모습은 사뭇 다르다. 금융은 IMF 이후 2000년대 초반 국내 은행의 대규모 구조조정을 거치며 외환은행, 제일은행, 한미은행 등 일부 은행은 외국에 매각되었고, 조흥은행, 평화은행, 대동은

행 등 다른 은행들은 국내 은행에 흡수되어 사라졌다. 이에 따라 살아남은 은행들의 시장점유율이 높아지면서 수익성도 개선되었다. 아울러 은행들의 주가도 뚜렷한 상승 추세를 보이다가 2008년 글로벌 금융 위기를 겪으면서 금융기관 부실화에 대한 우려로 폭락했다. 하지만 예상보다 빨리 글로벌 금융 위기가 진정되면서 이들의 주가도 원래 수준으로 V자 반등을 하였다. 이후 미국 중앙은행의 양적완화 정책에 따른 전 세계 저금리 시대의 도래로 은행의 예대마진이 줄어들면서 수익성 역시 떨어졌고 은행 주가도 덩달아 지속적인 하락 추세를 보였으나, 2017년부터 미국 등 선진국 시장에서 금리를 본격적으로 올리자, 이 영향을 받은 국내 금리 역시 상승하면서 주가 또한 회복세를 보이고 있다.

⫶ 기업은행 주가 변동

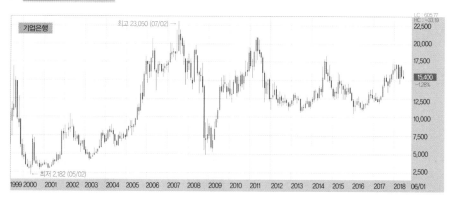

내수주인 KT는 업종 대표주 10개 종목 중 거의 유일하게 주가가 하락한 종목이다(또 다른 하락 종목은 현대건설임). 그런데 어떻게 생각하면 KT의 주가 하락은 당연한 것이다. 1990년대 말까지 국내에서 통화의 수단은

대부분 유선전화였고 핸드폰은 일부 부유층을 제외하면 전혀 대중화되지 못한 상태였다. 그러다 2000년대 들어서서 집 전화 사용이 현저히 줄어들고 핸드폰이 대중화되었으므로 유선전화 시대의 대표기업인 KT의 성장은 역주행한 셈이다. 게다가 2000년 초 닷컴 버블로 주가가 이상 폭등했었기에 하락 또한 폭락 수준으로 나타났다. 물론 KT도 이동전화 시장에 뛰어들긴 했지만 이미 광통신망을 확보하고 있던 한국이동통신(SK그룹에 인수되어 SK텔레콤으로 사명 변경)에 한창 뒤처진 상태였기에, 엄청난 비용을 투자하면서 고군분투할 수밖에 없었으며, 이러한 영향으로 주가는 지속적으로 내리막 추세를 보이다가 결국 동 기간 중 80% 넘게 하락하고 말았다.

‡ KT 주가 변동

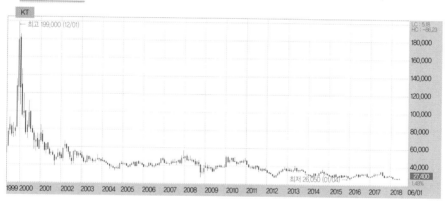

현대건설 역시 이 기간 중 주가가 하락한 또 하나의 주식으로, 그 하락 폭은 90%에 이르러 KT의 하락 폭을 능가하는데, 이는 2001년과 2003년 두 차례의 감자에 기인한 측면이 크다. 현대건설은 2000년 들어 해외건

설 수주 부진, 이라크 건설대금 5,000억 원의 미수금 발생, 그리고 정주영 회장 사망 이후 현대가의 계열사 분할 과정에서의 대규모 차입에 따른 이자 부담 등등이 겹쳐 자본잠식 상태에 빠졌다. 이에 2001년에 5.99대1, 2003년에 9.05대1의 감자를 단행했다. 감자라는 것은 자본금을 줄인다는 의미로, 가령 10대1의 감자라면 기존 주주의 10주를 1주로 줄인다는 뜻이다. 따라서 기존 주주에게 커다란 피해를 입히게 된다. 결국 두 번의 감자를 실행한 후 회사는 살아나서 주가가 꾸준히 회복되었음에도 불구하고, 2000년 초에 현대건설 주식에 투자한 주주의 입장에서 보면 여전히 90%의 손실을 입은 셈이 되어, 업종 대표주 10종목 중 동 기간 최악의 주식투자 성과를 기록했다.

⁝ 현대건설 주가 변동

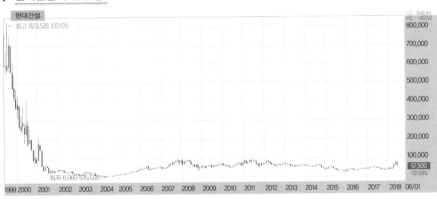

유한양행은 2000년 초에는 의약품 업종에서 가장 시가총액이 큰 기업이었지만 현재는 셀트리온, 삼성바이오, 한미약품 등 다른 제약-바이오 회사들의 시가총액이 훨씬 커져서 2018년 상반기 기준으로 유한양행은

이 업종에서 시가총액 8위에 불과하다. 그 만큼 제약–바이오 업계에는 큰 지각 변동과 새로운 기업의 부상이 눈에 띄게 많았던 셈이다. 신생 바이오 업체들만큼 급성장을 이루지는 못했지만, 유한양행 역시 동 기간에 주가 가 12배나 상승했고 이는 10개 종목 중 롯데케미칼 다음으로 높은 상승률 이었다. 유한양행의 주가 상승 그래프를 보면 제약–바이오산업이 각광을 받기 시작한 지난 5~6년간의 상승폭이 특히 컸음을 알 수 있다.

⫶ 유한양행 주가 변동

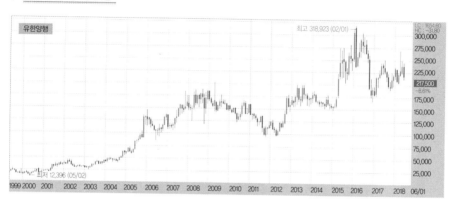

농심과 신세계는 각각 국내 음식료업과 유통업을 대표하는 기업인 동시 에 대표적인 소비 관련 종목이라고 할 수 있다. 두 종목 모두 지난 18년간 6~7배 정도의 주가 상승을 보였는데, 이들 종목은 얼핏 보면 내수주이지 만 사실은 중국 관련주이기도 하다는 특징을 가지고 있다. 농심은 신라면 을 비롯한 대표 제품들이 국내에서 안정된 점유율을 누려온 데다, 중국 등 해외시장에서도 크게 히트해서 해외 매출 비중이 전체 매출액의 30% 이 상을 기록하고 있다. 즉 농심의 성장에는 해외시장 진출이 큰 몫을 해왔

고, 이로 인해 주가도 완전한 내수주인 은행이나 통신사에 비해서 더 많이 성장할 수 있었던 것이다.

신세계의 내력도 비슷하다. 백화점이라는 전통적인 소매업체에만 머물러 있었다면 주가가 7배 이상 성장해 오지 못했을 것이다. 그러나 신세계는 일찌감치 이마트라는 자회사를 통해 대형 양판점으로의 변신에 성공했고, 이마트가 해외에까지 진출해 시장을 다변화했다. 이에 힘입어 주가도 2000년대 글로벌 금융 위기 전까지는 꾸준히 상승했다. 이후 내수 경기가 침체하기 시작했고 해외에 진출했던 이마트도 확장에 실패하면서 주가는 장기적으로 박스권에 머물면서 횡보하는 모습을 보였다. 그러나 2015년 인천공항 면세점 입점에 이어 시내 면세점 사업자에도 선정되어 롯데와 신라호텔이 과점하던 기존의 면세점 사업에 성공적으로 진입하였다. 면세점 사업이라는 새로운 성장 동력을 장착하고 스타필드나 트레이더스 클럽등 신규 사업 확장에서도 성과를 보이자, 주가도 2015년 이후 다시 반등하기 시작하더니 2018년에는 이전 최고가 수준을 다시 회복했다.

농심 주가 변동

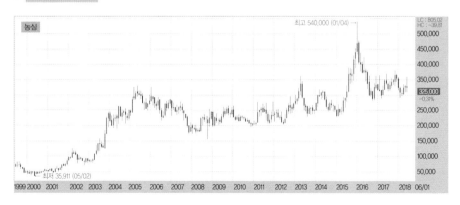

⫶ 신세계 주가 변동

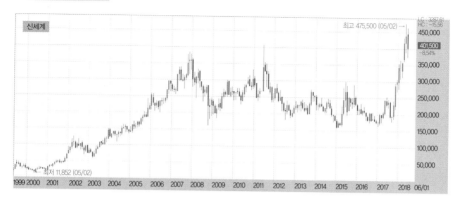

이상 업종 대표 10개 주의 경우에서 보듯이 우리나라를 대표하는 블루 칩에 장기 분산투자하는 것은 꽤 괜찮은 수익률을 얻는 방법이다. 특히 투자기간이 길면 길수록 시장을 이길 확률은 매우 높아진다.

장기투자의 우월성에 대한 통계적 실증 분석

KOSPI 지수의 기준점이 되는 1980년 1월부터 2018년 6월 말까지 38.5년 동안 KOSPI의 일별 수익률을 계산해 보면, 상승한 날이 51.3%이고 하락한 날이 48.7%이며 평균 수익률은 0.03%다. 그러니까 하루씩만 투자한다고 생각했을 때 평균적으로 주식은 플러스의 수익률을 가져다주기는 하지만 하루 투자로써 이길 확률과 질 확률은 51:49로 별반 차이가 없다. 어떻게 보면 이길 확률과 질 확률이 반반에 가까운 셈이다. 그렇지만 투자 기간을 늘려 보면 이길 확률이 급격히 커지고 질 확률은 확연히 적어진다.

다음 페이지의 그래프는 KOSPI를 가지고 투자 기간에 따른 손실 확률을 분석해 본 결과다. 투자 기간이 딱 하루인 경우 이익을 볼 확률과 손실을 볼 확률은 51:49로 비슷하지만, 투자 기간이 한 달이 되면 이 비율은 54:46으로 달라진다. 나아가 투자 기간이 1년일 경우에는 평균적으로 65%의 이익 확률과 35%의 손실 확률이 나타나며, 5년이나 10년으로 보다 더 장기간 투자할수록 손실의 확률은 각각 15.2%와 13.6%로 현저히 낮아지는 것이다.

더욱 놀라운 점은 투자 기간을 20년으로 늘려서 통계를 내어 보면 손실이 생길 확률은 0%가 된다는 사실이다. 이것은 1980년부터 2018년 6월말까지의 기간 중 어느 20년 동안 KOSPI에 투자했다 하더라도, 수익을 내고 손실을 입지는 않았을 것이라는 이야기가 된다. 또한 평균적인 수익률을 따지더라도 투자 기간이 늘어날수록 높아진다. 아래의 확률분포 막대그래프를 들여다보면 투자 기간이 한 달 정도일 경우 확률적으로 10% 내외의 수익률을 얻는 빈도가 가장 높다는 것을 알 수 있다. 그런데 투자 기간이 5년으로 늘어나면 평균 40% 이상의 수익을 얻는 확률의 빈도가 높게 나타나고, 투자 기간이 20년이라면 대체로 200%에서 300% 사이 수익률의 빈도가 가장 높게 나타난다. 결국 투자 기간이 늘어날수록 손실을 볼 확률은 없어지는 동시에 더 높은 수익을 누릴 가능성도 크다는 것을 알 수 있다.

KOSPI 투자 기간별 투자손실 확률 분석

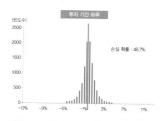

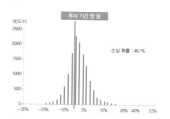

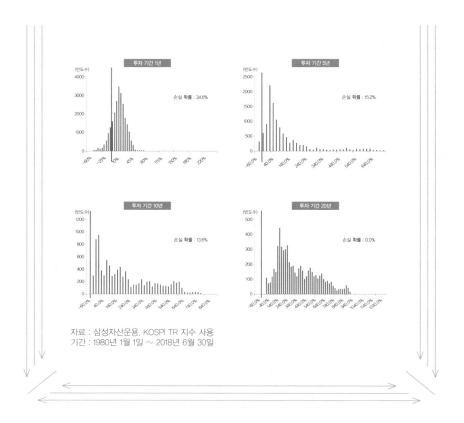

자료 : 삼성자산운용, KOSPI TR 지수 사용
기간 : 1980년 1월 1일 ~ 2018년 6월 30일

블루칩 장기투자,
말이야 쉽지만

돌이켜 보면 앞의 기업들의 주가가 대개 장기간 '우상향' 해 온 것을 알 수 있지만, 막상 그런 블루칩에 장기 투자해서 매력적인 수익률을 실현한 개인투자자를 실제로 만나보기는 쉽지 않다. 삼성전자나 네이버 등의 우량기업에 몸담고 일하면서 '우리사주'를 장기간 보유한 임직원들이나 그런 수익을 맛보았을 정도지, 그 외에는 이러한 득을 본 사람들이 흔치 않다. 왜일까?

왜 개인투자자에겐 장기투자가 그토록 어려울까? 구체적인 예를 들어 그 이유를 설명해 보고자 한다. 옆의 그래프를 보자. 2000년도 삼성전자 주가 추이를 나타낸 그래프다. 당신이 2000년 주식시장이 열린 첫날 시가 始價로 삼성전자 주식에 투자했다고 가정해 보자. 당신은 주당 30만 원에 삼성전자 주식을 매입할 수 있었다(50분의 1일로 '액면분할'된 현재 가격으로 환산하면 6,000원이 될 것이다). 이후 삼성전자 주가는 두어 달 동안 횡보하다가 3월 중순부터 강한 상승세를 보여 3월말에는 38만 원이 넘게 상승한다. 연초에 투자한 투자자의 입장에서는 25% 이상의 수익이 생긴 것이다. 이 과정에서 이미 수익을 실현한 투자자들도 있을 것이고, 특별한 조정이 없이 상승했기에 만약 단기투자를 목적으로 투자한 것이 아니라면 이때까지 주식을 매도하지 않고 보유했을 가능성도 높다.

⫶ 삼성전자 주가

그런데 4월에 접어들어서 주가는 다소 횡보하는 모습을 보이더니 둘째 주에는 한 주간에 무려 13.06%나 빠져서 31만3천 원까지 하락해 버린다. 설상가상으로 그 다음 주에는 추가로 14.7%까지나 떨어져서 주중 최저가 26만7천 원까지 기록했다. 주가가 이 정도로 두 주 연속 하락하면 투자자들은 심리적으로 크게 위축될 수밖에 없다. 연초에 장밋빛 희망을 안고 삼성전자 주식을 매수한 많은 투자자들은 1월부터 3월까지 즐거운 마음으로 주가 상승을 지켜봤으나 4월의 두 주 동안 석 달치 상승분을 모두 반납

하고 본전보다 못한 20만 원대의 주가를 맞이한 셈인데, 이때 당신이라면 흔들리지 않았을까?

많은 투자자들이 4월 내내 거의 매일같이 하락하는 주가를 보면서 '하루라도 빨리 파는 게 더 낫지 않을까?'라는 생각을 했을 것이며, 특히 주가를 자주 쳐다보는 사람일수록 그런 불안을 더 강하게 느꼈을 것이다. 이렇듯 주가를 자주 들여다볼수록 그 변동이 심리적으로 더 많은 영향을 미치게 된다. 경험 많은 투자자들이 초보 투자자들에게 "주가를 쳐다보지 말아라!" 혹은 "주가 모니터를 끄고 살아라!"고 충고하는 이유도 바로 이 때문이다.

만약 당신이 4월 시장의 강한 조정에도 섣불리 주식을 매도하지 않고 잘 견디었다면, 주가는 5월부터 다시 상승 추세로 바뀌어 2000년 7월 3일에 최고 39만4천 원까지, 즉, 연초 대비 30% 이상 치고 올라가는 짜릿함을 경험할 수 있었을 것이다. 자, 그럼 2000년 초에 삼성전자 주식을 산 사람 가운데 주가가 39만 원 이상을 기록한 2000년 7월까지 보유한 사람은 얼마나 될까? 연초에 삼성전자 주식을 샀던 투자자들 중 상당수는 투자 후 석 달쯤 되는 3월에 주가가 10%를 넘어 20% 이상 상승하는 모습을 보면서 수익 실현을 고민하다 20% 내외의 수익 구간에서 매도한 경우가 많을 것이다. 또 3월에 매도하지 않았더라도 4월 중순에 주가가 급격히 하락하기 시작하자 "앗, 뜨거, 본전 잃기 전에 얼마 안 되는 수익이라도 남기고 정리하는 편이 낫겠다."라고 생각해서 매도한 투자자도 적지 않을 것이다. 또는 다소 경험이 있는 투자자라면 4월의 폭락세가 진정되기를 기다렸다가 다시 반등해 준 5월에 재차 10%~20% 수익 구간에 도달했을 때 매도했을 가능성이 크다. 이 때문인지, 5월 중순부터 5월말에 거래량이 상당히 많이 늘어난 모습을 보인다.

그런데 당신이 어느 시점에서 삼성전자 주식을 매도했든 간에, 아무튼 상반기 중 대략 35만~36만 원에 매도해서 16%~20%의 수익률을 실현했는데, 이후 주가가 다시 그 이상으로 올라간다면 어떤 생각이 들까? 아마도 이런 투자자들 중 절반쯤은 단기간에 거둔 16%~20%의 수익에 만족하고서 다시 삼성전자에 투자하지 않았을 테지만, 다른 절반 정도의 투자자들은 "아차, 내가 너무 성급히 팔았구나!"라는 후회를 했을 것이고 개중에는 다시 삼성전자 주식을 산 사람도 많았을 것이다. 경험해 본 투자자는 쉽게 이해하겠지만, 보통 한 번 수익을 맛본 주식은 다시 해도 잘 될 것 같은 기분이 들게 마련이다. 또 다시 투자해 잃어도 전체적으로는 본전이라는 생각이 들어, 보다 편안한 마음으로 재투자하는 경향이 있다.

삼성전자 주식을 30만 원에 매입해 주가가 7월초까지 계속 오르는 동안 수익을 잘 지킨 투자자든, 도중에 팔았다가 다시 삼성전자를 매수한 투자자든, 7월초의 39만 원이라는 가격이 그 해의 최고 주가임을 알았던 투자자는 없었을 것이다. 절대로 없었을 것이다. 그러므로 이 가격 근처에서 주식을 판 사람은 극히 드물 수밖에 없다. 특히 어떤 주식이 강한 상승세를 지속하면서 최고가를 갱신하는 시점에는 '강한 매수strong buy'를 추천하는 증권사의 리포트가 넘쳐나며, 증권사가 전망하는 목표가target price도 현재 주가보다 훨씬 높게 제시되므로, 대부분의 투자자들은 주가 상승이 7월초 이후에도 계속되리라고 기대하게 된다.

그러나 삼성전자의 주가는 2000년 7월 중 무려 30%나 하락해서 7월 말 주가가 연초의 30만 원을 깨고 29만5천 원으로 주저앉게 된다. 여기서 한 가지 눈여겨볼 점이 있다. 앞에 나온 그래프의 거래량 부분을 잘 보라.

7월 중의 거래량은 5월 및 6월에 비해서 오히려 줄어들었다. 이것은 무엇을 뜻하는가? 주식 보유자들의 상당수가 7월 중 가파르게 하락하는 삼성전자의 주가를 쳐다보면서도 팔아 버릴 용기를 내지 못했다는 뜻이다. 다시 말해 매도를 자제했다는 얘기다. 틀림없이 그들은 마음속으로 이렇게 외치고 있었을 것이다. "지금의 주가 하락은 가파른 상승 후의 일시적인 하락일 거야. 잠시 조정을 거치면 다시 올라갈 거야. 4월과 5월에도 많이 내렸었지만 다시 회복해서 7월에 신고가를 갱신했었잖아!" 그러면서 7월의 가파른 하락을 견뎌냈을 것이다.

불행히도 이들의 기다림과 인내는 8월까지도 계속되고야 만다. 삼성전자의 주가는 8월 한 달 동안에도 추가로 7.29% 하락하여 8월말 주가는 27만3,500원까지 내려왔다. 그래도 7월에 비하면 8월의 하락폭은 작은 편이었기에, 7월의 하락을 견딘 주식 보유자들은 8월도 그럭저럭 잘 인내할 수 있었을 것이다. 하지만 9월 들어 삼성전자의 주가는 한 달간 무려 32% 폭락하여 20만 원을 깨고 18만5천 원까지 내려간다. 이렇게 되면 연초 30만 원에 삼성전자 주식을 매입한 사람들의 손실은 38%에 이르고, 더구나 주가가 꽤 오른 후 35만~36만 원에 매입한 투자자들이라면 아예 반 토막 난 주식을 손에 들고 있게 된다.

이쯤 되면 웬만한 개인투자자라면 이 주식에 대한 희망은 거의 다 사라지고 부정적인 면만 보여서 (실제로 주가가 이 정도 떨어지게 되면 시장에서 들리는 얘기는 온통 부정적인 것뿐이다) 주식을 내던지게 된다. 실제로 거래량 그래프를 보면 7월~8월에 비해서 9월과 10월에는 거래량이 대폭 늘어났음을 확인할 수 있다. 즉 계속된 주가 하락에 지친 투자자들이 손실을 감내하면서 주식을 팔아 버린 것이다.

이미 손실이 많이 발생한 상황에서 주식을 팔다니! 주식투자를 직접 해 보지 않은 독자들은 이 점을 이해하기 어려울 수도 있다. 하지만 막상 그 상황에 처하게 되면 이미 겪은 손실보다도 앞으로 입을지 모르는 손실이 더 무서워서 주식을 던지게 되는 것이다. 실제로 삼성전자 주가는 10월 16 일의 12만1천 원까지 '바닥 모르는 듯' 추락했으니, 9월 말에 15만~18만 원으로 반 토막 난 주식을 매도해 버린 사람들은 그 가격에나마 처분한 게 얼마나 다행이냐고 가슴을 쓸어내렸을 것이다.

위의 예는 2000년 초에 삼성전자라는 우량주식을 잘 매입했다고 하더 라도 실제로 이 주식을 장기간 보유해서 높은 수익을 낸다는 것이 얼마나 어려운 노릇인지를 생생하게 보여준다. 2000년 상반기에 39만5천 원을 터치했던 삼성전자 주식은 하반기 하락 후 여러 번의 등락을 거듭하다가 3년을 넘긴 2003년 말에 가서야 40만 원을 넘어서게 된다. 옆 페이지의 그림을 참조해 보자. 결국 2000년 초반, 주가 상승기의 삼성전자에 투자 했다가 소위 '물려 버린' 투자자들은 3년 이상을 기다려야만 간신히 본전 을 회복하고 다시 주가가 오르는 모습을 볼 수 있었다는 얘기다.

이러한 패턴은 그 이후에도 마찬가지다. 삼성전자는 2005년 초 45만 원 에서부터 동년 말 65만 원 내외로 40% 이상 상승하지만, 2006~2007년 사이에 지속적으로 하락하면서 투자자들을 괴롭힌다. 급기야 외환 위기 가 닥쳐왔던 2008년에는 주가가 다시 40만 원까지 하락하고 만다. 그러 니 2005년의 주가 상승을 타고 60만 원 부근에서 주식을 매입했던 투자자 들 대부분은 2006~2008년의 조정기 동안 기다림에 지쳐서 삼성전자 주 식을 팔고 말았을 것이다. 인내심이 강한 사람이라면 1~2년을, 그보다 더 끈기 있는 사람이라면 3년을 기다렸을 수도 있지만, 삼성전자 주가가 다시 본격 상승하기 시작한 2009년까지 4년씩 기다린 투자자는 드물었을 것이다. 더 나아가 삼성전자 주가가 현저히 한 단계 '레벨 업level up' 하는 2011년까지 무려 6년을 기다려 초기 손실도 상쇄하고 달콤한 수익률까지 실현해 낸 투자자는 주식을 장기투자로 생각하고 시세변동을 쳐다보지 않은 투자자들 빼고는 거의 없을 것이다.

이것이 현실이다. 개인투자자가 블루칩 주식에 장기투자하여 높은 수익을 얻는다는 것이 왜 말처럼 쉽지 않은지, 아마도 이해할 수 있을 것이다.

⠿ 삼성전자 주가

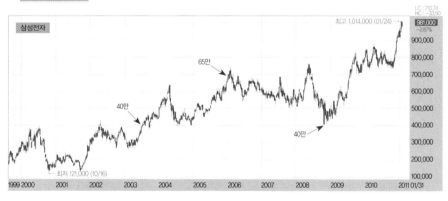

장기투자를 통해 수익을 내지 못하고 주가의 등락에 휩싸여 손해를 보는 것은 우리나라 국민들의 소위 '냄비근성'이 강하고 주식투자에 대한 지식이 모자라서 그런 것은 아니다. 전 세계에서 가장 금융 교육이 잘 되어 있다는 미국 개인투자자들의 행태도 이와 다를 바 없다. 미국의 전설적인 펀드매니저 피터 린치는 그 유명한 '마젤란펀드'를 운용하면서 1977년에서

1990년까지 13년 동안 연평균 30%의 수익을 냈다. 그런데 실제 마젤란펀드에 투자한 가입자들은 절반 이상이 손실을 입었다고 한다. 어떻게 그럴 수 있을까? 그들 역시 주식시장이 상승할 때 펀드 수익률이 올라가는 걸 보고 펀드를 샀다가 시장이 하락하면서 수익률이 마이너스로 돌아설 때 매도했다는 뜻이다. 결국 어떤 국가든, 어떤 사회든, 어떤 시기든, 일반적으로 개인투자자들이 장기투자를 통해 수익을 낸다는 것은 쉽지 않은 일이라는 얘기다.

04

변동성 리스크, 어떻게 대처할까?

장기투자를 어렵게 하는 주가의 변동성

앞의 예를 다시 생각해 보자. 투자자가 삼성전자 주식에 장기적으로 투자하기 어려운 가장 큰 이유는 무엇일까? 앞의 그래프를 다시 관찰해 보면 쉽게 답을 찾을 수 있는데, 이는 바로 주가의 변동성 때문이다. 다시 말해 주가가 크게 하락하여 원금마저 잠식되는 경우, 투자자들은 엄청난 불안감에 휩싸이게 되고 더 이상 손실이 커지기 전에 주식을 정리해야 하나, 고민하게 된다.

보통 투자자들은 10~20% 정도의 손실까지는 참고 기다리려고 마음먹는다. 그러나 손실이 30%를 넘어서게 되면, 더 이상의 손실을 감내하기보다는 차라리 손실을 제한한다는 차원에서 '**손절매**損切賣', 좀 더 전문적인 용어로는 **로스 컷**loss-cut을 감행하게 된다. 특히 손실이 크게 난 상태에서 다른 종목들은 잘도 올라가는데 내가 들고 있는 종목만은 회복되지 않거나 갈수록 더 떨어질 때, 투자자들은 빨리 매도하고 차라리 상승하는 종목으로 갈아타서 손실을 만회하는 편이 나을 것이라고 생각하게 된다. 그러나 그 결과가 좋은 경우는 많지 않다. 왜냐하면 새로운 종목을 매수해서 들고 있어도 아마추어 투자자들은 지난번 종목과 마찬가지로 상승할 때는 이익을 너무 빨리 실현하거나 많이 오른 후에는 더 오르기를 기대해서 이익을 잘 실현하지 못하기 때문이다. 그러다 어느 날 갑자기 주가가 하락하면 역시 일시적인 조정이겠거니 하고 기다리다가, 손실 구간에 진입한 후에야 또 매도를 고민하는 우를 되풀이하기 때문이다.

분산투자, 변동성 위험에 대처하기

투자자들을 심리적으로 불안하게 만들어 끝내 투자에 실패하게 만드는 주가 변동성. 이 고약한 변동성을 줄이는 데는 분산투자가 해결책이 될 수 있다. 삼성전자 한 종목만 고집하지 말고 여러 개의 블루칩 종목에 투자한다면, 그 중 한 종목의 하락이 마이너스 수익률을 주더라도 다른 종목에서 이익이 나면 포트폴리오 전체의 수익률은 크게 변동하지 않을 수 있기 때문이다.

만약 당신이 제1부 첫머리의 표에서 보았던 각 업종 대표주 10개에 각각 10%씩 분산투자를 했다고 가정할 때, 평균적인 수익률은 어떤 모습을 보일까?

다음 페이지의 그림에서 가느다란 선들은 각 종목의 수익률을 나타내고, 굵은 선이 분산투자한 당신의 포트폴리오 전체 수익률이다. 말하자면

굵은 선은 10개 기업 개별 종목 수익률의 평균인 셈이다. 이 기간 중 주가가 가장 큰 폭으로 상승한 2~3개 종목과 견주어 보면 당신의 분산 포트폴리오 수익률은 상당히 낮게 보이지만, 반면 큰 기복 없이 꾸준하게 상승했다는 장점을 가지고 있다. 게다가 개별 종목의 수익률을 하나씩 들여다보면, 당신의 분산투자 포트폴리오 수익률에도 못 미치는 종목이 절반 정도 포함돼 있음을 알 수 있다. 결국 분산투자의 평균 수익률이 그다지 불만스러운 결과는 아니라는 뜻이다.

10종목 평균과 종목별 누적수익률

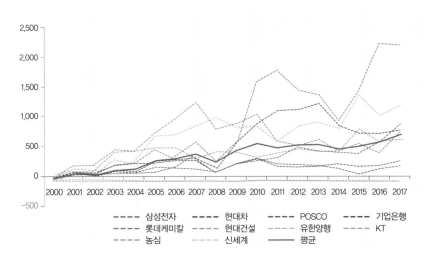

자료 : 성균관대학교 자산운용연구센터

자, 그런데 우리가 좀 더 주목해서 보아야 할 것은 다음 페이지의 그림이다. 요컨대 이 그래프는 시간이 흐를수록 주가 변동성이 전반적으로 작아지는 것을 보여 주는 그림이다.

또한 이 그림은 개별 종목 10개의 주가 변동성보다는 10개 종목 분산 포트폴리오의 변동성이 훨씬 작다는 사실을 깨닫게 해 주고 있다. 이는 무엇을 의미하는가?

만약 당신이 분산된 포트폴리오를 보유한다면 개별 종목을 보유하는 것에 비해서 주가의 변동에 의한 스트레스를 훨씬 덜 받았을 것이라는 뜻이다. 바꿔 말하자면 분산투자는 당신이 주가 하락-조정의 시기를 잘 넘기고 장기투자를 할 수 있도록 해주는 데 큰 도움이 된다는 얘기다.

앞의 TIDBIT 3에서 보았듯이 주식투자는 장기로 갈수록 성공 확률이 높아지며 분산투자는 장기투자를 보다 용이하게 해 주므로, 투자자의 성공 확률도 그만큼 높아지게 되는 것이다.

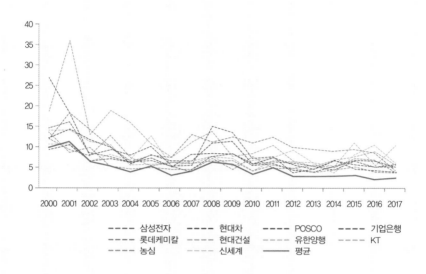

ᐧᐧᐧ 업종 대표 10종목의 변동성 대비 분산 포트폴리오의 변동성

----- 삼성전자   ----- 현대차   ----- POSCO   ----- 기업은행
----- 롯데케미칼   ----- 현대건설   ----- 유한양행   ----- KT
----- 농심   ----- 신세계   —— 평균

자료 : 성균관대학교 자산운용연구센터

분산투자, 생각처럼 쉽지 않다

그러나 일반투자자들이 이런 식으로 잘 분산된 포트폴리오를 구성하기는 쉽지 않다.

(1) 그 첫 번째 이유는 투자 금액이 적어서 이를 여러 종목으로 쪼개기 힘들기 때문이다. 예를 들어 금융 위기 직후인 2009년 연말에 앞의 10개 종목으로 포트폴리오를 구성하기로 결심했다고 가정해 보자. 가령 1,000만 원을 투자하는 개인투자자의 경우 각 종목에 10퍼센트씩 분산해 투자하기 위한 주식 수는 아래와 같이 계산된다.

1,000만 원으로 살 수 있는 각 종목의 주식 수(2009년 말 주가 기준)									
삼성전자	현대차	POSCO	기업은행	롯데 케미칼	현대건설	유한양행	KT	농심	신세계
799,000	121,000	618,000	14,000	102,500	70,900	178,000	39,100	249,000	537,000
1.25주	8.26주	1.62주	71.43주	9.76주	14.1주	5.62주	25.58주	4.02주	1.86주

막상 분산투자 포트폴리오를 짜려고 덤벼들어 보니, 한 종목당 심한 경우는 1~2주밖에 살 수 없다는 결론이 나온다. 투자자의 입장에서는 매우 귀찮고 피곤하게 느껴질 수밖에 없다.

"뭐, 대단히 큰돈도 아닌데 무슨 분산 포트폴리오냐? 분산 포트폴리오 같은 건 연기금이라든지 펀드매니저들이나 하는 거지 개인투자자가 할 짓은 아닌 것 같다."

당연히 그런 생각이 들게 되고, 그러다 끝내 이러한 분산 포트폴리오 구성을 포기하게 된다(이런저런 주변의 소문이나 추천을 듣고 종목을 늘린다든가, 혹은 처음 투자한 종목들에서 수익이 나지 않기 때문에 다른 종목을 추가로 계속 편입하다 보니 투자 종목이 많아졌다면, 그건 전혀 분산 포트폴리오가 아니다. 분산 포트폴리오란 처음부터 업종이나 종목 사이의 상관관계를 고려해서 전체 수익률의 변동성을 줄이려는 목적으로 구성되어야 하는 것이기 때문이다).

(2) 잘 분산된 포트폴리오를 구성하기 어려운 두 번째 이유는 다양한 업종의 여러 종목에 투자하려면 투자자가 더 많은 시간과 노력을 기울여야 하기 때문이다. 일단 주식투자를 진지하게 시작한 투자자라면 종목 하나하나에 투자하기 위해서 상당히 많은 시간과 노력을 기울여 해당 종목들을 공부해야 한다. 가장 기본적으로는 증권사 HTS Home Trading System에

서 제공하는 기업 분석 자료를 보아야 하고, 증권사에서 나오는 업종 분석 리포트와 종목 분석 리포트도 읽어 보아야 한다.

그뿐인가. 투자한 이후에도 자신이 보유한 종목에 관심을 갖고 해당 종목과 관련된 산업 뉴스나 기업 뉴스에 신경을 써야 된다. 따라서 10종목을 보유한다면 10종목에 해당하는 산업과 개별 기업을 일일이 공부해서 투자를 결정하게 되고, 이후에도 10개의 산업과 종목에 대해서 관심을 갖고 증권사 리포트나 관련 뉴스를 팔로우follow 해야 한다. 이는 우선 정신적으로 매우 피곤한 일일 뿐만 아니라, 다른 직업을 가진 개인투자자가 제대로 3~4개 이상의 종목을 공부하고 팔로우한다는 것은 특별한 열정과 노력 없이는 해내기 불가능한 일이다.

(3) 세 번째, 분산투자가 어려운 또 하나의 이유는 다양한 종목에 분산투자하다 보면 수익률의 움직임이 작아서 답답하게 느껴지기 때문이다. 이는 분산이 잘 되어 있을수록 뚜렷하게 나타나는 현상이다. 10종목 정도로 분산투자를 하면 분명히 수익을 팍팍 내어 주는 종목이 있음에도 전체 포트폴리오 수익률을 보면 답답하게 느껴진다.

이는 어느 한 종목에서 불과 며칠 만에 10%의 수익률을 올리더라도 포트폴리오 전체에 기여하는 부분은 1%에 불과하기 때문에 나타나는 현상이다. 그렇게 되면 투자자 입장에서는 잘 나가는 종목에 좀 더 많은 금액을 투입하고 포트폴리오의 수익을 깎아먹는 종목은 제거하고픈 욕심이 끊임없이 생길 수밖에 없다.

그리고 "이렇게 분산투자를 할 바에야 차라리 주가지수 변화에 따라 수익률이 결정되는 인덱스(주가지수)펀드에 투자하지, 무엇하러 개별 종목에 이토록 신경을 쓰면서 피곤하게 투자한단 말인가?"라는 생각이 들게 된다.

결국 위와 같은 여러 가지 이유로 인해서 일반투자자는 종목을 다양한 업종으로 분산하기보다 3~4개 종목에 집중투자(종목 수는 10개 가깝다고 하더라도 포트폴리오의 70~80%가 서너 개 업종에 집중되는 경우도 포함)를 하게 되는 것이다.

그러나 3~4개 종목에 나누어 투자하는 경우, 그중 한 종목의 주가가 크게 하락할 때 느끼는 스트레스나 압박은 (오직 한 종목에만 투자할 때보다는 물론 적지만) 해당 종목의 손실을 충분히 감내하거나 오랜 시간 기다리지 못하게 만든다.

결론적으로 개인투자자가 시장의 변동성을 잘 견디고 장기투자를 통해 높은 수익을 얻기 위해서는 분산투자가 좋은 전략이지만, 이를 실행하는 것은 개인의 자금 규모나 다양한 업종 및 종목 분석에 요구되는 시간과 노력, 그리고 금세 두 자릿수 수익을 얻고 싶은 주식투자자들의 욕심 등을 고려할 때 이론처럼 쉽게 할 수 있는 것이 아니다.

05

인덱스펀드 투자,
보다 현실적인 분산투자

　일반적으로 개인은 가지고 있는 금액도 크지 않고 또 종목에 대한 분석 능력도 부족하다. 그런 상태에서 다양한 업종을 공부하고 각 업종마다 우량 종목을 선별해서 분산투자를 한다는 것은 힘에 부친다. 차라리 이미 다양한 업종의 주식을 바스켓으로 담고 있는 주가지수에 투자하는 것이 보다 현실적인 분산투자의 방법이다.

　주가지수에 투자하는 수단으로는 크게 인덱스펀드와 ETF가 있다. **인덱스펀드**는 말 그대로 사전에 정해진 특정 지수Index를 추종하는 펀드다. 인덱스펀드를 운용하는 자산운용사는 해당 지수를 잘 추종하기 위해서 실제 지수를 구성하는 종목을 펀드 포트폴리오에 그대로 편입하는 것을 기본으로 한다. 예를 들어 다우존스지수 같은 경우는 미국의 업종 대표주 30개의 주가 평균을 나타내는 지수다. 따라서 이 지수를 추종하는 인덱스펀드는 30개 종목에 동일한 수량을 투자하는 포트폴리오를 구성하면 되는 것이다. 그런데 주가지수는 다우존스지수처럼 주가 평균의 움직임을 지수화하기보다는 시가총액 방식의 지수가 더 많다. 우리나라를 대표하는 KOSPI 종합지수의 경우나 미국의 S&P500지수 같은 경우가 모두 **시가총 액식 지수**이다. 시가총액식 지수는 아래의 공식처럼 기준 시점의 시장 전 체의 시가총액을 100으로 해서 현재 시점의 시가총액이 기준 시점의 시가 총액에 비해서 얼마나 높은지를 나타내는 것이다.

주가지수 = (비교 시점의 시가총액/기준 시점의 시가총액) × 100

* 시장의 시가총액은 각 종목 시가총액의 합
** 각 종목의 시가총액 = 주가 × 상장주식 수

오늘 KOSPI 종합지수가 2,000이라는 말의 의미는 이 종합지수의 기 준 시점인 1980년도 1월 1일(1월 1일은 휴일이므로 실제로는 1980년의 첫 거래일)의 시가총액에 비해 오늘의 시가총액이 20배로 성장해 있다는 의 미다. 따라서 시가총액식 지수를 추종하는 인덱스펀드가 지수의 움직임 을 오차 없이 추종하려면 실제 지수를 구성하는 모든 종목을 (시가총액에 서 각 종목이 차지하는 비중에 따라) 포트폴리오에 편입해야 한다. 그러 나 거래량이 적은 소형주들이 많기 때문에 KOSPI 전 종목을 구입하는 것 은 실질적으로 어렵다. 그러므로 대부분의 인덱스펀드는 추종 목표지수를 KOSPI가 아닌 KOSPI200지수로 정하고 있다.

KOSPI200지수는 문자 그대로 KOSPI 전체 종목 중 대표성이 높은 200개 종목을 뽑아 이로부터 산정한 시가총액식 지수다. 그런데 이 지수 의 움직임과 KOSPI지수의 움직임은 그 상관성이 99%에 달할 만큼 높아서, KOSPI200지수는 시장 대표성이 충분한 지수로 간주된다.

KOSPI200지수를 구성하는 종목의 선정 기준은 업종별로 시가총액이 큰 종목을 우선하되, 전체적으로 특정(예를 들면 삼성이나 SK) 그룹의 비중이 너무 크지는 않은지, 거래가 너무 적어 유동성에 문제가 있는 종목은 없는지 등을 고려한다. 그러므로 KOSPI200은 업종별로 잘 분산된 200개 기업 분산투자 포트폴리오이며, 개별 종목의 변동성 위험을 제거해 준다는 장점을 갖는다. 따라서 인덱스펀드에 투자하게 되면 투자자의 입장에서는 여러 종목을 나누어 사는 불편함 없이 한 번에 여러 종목에 분산투자를 하게 되는 셈이다. 더구나 투자 금액이 적음에도 많은 종목에 투자하는 효과를 얻을 수 있으며 이에 따른 비용도 저렴한 편이므로 (운용보수 연 1% 이하) 효율성이 높은 분산투자 방법이라고 하겠다.

TIDBIT
04

시가총액식 지수의 장단점

우리나라 주식시장의 대표 지수인 KOSPI와 KOSPI200은 시가총액 방식으로 산출한다. 대부분의 국가는 주식시장의 지수로서 다우존스 같은 주가평균식 지수보다 시가총액식 지수를 사용한다. 그 이유는 (1) **시가총액식 지수**는 시장의 모든 종목(혹은 KOSPI200의 경우처럼 시장 전체의 대표성을 가질 만한 다수의 종목)을 포함해서 산출하기 때문에, 일부 종목(다우존스는 30개 종목)만을 사용하는 주가평균식보다 시장 전체의 대표성이 높다. (2) **주가평균식 지수**의 경우, 주가가 높은 주식이 주가가 낮은 종목에 비해 지수 변동에 더 큰 영향을 미친다. 이에 따라 시가총액은 크지 않으면서 주가가 높은 소형주가 시가총액이 큰데도 주가가 낮은 대형주보다 지수에 큰 영향을 미치는 모순을 초래한다. 그러나 시가총액식은 이런 문제로부터 자유롭다. 그러나 반대로 시가총액식은 시가총액이 큰 대형주들이 지수에 미치는 영향력이 커서, 대다수 종목의 주가가 하락한 날에도 시가총액이 큰 대표주 한두 종목만 상승하면 지수가 오른다. 반대로 많은 종목의 주가가 상승한 날에도 대표주들이 하락하면 지수가 내려간다. 이렇듯 투자자들이 체감하는 시장의 움직임과 지수의 움직임이 다를 수 있다는 문제점을 안고 있다. 실제로 우리나라 시장의 경우 삼성전자라는 한 종목이 시장 전체의 시가총액에서 차지하는 비중이 보통 15% 내외여서, 삼성전자의 주가가 오를 때면 전체 시가총액에서 비중이 20% 넘게까지 올라가기도 한다. 이는 삼성전자 한 종목의 주가가 5%만 올라가거나 떨어져도 지수가 1%나(2,000포인트에서 20포인트나 되는 것임) 오르거나 내린다는 의미다.

한편, 지수의 추종을 기본 운용 목표로 삼되, 지수보다 1~2% 높은 초과 수익을 추구한다고 투자설명서에 명시하는 인덱스펀드들이 많다. 이는 펀드매니저가 투자 성과가 좋을 것 같은 종목의 비중을 원래의 지수 구성비보다 약간 높이고, 성과가 저조할 것 같은 종목의 비중을 낮추는 방식으로 조정해서 지수를 이겨 보겠다는 뜻이다. 이런 식으로 지수 대비 초과수익률을 추구하는 것은 인덱스펀드와 뒤에 소개할 ETF(철저한 지수 추종을 목표로 하는 펀드)와의 가장 큰 차이라고 할 수 있다.

KOSPI200 추종 인덱스펀드 (순자산 1,000억 이상)

(단위 : 억 원)

펀드명	운용사	설정일	순자산
교보악사파워인덱스1(주식-파생)A	교보악사자산운용	2006-03-14	12,658
한화Smart++인덱스[자](주식)C/C2β	한화자산운용	2007-06-11	2,169
삼성클래식인덱스연금전환형1(주식)-C	삼성자산운용	2006-01-10	1,697
이스트스프링코리아인덱스[자](주식)C-F	이스트스프링자산운용	2008-12-08	1,590
교보악사파워인덱스[자]1(주식)A1	교보악사자산운용	2008-12-19	1,304
유진인덱스알파(주식-파생)C	유진자산운용	2006-06-01	894
삼성인덱스프리미엄증권투자회사A(주식-파생)	삼성자산운용	2001-09-11	650
한국투자엄브렐러인덱스전환형1(주식-파생)(A)	한국투신운용	2003-07-15	558
삼성인덱스플러스1(주식-파생)(C1)	삼성자산운용	2004-07-23	557
KB스타한국인덱스[자](주식)C-E	KB자산운용	2009-02-03	484

* 2018년 6월말 기준 KOSPI200 인덱스펀드 중 운용 규모 상위 10개 펀드
  (운용 규모는 클래스 기준이 아닌 운용 펀드 합계 기준임)

적립식투자, 시간에 대한 분산투자

___

적립식투자는 일정 기간마다 반복적으로 정해진 규칙에 따라 투자금을 납입하는 투자 기법이다. 주가지수를 추종하는 인덱스펀드 투자가 '여러 종목'에 대한 분산투자라면, 적립식투자는 '투자 시점'을 분산하여 변동성 위험에 대처하는 방법이다. 일반적으로 개인투자자들의 수익률이 저조한 이유는 주가가 상승한 다음에야 주식에 투자하고 주가가 내리면 실망해서 파는 행위를 반복하기 때문이다. 주식은 '쌀 때 사서 비싸게 팔면 되는 것이다'라는 말이 있다. 말이야 쉽지만 그렇게 하기가 어려운 건 두 말할 나위도 없다. 그런데 많은 투자자들은 거꾸로 '비싸게 사서 싸게' 파는 것이다. 투자의 적절한 타이밍을 잡으려다 오히려 터무니없는 타이밍만 잡는 것이다.

이처럼 내가 투자하는 주식이 지금부터 더 오를지 내릴지 예측하는 것은 불가능하다. 앞의 TIDBIT 3의 투자 기간별 수익률 분석에서 보았듯이 장기적으로 보면 주가는 오르지만, 당장 내일 KOSPI가 오를지 내릴지는 반반의 확률인 것이다. 그러므로 어느 한 종목이건, 아니면 KOSPI 인덱스펀드이건, 오늘 매수하는 게 더 쌀지 내일 매수를 하는 게 더 쌀지를 판단하는 것은 의미가 없다고 생각해야 한다. 그러므로 타이밍을 잡아 매매하려 하지 말고 일정한 간격을 잡아 기계적으로 주식을 매수한다면 오히려 매수 가격이 분산되어 지나치게 비싸게 사거나 싸게 살 일도 없어진다는 것이 적립식투자법의 포인트다.

소수의 종목에만 투자하는 경우에도 적립식투자는 시간이라는 측면에서 분산투자의 효과를 창출해 준다. 예를 들어 앞에서 보았던 삼성전자 투자의 경우, 당신이 2000년도 내내 매달 말 100만 원씩 삼성전자에 적립식으로 투자한다고 생각한다면 1월이나 2월에는 30만 원 내외로 3주를 매입했을 것이고, 이후 주가가 38만 원 이상 상승한 구간에서는 2주와 약간의 현금 적립밖에 하지 못하게 된다. 그러다 주가가 20만 원 아래로 떨어진 9월말에는 5주를 사고도 약간의 현금 적립을 하게 되고, 주가가 최저점 부근인 10월말에는 13만 원 이하의 가격으로 무려 7주나 매수하게 된다. 그러므로 꾸준히 일정한 금액으로 적립식투자를 하는 투자자는 주가가 내려가면 더 많은 주식을 살 수 있다는 면에서 위안을 삼는다. 당신이 30만 원에 3주를 사고 13만 원에 7주를 샀다면 두 번의 매수를 통해 똑같이 90만 원씩이 투자되었지만, 당신은 평균 매수 가격 18만 원에 삼성전자 10주를 매입한 셈이 된다. 적립식투자는 이처럼 주가가 낮을 때 '매수 수량을 늘려주므로' 평균 매수 단가를 낮추어 주는 cost averaging 효과를 가지고 있어서 나중에 매수 평균 단가보다 높은 가격에서 일괄적으로 주식을 매도함으로써 꽤 괜찮은 수익을 거둘 확률을 높여 준다. 게다가 투자 기간 내내 해당 주식의 주가가 오르내리는 데 대한 스트레스도 덜하다. 왜냐하면 어느 순간 당신은 주가가 내려서 더 많은 수의 주식을 확보하는 것에 대한 매력을 깨닫게 될 것이기 때문이다.

이런 적립식투자 방법을 인덱스 투자에 적용한다면, 종목에 대한 분산과 시간에 대한 분산을 동시에 누릴 수 있게 된다. 인덱스펀드는 이미 많은 종목으로 분산이 되어 있는데 거기에다 투자 시점까지 분산되니까 말이다. 개별 종목의 주가만큼은 아니지만 KOSPI 지수도 등락을 거듭한다. 2018년 들어 미·중 무역 분쟁으로 주가가 2,000 이하로 빠지기도 해서 많은 사람들이 당분간 주가 상승은 어렵다고 했지만, 한두 달 후에는 미·중이 협상을 한다는 소식에 급등하기도 했다. 따라서 조정장에서 지금 시장이 바닥이니까 곧 반등할지 혹은 더 빠질 것인지, 반대로 상승장에서 지금 시장이 꼭대기라서 곧 빠질지, 추가로 더 오를 것인지 예측할 수 있다고 생각한다면 오산이다.

우리는 시장을 예측할 수 없고 단지 장기적으로는 시장이 '우상향'한다는 것만 알고 있을 뿐이다. 그러기에 어설프게 타이밍을 고르려다 거꾸로 잡지 말고 차라리 투자 시점을 분산해서 인덱스펀드나 ETF에 투자한다면 타이밍 면에서 실패할 확률이 근본적으로 제거된다. 적립식투자 후 매도 타이밍은 항상 포트폴리오 수익률이 목표한 수익률에 도달한 시점으로 하거나, 어느 정도 오랜 시간이 지난 후 자금 필요에 따라 회수하면 될 것이다.

아래의 그림은 1980년부터 2018년 6월까지 KOSPI지수를 추종하는 적립식펀드에 매달 10만 원씩 투자했을 경우의 수익을 보여 주고 있다. 이 기간 중 누적 투자원금은 4,620만 원에 불과하지만, 펀드의 평가금액은 3.4억 원으로 불어나서 원금의 7.4배로 증가한다. 어떤가? 적립식투자, 해볼 만하지 않은가?

⋮• 적립식투자의 성과 (1980년 1월부터 매달 10만 원 KOSPI펀드에 투자)

자료 : 삼성자산운용, 블룸버그
기간 : 1980년 1월 1일 ~ 2018년 6월 30일

TIDBIT
05

글로벌 분산투자, 분산투자의 '끝판왕'

지금까지 소개한 인덱스펀드를 통해 종목을 분산해서 투자한다든지 적립식투자를 통해서 투자 시점을 분산하는 것만 해도 충분히 투자의 변동성 위험을 낮추면서 장기투자 성과를 높일 수 있을 것이다. 그런데 보다 궁극적인 분산투자의 '끝판왕'이 되고 싶다면, 투자 시장을 대한민국에 국한하지 말고 전 세계 시장으로 넓혀서 분산투자를 하면 된다. 국내 시장에만 투자하지 않고 해외 자산까지 포트폴리오에 편입하는 것은 국내 자산과 해외 자산 간의 상관관계가 낮기 때문에 소위 말하는 '분산 효과'가 한층 커진다. 옆의 표는 국내외 자산 간의 상관계수를 정리한 것이다. 국내 자산과 해외 자산 간에는 상관계수가 낮을 뿐 아니라 종종 음의 상관계수까지 나타나는 것을 발견할 수 있다. 당연히 이들 해외 자산을 포함시켜 분산투자 포트폴리오를 구성하는 경우에 국내 시장에서 다양한 종목이나 자산군을 포함시켜서 달성할 수 없는 추가적인 분산투자효과를 달성할 수 있음을 알 수 있다.

국내외 주요 자산 상관계수(2002~2016년)

	KOSPI	국공채	회사채	전국 아파트	달러/원 환율	S&P 500	미국 국채	미국 Junk Bond	미국 리츠	EM 주식
KOSPI	1.00									
국공채	−0.02	1.00								
회사채	0.05	0.72	1.00							
전국 아파트	0.43	0.25	0.21	1.00						
달러/원 환율	−0.67	0.18	0.24	−0.28	1.00					
S&P500	−0.10	−0.09	−0.38	−0.66	−0.15	1.00				
미국 국채	−0.62	0.27	0.30	−0.17	0.97	−0.29	1.00			
미국 Junk Bond	−0.48	0.09	0.32	−0.63	0.37	0.26	0.34	1.00		
미국 리츠	0.40	0.05	−0.31	−0.11	−0.60	0.65	−0.62	−0.04	1.00	
EM 주식	0.67	−0.05	−0.10	0.27	0.12	−0.41	0.22	−0.46	0.40	1.00

자료 : Bloomberg, 키움증권.
* 국외 자산은 '원화 기준(un-hedged)' 수익률

만일 국내 주식시장과의 상관계수가 낮더라도 해외 주식시장의 수익률이 지속적으로 부진하다면, 포트폴리오의 변동성은 줄어들지 몰라도 성과 측면에서는 별로 유리하지 않을 것이다. 그러나 지난 10년간의 성과를 비교해 보면 선진국이나 신흥국의 주식시장 중에는 한국 주식시장에 비해서 평균적으로 높은 투자성과를 기록한 곳이 절반 이상이었다. 다음 페이지의 표에서 보는 바와 같이 말이다. 결과적으로 글로벌 분산투자를 하면 위

험이 줄어들면서 성과 또한 개선되는 효과를 얻을 수 있음을 의미한다.

KOSPI 대비 해외 주요 주식시장 수익률

	2008	2009	2010	2011	2012	2013	2014	2015	2016	2017	평균
KOSPI	−39.7	51.8	23.6	−9.7	10.7	2.0	−3.5	4.1	5.2	22.3	6.7
S&P500	−38.5	23.5	12.8	0.0	13.4	29.6	11.4	−1.0	9.8	19.4	8.0
나스닥	−40.5	43.9	18.0	−2.7	15.9	38.3	14.0	5.2	7.5	28.2	12.8
일본	−42.1	19.0	−3.0	−17.3	25.4	53.6	7.1	9.1	0.4	19.1	7.1
홍콩	−47.9	52.0	5.3	−18.5	20.7	3.5	0.6	−7.2	0.4	36.0	4.5
영국	−31.3	22.1	9.0	−5.6	5.8	14.4	−2.7	−4.9	14.4	7.6	2.9
독일	−40.4	24.2	15.7	−14.7	29.1	25.5	2.7	9.6	6.9	12.5	7.1
호주	−44.1	36.0	−0.7	−15.2	13.5	14.8	0.6	−0.7	7.0	7.8	1.9
인도	−52.4	81.0	17.4	−24.3	25.1	9.2	29.5	−5.0	2.3	27.5	11.0
유로스톡스	−44.3	21.0	−5.8	−17.1	13.8	17.9	1.2	3.8	0.7	6.5	−0.2
중국 상하이	−65.4	80.0	−13.8	−22.2	3.2	−6.7	52.9	9.4	−12.3	6.5	3.2
베트남		56.8	−2.0	−27.5	17.7	22.0	8.1	6.1	14.8	48.0	16.0

자료 : Yahoo Finance

　　시장의 규모라는 측면에서도 한국 주식시장은 2017년 말 기준 코스피와
코스닥을 합쳐 시총 규모 1조7,188억 달러로 세계 13위 시장이며 글로벌
주식시장에서 차지하는 비중도 2.08%에 불과하다. 우리나라보다 시총이
큰 시장으로는 미국 뉴욕증권거래소(22조814억 달러)와 나스닥(10조393
억 달러)을 비롯하여 일본, 중국 상하이, 영국, 유로넥스트, 홍콩, 중국 선
전, 인도, 독일 거래소 등을 들 수 있다. 그리고 우리나라보다 시총이 작긴

하지만 베트남, 인도네시아, 남아프리카, 브라질, 호주 등 다양한 이머징 emerging 시장도 존재한다. 결국 2% 남짓한 시장에서만 투자기회를 찾을 것인가? 아니면 98%의 다른 시장에의 분산투자를 통해 더 좋은 기회들을 찾아볼 것인가? 답은 뻔하지만 선택은 각 투자자의 몫이다.

06

ETF,
새로운 분산투자 도구

지금까지 우리는 다양한 업종의 종목을 바스켓에 담고 있어 간편하게 분산투자를 하는 방법으로 인덱스펀드를 공부해 보았다. 이번에는 인덱스펀드와 마찬가지로 주가지수를 추종하면서도 거래의 편이성이나 비용 측면에서 유리한 ETF를 살펴보기로 하자. ETF는 Exchange Traded Fund의 머릿글자로 **상장지수펀드**라고 번역할 수 있다. 이는 지수를 추종하는 인덱스펀드를 마치 일반 종목처럼 거래소에 상장시켜서 손쉽게 사고팔 수 있도록 해놓은 것이다. ETF는 주가지수를 그대로 복제해서 운용하며 인덱스펀드처럼 초과 수익을 꾀하지 않는다. 이렇듯 기계적이고 단순한 운용 구조 때문에 펀드의 운용보수도 매우 저렴하다.

현재 한국거래소에 상장되어 있는 지수 추종 ETF 가운데 거래량이나 포함된 종목 수로 봐서 가장 활발하게 거래되는 것은 KOSPI200을 추종하는 ETF다. 똑같이 KOSPI200지수를 추종하는 ETF가 10개 가까이 존재하는 까닭은 자산운용사별로 상품을 출시해서 내놓고 있기 때문이다. 특히 ETF의 경우엔 자산운용사마다 다른 브랜드를 사용한다. 가령 삼성 자산운용에서 출시한 ETF들은 KODEX(Korea Index라는 의미)를, 미래 에셋자산운용에서 출시한 ETF들은 TIGER를, 한국투자운용과 키움자산 운용은 각각 KINDEX와 KOSEF를 각자의 브랜드로 사용한다.

뒤에 나오는 표의 패널 A는 KOPSI200을 추종하는 ETF 종목들과 운용사, 설정일, 순자산 규모를 보여 준다. 이를 보면 삼성자산운용의 KODEX200은 설정일도 가장 먼저이고 순자산 규모에 있어서도 다른 KOSPI200 ETF들을 모두 합친 것보다 커서, 이 시장을 선점하고 있음을 쉽게 알 수 있다. 그 뒤를 이어 미래에셋자산운용의 TIGER200과 한국투 자증권의 KINDEX200이 KOSPI200을 추종하는 대표적인 ETF라고 부 를 수 있을 것이다.

우리가 주목해야 할 또 하나의 지수 관련 ETF 상품군은 패널 B의 파생 상품 결합 ETF들이다. 이들 파생상품 결합 ETF는 단순히 주가지수의 변 동을 1:1로 추종하는 데서 한 발짝 더 나아가 새로운 지수 투자전략을 제 시함으로써 다양한 투자자의 니즈를 수용하여 성공적인 상품으로 자리매 김하였다. 먼저 **레버리지 ETF**란, 말 그대로 지렛대 효과를 이용해서 지수 의 상승이나 하락보다 2배에 해당하는 ETF의 수익률 상승과 하락을 만들 어 준다(이러한 레버리지 효과를 창출하기 위해서 운용사는 선물이나 옵 션 등의 파생상품을 이용한다). 따라서 KOSPI200의 변동 폭이 커봤자 하루 1% 정도로 일반 주식투자의 수익률에 비해서 답답하다고 생각하는 투자자들의 경우, 레버리지 ETF에 투자하면 주가지수 상승의 2배에 달 하는 높은 수익률을 실현할 수 있다. 다만, 주가지수 하락 시에도 레버리지 ETF 투자자는 지수 대비 2배의 손실을 각오해야 한다. 그러나 장기적으로 주가지수가 우상향할 것이라는 확신을 가지고 있는 장기투자자라면 같은 금액을 투자하더라도 수익률이 지수상승률의 2배가 되는 레버리지 ETF는 충분히 선택할 만한 투자상품이다.

반면 **인버스 ETF**는 인버스Inverse라는 단어의 의미 그대로 지수의 움직임과 반대로 움직이는 ETF다. KOSPI200지수가 1% 상승하는 날 인버스 ETF는 1% 하락하고, 반대로 KOSPI200 지수가 1% 하락하는 날엔 인버스 ETF는 오히려 1% 상승하는 식이다. 이러한 역의 수익률을 만들어내기 위해서 자산운용사는 선물의 매도포지션이나 풋 옵션 등의 파생상품을 결합한다. 투자자들이 인버스 ETF에 투자하는 이유는 보통 주가의 하락을 예상하기 때문이다. 주가지수가 너무 올라서 과열권에 들어서 있다고 판단하는 경우나 주가 상승기가 마무리되고 본격적인 하락기에 접어들었다고 판단하는 경우 투자자들은 인버스 ETF에 투자하여 수익을 노릴 수 있다. 또한 자기 포트폴리오의 수익률을 지키기 위해서 포트폴리오를 구성하는 주식들을 팔기보다 인버스 ETF를 구입함으로써 전체적으로 시장의 변동성에 대해서 중립적인 포지션을 만들려는 목적으로 인버스 ETF에 투자하기도 한다.

개인적으로는 나도 2018년 하반기 주가 하락 움직임이 심상치 않아 기존의 주식투자 금액을 상당히 줄이고 남은 현금의 절반에 해당하는 금액만큼을 인버스2x ETF에 투자했다. 인버스2x란 인버스 ETF이면서도 두 배의 레버리지를 준다는 뜻이다. 결과적으로 나는 시장이 1.5% 하락했던 날, 보유한 일반 주식 포트폴리오에서 1.5% 내외의 손실을 봤지만 인버스 2x ETF에서는 3% 정도의 수익을 얻게 되었다. 다만 나의 경우 인버스2x

에 투입한 금액이 주식투자 금액의 절반 정도였으므로 시장의 상승과 하락에 상관없이 전체 계좌의 수익률은 거의 변동이 없었다. 리스크 헤지가 목적인 투자자는 이러한 중립적인 포지션을 한동안 유지하다가 시장이 전체적으로 다시 상승할 거라는 자신감을 갖게 될 때 인버스 ETF를 정리하면 되고, 시장이 계속 안 좋을 것이라고 생각하면 주식 비중을 줄여나가면 되는 것이다. 이처럼 인버스 ETF는 하락장에 베팅하는 목적뿐만 아니라 포트폴리오 하락 위험에 대한 헤지 목적으로도 활용할 수 있다.

KOSPI200 관련 ETF

(단위 : 억 원)

펀드명	운용사	설정일	순자산
Panel A : KOSPI200 추종 ETF			
삼성KODEX200증권ETF(주식)	삼성자산운용	2002-10-11	60,572
미래에셋TIGER200증권ETF(주식)	미래에셋자산운용	2008-04-02	28,236
한국투자KINDEX200증권ETF(주식)	한국투신운용	2008-09-10	7,661
KBSTAR200증권ETF(주식)	KB자산운용	2011-10-19	13,542
한화ARIRANG200증권ETF(주식)	한화자산운용	2012-01-09	8,614
교보악사파워K200증권ETF(주식)	교보악사자산운용	2012-02-10	2,556
NH-AmundiHANARO200증권ETF(주식)	NH-아문디자산운용	2018-03-29	2,183
Panel B : KOSPI200 추종 레버리지·인버스 ETF			
삼성KODEX레버리지증권ETF(주식-파생)	삼성자산운용	2010-02-17	27,552
삼성KODEX인버스증권ETF(주식-파생)	삼성자산운용	2009-09-14	6,614
미래에셋TIGER200선물레버리지증권ETF(주식-파생)	미래에셋자산운용	2017-04-24	1,358
KBKBSTAR200선물레버리지증권ETF(주식-파생)	KB자산운용	2016-09-08	442
미래에셋TIGER인버스증권ETF(주식-파생)	미래에셋자산운용	2010-03-26	427
미래에셋TIGER레버리지증권ETF(주식-파생)	미래에셋자산운용	2010-04-08	287

* 2018년 6월말 기준 KOSPI200 연계 ETF 현황(설정일 순으로 정렬)

코스닥 ETF

지수를 통한 분산투자를 함에 있어서도 KOSPI뿐만 아니라 코스닥 시장까지 아우르는 분산투자를 원할 경우에는 코스닥 시장의 움직임을 추종하는 ETF를 이용하면 편리하다. 코스닥의 경우에도 코스닥 전 종목을 포함하는 코스닥 종합주가지수보다는 코스닥 내의 대표기업 150개를 추종하는 KOSDAQ150지수가 ETF를 설정하는 데 주로 사용된다. 이들 코스닥 관련 ETF는 비교적 늦은 2015년부터 거래되기 시작하였으며 역시 삼성자산운용의 KODEX 코스닥150의 점유율이 높은 가운데 미래에셋TIGER 코스닥150, KBSTAR 코스닥150 등도 활발히 거래되고 있다.

또한 코스닥의 경우에도 파생상품을 결합한 레버리지 ETF와 인버스 ETF가 거래되고 있다. 옆의 표에서 보는 것처럼 KODEX 코스닥150 레버리지 ETF의 순자산이 KODEX 150 ETF의 순자산보다 많아지기도 하는데, 이는 코스닥시장의 상승에 두 배로 베팅하는 수요가 그만큼 많다는 것을 보여 준다. 물론 투자자들의 시장에 대한 기대치가 나빠지는 경우에는 레버리지 ETF가 줄어드는 대신, 인버스 ETF에 투자하는 금액이 늘어나게 될 것이다.

코스닥 관련 ETF

(단위 : 억 원)

펀드명	운용사	설정일	순자산
Panel A : KOSDAQ150 추종 ETF			
삼성KODEX코스닥150증권ETF(주식)	삼성자산운용	2015-09-30	9,111
미래에셋TIGER코스닥150증권ETF(주식)	미래에셋자산운용	2015-11-11	5,476
KBSTAR코스닥150증권ETF(주식)	KB자산운용	2017-06-15	3,602
한화ARIRANG코스닥150증권ETF(주식)	한화자산운용	2018-07-04	–
Panel B : KOSDAQ150 추종 레버리지 · 인버스 ETF			
삼성KODEX코스닥150레버리지증권ETF(주식-파생)	삼성자산운용	2015-12-16	12,722
삼성KODEX코스닥150인버스증권ETF(주식-파생)	삼성자산운용	2016-08-09	3,021
미래에셋TIGER코스닥150레버리지증권ETF(주식-파생)	미래에셋자산운용	2015-12-15	1,269
미래에셋TIGER코스닥150인버스증권ETF(주식-파생)	미래에셋자산운용	2016-08-09	229
키움KOSEF코스닥150선물인버스증권ETF(주식-파생)	키움투자자산운용	2018-03-15	114

* 2018년 6월말 기준 KOSDAQ150 연계 ETF 현황(설정일 순으로 정렬)

섹터 ETF

원래 ETF는 지수를 추종하는 인덱스펀드를 상장시켜 거래하는 것으로 출발했지만 시간이 지남에 따라 상품이 다양화되고 있다. 그 첫 번째로 다양한 섹터나 업종에 투자하는 ETF들이 등장했다. 다음 페이지의 표에서 보듯이 투자자들은 IT, 증권, 헬스케어, 필수소비재, 건설, 코스닥IT 등 다양한 **섹터 ETF**에 선별적으로 투자할 수 있다. 각 섹터 ETF에 투자하게 되면 그 섹터 내의 주요 종목으로 구성된 섹터지수에 투자하는 효과를 얻게 된다. 예를 들어 TIGER200IT증권 ETF에 투자하면 KOSPI200 종목 중 IT 섹터에 포함되는 종목들에 분산투자하는 효과를 얻을 수 있는 것이다. 특히 바이오나 헬스케어 같은 분야는 미래 성장성이 높은 섹터라는 것은 알지만, 대부분의 투자자들에게는 그 섹터 내에서 특정 종목을 고를 능력이 없다. 이러한 투자자들 입장에서 헬스케어나 바이오 섹터 ETF는 매우 유용한 투자 도구가 될 것이다.

　그러나 섹터 ETF는 KOSPI지수나 코스닥지수 ETF와는 달리 잘 분산된 포트폴리오가 아니다. 오히려 특정 업종의 종목들에 집중투자하기 때문에 종목 간의 상관관계가 높다는 점을 인식해야 할 것이다. 그러므로 섹터 ETF 투자는 분산투자의 목적이라기보다 종목에 대한 선별 능력이 없을 경우에 업종 전반에 대한 투자 목적으로 사용하여야 할 것이며, 특정 업종에 대한 '몰빵' 투자를 피하고 위험을 분산시키려면 다른 업종의 ETF나 시장지수 ETF에 대한 투자와 함께 병행할 필요가 있다. 또한 같은 섹터 ETF라도 운용사마다 해당 섹터지수를 구성하는 종목과 비중이 조금씩 다르기 때문에, 어느 운용사의 섹터 ETF가 자신이 생각하는 해당 업종의 종목 구성과 일치하는지를 검색해 보고 투자를 결정하라고 권하고 싶다.

섹터 ETF

(단위 : 억 원)

펀드명	운용사	설정일	순자산
미래에셋TIGER200IT증권ETF(주식)	미래에셋자산운용	2011-04-05	2,731
미래에셋TIGER코스피증권ETF(주식)	미래에셋자산운용	2017-08-30	1,624
미래에셋TIGER헬스케어증권ETF(주식)	미래에셋자산운용	2011-07-15	1,617
삼성KODEX필수소비재증권ETF(주식)	삼성자산운용	2017-03-27	576
미래에셋TIGER200건설증권ETF(주식)	미래에셋자산운용	2011-04-05	355
미래에셋TIGER코스닥150IT증권ETF(주식)	미래에셋자산운용	2016-12-14	238
미래에셋TIGER화학증권ETF(주식)	미래에셋자산운용	2012-05-15	223
미래에셋TIGER소프트웨어증권ETF(주식)	미래에셋자산운용	2012-05-15	201
삼성KODEX반도체증권ETF(주식)	삼성자산운용	2006-06-26	195
삼성KODEX철강증권ETF(주식)	삼성자산운용	2009-10-29	138

* 2018년 6월말 기준 순자산 상위 10개

테마 ETF

두 번째로는 다음 페이지의 표에서 보는 바와 같이, 각종 투자 테마나 팩터factor를 가지고 지수를 만들어 이를 추종하게 하는 ETF도 있다. 예를 들면 요즘 4차 산업혁명이라는 테마는 시장에서 관심도 많고 미래 성장성도 높다고 인식되는 주제다. 이에 따라 운용사에서는 4차 산업혁명에 관련된 주식들로 일종의 '테마를 추종하는' 지수를 만들어 이를 투자자들에게 제공하는 것이다. 이 역시 4차 산업혁명 테마에 걸맞은 종목이 무엇인지는 ETF를 디자인하는 운용사마다 다르게 선정하는 것이므로, 투자자 입장에서는 해당 ETF의 종목 구성과 비중을 사전에 체크하는 것이 바람직하다.

다양한 테마나 팩터 ETF

(단위 : 억 원)

펀드명	운용사	설정일	순자산
한화ARIRANG고배당주증권ETF(주식)	한화자산운용	2012-08-28	2,815
미래에셋TIGER경기방어증권ETF(주식)	미래에셋자산운용	2011-04-05	2,182
한화ARIRANG주도업종증권ETF(주식)	한화자산운용	2017-10-16	174
미래에셋TIGER모멘텀증권ETF(주식)	미래에셋자산운용	2011-10-25	170
삼성KODEX글로벌4차산업로보틱스증권ETF(주식-파생)(합성)	삼성자산운용	2017-08-16	146
삼성KODEX턴어라운드투자증권ETF(주식)	삼성자산운용	2016-06-23	118
한국투자KINDEX미국4차산업인터넷증권ETF(주식-파생)(합성H)	한국투신운용	2017-10-12	103
KBKBSTARESG사회책임투자증권ETF(주식)	KB자산운용	2018-02-26	68
한국투자KINDEX한류증권ETF(주식)	한국투신운용	2015-08-11	61

* 2018년 6월말 기준 순자산 상위 10개

한편, 특정한 섹터나 특정한 테마는 아니지만 고배당주, 경기방어주, 모멘텀주처럼 성격상 같은 특징factor을 갖고 있는 주식들도 있다. 고배당주의 경우는 배당수익률이라는 요소가 공통적인 투자팩터가 될 것이고, 경기방어주는 시장의 움직임에 대한 민감도인 베타지수가 낮다는 공통 투자팩터를 가지고 있을 것이다. 또한 모멘텀주는 최근 몇 주나 몇 달 간의 수익률이 높다는 투자팩터가 공통점이 될 것이다. 이처럼 특정의 투자팩터에 기반을 둔 ETF 역시, 시장 상황에 따라 해당 투자팩터가 각광을 받게 되면 해당 ETF 내의 종목들이 같이 상승하고 반대로 그러한 투자팩터가 시장에서 소외받게 되면 해당 ETF 내의 종목들이 같이 조정을 받게 될 가능성이 높다.

그러므로 특정 테마나 팩터에 바탕을 둔 ETF들은 비록 섹터 ETF처럼 같은 업종 내의 종목들은 아니어도 분산투자의 효과를 기대하기는 어렵고, 오히려 시장의 유행에 따라 성과가 좌우된다는 점에서 변동성이나 위험도가 높은 투자다. 다만 여러 가지 테마나 팩터 ETF에 분산투자한다거나 이들을 합성해서 투자한다면, 테마 ETF나 팩터 ETF도 분산 포트폴리오 구성을 위한 도구로 유용하게 사용될 수 있을 것이다.

해외지수 ETF

세 번째로 ETF를 해외 주식시장에 투자하는 도구로 활용할 수도 있다. 앞에서 보았듯이 글로벌 분산투자는 국내 시장에서 더 이상 낮출 수 없는 투자 위험을 한 단계 더 낮출 수 있는 헤지 수단이다. 지난 몇 년간 미국 주식시장이 활황을 보였고 특히 FAANG으로 불리는 Facebook, Amazon, Apple, Netflix, Google의 다섯 가지 종목을 비롯한 나스닥 기술주들은 주가가 서너 배 이상 상승하는 '수퍼 호황세'를 보였다.

일반투자자들도 이러한 해외시장의 상승에 편승하고 싶은 욕구가 있지만, 실제 해외투자 계좌를 개설해서 애플이나 아마존 주식을 산다는 것은 많은 사람들에게 생각처럼 그리 만만치 않다. 실제 해 보면 각 증권사에서 해외주식투자 계좌를 추가로 개설하는 것까지는 문제가 없다. 그러나 개설 후 현지 통화로 환전하는 절차를 거쳐야 하고 매수나 매도 주문을 내기 위해서는 시차를 무릅쓰고 현지 시장 개장 시간을 기다려야 한다든지 아니면 미리 예약주문을 내야 하는 등의 불편함이 여전히 존재한다.

그런데 해외주가지수 ETF는 우리나라 주식의 거래와 똑같이 국내 거래소 개장 시간에 원화로 해외 주식시장의 지수를 바로 사고팔 수 있기 때문에 갈수록 많은 투자자들에게 인기를 끌고 있다. 더군다나 미국뿐 아니라 중국, 일본, 베트남 등 국내 투자자들이 관심을 갖고 있는 대부분 국가의 주요지수 ETF들이 망라되어 있다. 게다가 한 국가 단위를 넘어 아시아, 유럽 등 대륙 단위의 지역 ETF 상품까지 출시되어 있다.

더 나아가 전 세계 시장에 골고루 분산투자하고 싶은 투자자의 경우, ETF를 통해 세계에서 가장 널리 쓰이는 글로벌 주가지수인 MSCI World 지수에도 투자할 수 있다. 실제로 해외주가지수 ETF 가운데 현재 가장 설정액이 높은 ETF가 KODEX MSCI World ETF이다. 그만큼 우리나라 투자자들도 글로벌 분산투자의 유효성을 이미 잘 인식하고 있다는 방증이다. 그 다음으로 설정액이 높은 것은 중국 시장 주가지수 ETF들인데, 이들 중국 시장 ETF 투자 규모를 합치면 앞서 언급한 MSCI World ETF 설정액을 초과하는 실정이다. 국내 주식투자자들이 가장 관심을 갖고 유망하게 보는 주식시장이 바로 중국 시장임을 알 수 있는 대목이다.

향후 투자자들의 마인드가 더욱 국제화되고 정보 또한 글로벌화함에 따라 해외시장의 흐름을 파악하는 시간과 노력이 줄어들수록 해외 주식시장에 대한 투자도 늘어날 것이다. 그러나 일반 투자자들이 해외 주식 종목을 일일이 골라서 투자하기는 여전히 어려울 것이기 때문에, 주가 상승이 기대되는 시장을 골라 해당 국가나 지역의 ETF에 장기적으로 투자하는 것은 매우 현명한 국제 분산투자 기법이다.

해외지수 추종 ETF

(단위 : 억 원)

펀드명	운용사	설정일	순자산
삼성KODEX MSCI World증권ETF(주식)	삼성자산운용	2016-08-08	2,533
한국투자KINDEX중국본토CSI300[자]상장지수 (주식-파생)	한국투신운용	2012-11-21	1,934
미래에셋TIGER차이나A300증권ETF자(주식-파생)	미래에셋자산운용	2014-01-27	1,814
한국투자KINDEX베트남VN30증권ETF (주식-파생)(합성)	한국투신운용	2016-06-28	1,676
미래에셋TIGERS&P500선물증권ETF(주식-파생)	미래에셋자산운용	2011-07-15	1,140
한국투자KINDEXS&P아시아TOP50증권ETF(주식)	한국투신운용	2017-08-18	748
미래에셋TIGER유로스탁스50증권ETF (주식-파생)(합성H)	미래에셋자산운용	2014-04-29	359
미래에셋TIGER일본증권ETF(주식-파생)(합성H)	미래에셋자산운용	2014-04-29	332
한화ARIRANG합성-MSCIEmergingMarkets증권ETF (주식-파생)(H)	한화자산운용	2014-05-12	292
한화ARIRANG미국나스닥기술주증권ETF(주식)	한화자산운용	2017-12-12	93

* 2018년 6월말 기준 순자산 상위 10개

"주식투자를 통해 돈을 버는 사람보다 잃는 사람이 많다는 것은
일반인의 생각대로 투자를 하면 돈을 잃는다는 얘기다.
따라서 돈을 벌기 위해서는 그 반대로 행동해야 하며,
이것이 시장을 이기는 방법이다."

2부

간접투자,
프로에게 맡겨라

인덱스펀드와
ETF 투자의 매력

주식에 대한 직접투자로 성공하기 어려운 일반 개인투자자들에게 인덱스펀드와 ETF는 매우 유용한 간접투자 수단이다. 어떤 점에서 그럴까? 이와 같은 패시브 펀드 투자의 장점을 열거하면 다음과 같다.

(1) **개인투자자가 주식투자에 쏟아야 할 시간과 노력을 절감시켜 준다.**
대부분의 개인투자자는 주식 종목을 연구하고 분석할 시간이나 지식이 턱없이 부족하다. 설사 시간과 노력을 기울여서 어렵사리 종목을 고른다 해도 성공 확률이 높은 것은 아니다. 사실 주식투자를 하다 보면 종목 선별보다는 전체 시장 상황이 수익률에 더 큰 영향을 미친다는 걸 알게 된다. 상승장에서는 웬만한 종목은 다 오르고 반대로 하락장에서는 우량 기업의 주가조차 하락을 면하기 어렵기 때문이다.

이 때문에 대부분의 종목 수익률은 주가지수 수익률과 높은 상관관계를 가지고 있다. 그러므로 주식시장에 투자하면서 자신이 시장보다 높은 수익률을 가져다줄 종목을 고를 자신이 없다면, 좋은 종목을 찾기 위해 골머리를 앓기보다 주가지수에 투자하여 시장 평균 수익률을 기대하는 것은 현명한 대안이 된다.

패시브 펀드 passive fund

펀드매니저의 판단에 의지하지 않고 시장에 수동적으로 맞추어 따라가는 지수추종 펀드들을 아울러 가리키는 용어.
반대로 지수를 그냥 추종하기보다 펀드매니저의 판단에 따라 능동적으로 운용하는 펀드를 액티브 펀드 active fund 라고 부름.

투자이론으로 볼 때도 그렇다. 시장이 효율적이어서 현재의 주가가 해당 기업의 가치를 적절히 반영하고 있다면, 저평가된 주식을 찾는 노력이 성공할 확률은 매우 낮아진다. 다만, 주식투자는 은행예금이나 국채와 같이 안전한 자산과는 달리 투자위험이 높기 때문에 'Low risk, low return, High risk, high return(위험이 낮으면 수익도 낮고, 위험이 높으면 수익도 높다).'이라는 격언처럼 수익률도 평균적으로 높다. 이는 역사적으로나 이론적으로 증명된 사실이다.

따라서 충분한 연구 분석 없이 개별 종목에 베팅하기보다는 주가지수 자체에 투자함으로써 주식시장의 평균수익률 정도를 기대한다면, 투입한 시간과 노력에 비해서 가성비가 높은 투자 방안이라 할 수 있다.

(2) 인덱스펀드와 ETF는 **분산을 통해 변동성을 낮춰 주는 장점을 갖고 있다.** 앞에서 보았듯이 일반투자자가 주식시장에서 실패하는 가장 큰 이유 중 하나가 시장의 변동성을 견뎌내지 못하기 때문이다. 그런데 인덱스펀드와 ETF는 이미 많은 종목에 분산되어 있는 포트폴리오이기 때문에 개별 종목에 투자하는 것보다 변동성이 훨씬 낮다.

그렇기 때문에 주가가 떨어질 때 투자자가 받는 스트레스나 두려움 역시 개별 종목에 비교할 수 없으리만치 낮다. 주가가 떨어지고 있을 때, 개별 종목에 대해서는 기다리면 주가가 다시 우상향하고 원금도 회복할 거라는 확신을 잃어버리기 쉽지만, 주가지수에 대해서는 그런 확신을 쉽사리 잃지 않는다.

지수의 하락폭도 대체로 개별 종목에 비해서 작고, 역사적으로 볼 때도 하락장을 참고 기다리면 회복될 것임을 알기 때문에 투자자로선 버티기가 훨씬 수월하다는 얘기다.

다만, 1998년의 외환 위기나 2008년의 금융 위기와 같이 예외적인 상황에서는 주가지수조차 반 토막이 나기도 하지만, 이런 경우는 그야말로 특수한 상황이다. 반면, 일반 개별 종목은 어떤가? 위기 상황이 아니라 단순

하락하는 장에서, 아니, 심지어는 횡보하거나 상승하는 장에서조차, 반토막으로 떨어지는 경우가 비일비재하지 않은가?

다들 한 번쯤은 들어 봤겠지만, '주식투자 성공의 8할이 기다림과 인내'라는 증시 격언이 있다. 인덱스펀드나 ETF는 변동성을 낮추어 줌으로써 투자자가 느긋하게 장기투자를 할 수 있도록 도와주고, 이에 따라 투자의 성공 가능성을 높여 주는 상품이라고 할 수 있다.

(3) 투자자가 지불하는 비용을 낮추어 줌으로써 실질적인 수익률을 제고시켜 준다. 인덱스펀드나 ETF는 같은 펀드라도 일반펀드에 비해서 운용보수가 낮다. 일반적인 액티브 펀드가 연 1.5~2.0% 정도의 운용보수를 받는 반면, 인덱스펀드 운용보수는 연 1% 이하이고 ETF는 연 0.50%도 채 안 된다.

따라서 이들 패시브 펀드에 투자하면 액티브 펀드에 투자하는 것보다 처음부터 연 1%~1.5%를 절감하고 들어가는 셈이다. 단기적으로야 이 정도의 차이는 별 것 아닌 것 같지만, 장기투자로 갈수록 이러한 운용보수의 차이는 성과의 차이로 이어진다.

예를 들어 연금형 펀드에 20년간 투자한다고 할 때 매년 발생하는 1~1.5%의 차이는 그냥 단순 계산해도 총 20~30%다. 여기에 복리효과까지 고려한다면 그 차이는 22.0~34.7%까지 벌어진다.

다음 페이지의 그림을 참조하자. 물론 개인이 직접투자를 한다면 운용보수 자체가 아예 없겠지만, 펀드에 돈을 넣어 간접적으로 투자하는 경우의 운용보수는 투자 시 주의 깊게 살펴보아야 할 항목이다. 특히 연금형 상품처럼 장기로 투자하는 경우에는 수익률에 미치는 영향이 제법 크다.

따라서 액티브 펀드를 선택할 때에는 주가지수보다 1~1.5% 이상의 초과 수익률을 낼 수 있는 펀드인지를 따져 봐야 한다. 만약 그런 믿음이 가지 않는다면 액티브 펀드보다 비용 면에서 유리한 패시브 펀드를 선택하는 편이 낫다.

‧‧‧ 공모펀드 운용보수 추이(2007~2018년), 단위: %

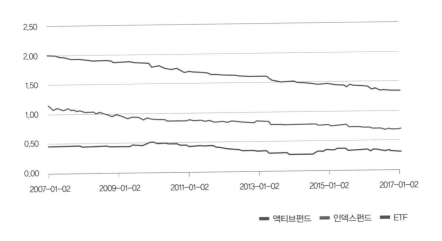

인덱스펀드 우수 운용사 고르기

인덱스펀드나 ETF의 경우, 지수를 추종하는 상품 본연의 성격 때문에 펀드의 성과는 주가지수의 수익률과 크게 다르지 않다. 다만, 인덱스펀드의 경우 주가지수를 구성하는 종목 가운데 수익률이 보다 나을 것으로 예상되는 종목에는 원래 지수 구성의 투자 비중(**시가총액 비중**)보다 비중을 높여 초과수익(이를 흔히 '플러스 알파'라고 부름)을 추구하기 때문에, 시간이 지남에 따라 성과의 편차가 제법 크게 나타날 수 있다.

다음 페이지의 표는 지난 10여 년간 KOSPI200을 추종하는 다양한 인덱스펀드의 누적 초과수익률을 비교한 것이다. 대체로 인덱스펀드들은 (10년 투자 기준으로 볼 때) 벤치마크인 KOSPI200보다 연평균 1.39% 높은 수익률을 기록하고 있는데, 이는 상당 부분 배당수익 때문이라고 보면 된다(인덱스펀드 수익률과는 달리 주가지수 수익률을 계산할 때는 배당수익이 포함되지 않는다).

그러나 상위 5개 사 및 10개 사의 누적 초과수익률은 지난 10년간 연평균 2.72%와 2.08%로, 이 기간 중 배당수익률 평균 1.32%를 제하고도 KOSPI200을 의미 있게 초과하는 수익을 낸 셈이다.

KOSPI200 추종 인덱스펀드의 누적 및 초과 성과

운용사		누적수익률				
		1년	3년	5년	10년	15년
누적수익률						
상위 5개 사	DB자산	−3.43(−3.43)	26.69(8.21)	28.64(5.17)	87.23(6.47)	−
	대신	−2.10(−2.10)	30.91(9.39)	34.45(6.10)	82.03(6.17)	−
	교보악사	−3.09(−3.09)	28.50(8.72)	29.87(5.37)	74.59(5.73)	−
	유진	−2.42(−2.42)	27.92(8.55)	30.9(5.53)	69.59(5.42)	−
	동양	−4.32(−4.32)	29.00(8.86)	30.77(5.51)	69.29(5.41)	−
평균	상위 5개 사	−3.07(−3.07)	28.6(8.75)	30.93(5.54)	76.54(5.85)	−
	상위 10개 사	−3.53(−3.53)	27.71(8.49)	28.62(5.16)	68.64(5.36)	295.47(9.60)
	전체 평균	−4.13(−4.13)	26.01(8.01)	26.42(4.8)	60.50(4.84)	273.47(9.18)
BM 초과						
상위 5개 사	DB자산	2.02(2.02)	4.93(1.62)	8.69(1.68)	41.50(3.53)	−
	대신	3.35(3.35)	9.15(2.96)	14.5(2.75)	36.30(3.15)	−
	교보악사	2.36(2.36)	6.74(2.20)	9.93(1.91)	28.87(2.57)	−
	유진	3.03(3.03)	6.16(2.01)	10.96(2.1)	23.86(2.16)	−
	동양	1.14(1.14)	7.24(2.36)	10.83(2.08)	23.57(2.14)	−
평균	상위 5개 사	2.38(2.38)	6.85(2.23)	10.98(2.11)	30.82(2.72)	−
	상위 10개 사	1.92(1.92)	6.05(1.98)	8.68(1.68)	22.91(2.08)	70.46(3.62)
	전체 평균[1]	1.32(1.32)	4.26(1.4)	6.48(1.26)	14.78(1.39)	48.46(2.67)

1) 전체 평균은 상위 운용사와 하위 운용사를 비교하려는 목적으로 인덱스주식 운용사별 누적수익률을 단순 평균한 수치임.
* 벤치마크인 KOSPI200 대비 수익률이 높을수록 보다 짙은 붉은색으로 음영 표시.

그런데 이들 인덱스펀드의 우수 운용사 Top 5 가운데 DB, 대신, 교보악사, 동양 등 4개 사가 보험사를 소유하고 있거나 과거에 소유했던 금융그룹 계열의 자산운용사라는 점이 눈길을 끈다. 왜 그럴까? 이는 보험사들이 주식시장에서 낮은 변동성과 '장기' '안정' 수익을 추구하기 때문이다.

그런 성향을 지닌 보험사의 자산을 운용해 온 계열 자산운용사들이 인덱스펀드 운용의 시스템 투자와 경험을 쌓아 온 결과로 보인다.

그러므로 간접투자를 하면서 지수보다 다소 높은 초과수익을 얻고자 한다면, 인덱스펀드 투자가 적절하다. 그리고 아래 그림에서 보는 것처럼 시장지수 대비 초과수익을 꾸준히 기록해 왔고 인덱스펀드에 대한 노하우가 있는 운용사를 선택한다면 그 결과는 더욱 좋을 것으로 기대된다.

⁝ 인덱스펀드 10년 누적수익률

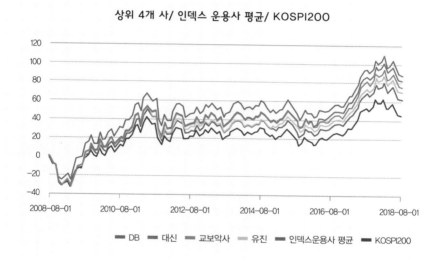

상위 4개 사/ 인덱스 운용사 평균/ KOSPI200

ETF 선택하기; 시장지배력과 수수료를 고려하라

인덱스펀드와는 달리 상장지수펀드인 ETF는 지수를 초과하는 수익률 '플러스 알파'를 추구하지 않으며 오직 '지수 복제하기'를 운용 목표로 삼는다. 그러므로 ETF의 경우 '트래킹 에러(추종 오차)'를 최소화하여 얼마나 지수를 잘 추종하는가, 거래량이 풍부해서 매수와 매도 체결이 원활하게 이루어지는가 등이 중요하다. 대체로 같은 지수를 추종하는 ETF의 경우, 시장지배력(점유율)이 높은 ETF를 골라서 투자하는 것이 트래킹 에러나 유동성 측면에서 안전할 것이다. 아래의 표를 보면 KOSPI200을 추종하는 ETF 중에서 삼성 KODEX200이 절반에 가까운 비중을 차지하면서 압도적 1위를 기록하고 있고, 미래에셋 TIGER200과 KB의 KBSTAR200이 20% 및 10% 정도의 비중으로 시장을 나누어 갖고 있다.

KOSPI200 ETF 규모 (2018년 7월 말 기준)

(단위 : 억 원, %)

운용사	명칭	규모	비중	설정일	총보수
삼성	KODEX 200	60,022	46.63	2002-10-11	0.15
미래에셋	TIGER 200	26,430	20.53	2008-04-02	0.05
KB	KBSTAR 200	13,682	10.63	2011-10-19	0.04
한화	ARIRANG 200	8,498	6.6	2012-01-09	0.04
한국투자	KINDEX 200	7,718	6	2008-09-10	0.09
키움	KOSEF 200	7,330	5.7	2002-10-11	0.13
교보악사	POWER K200	2,523	1.96	2012-02-10	0.15
NH-아문디	HANARO 200	2,266	1.76	2018-03-29	0.05
유리	TREX 200	239	0.19	2009-01-22	0.33
합계		128,708	100.00		0.11

초기부터 압도적이었던 삼성의 시장지배력에 도전장을 내민 것이 미래에셋이다. 미래에셋은 삼성자산운용보다 훨씬 저렴한 운용수수료를 무기 삼아 2008년 ETF 시장에 진입한 이래 시장점유율을 늘려나갔다. 가령 미래에셋의 ETF인 TIGER 시리즈를 들여다보자. TIGER200 운용수수료는 KODEX200의 0.15%에 비해 1/3 수준인 0.05%로 책정되어 있다. 이렇듯 미래에셋은 훨씬 낮은 수수료로 시장을 공략했고, 이러한 전략이 주효하여 ETF 시장의 2인자로 자리매김했다.

한편 ETF의 성과는 벤치마크 지수와는 다소 다르다. 예를 들어 KOSPI200을 추종하는 ETF들의 초과 성과는 1년에 1.5~2.0%를 기록하고 있는데, 이는 인덱스펀드의 초과수익률과 마찬가지로 매년 ETF 내의 종목들이 수령하는 배당수익 및 펀드가 보유하고 있는 주식을 빌려주면서 얻는 대차수수료 수입 덕분이다.

ETF 시장의 산파 겸 전도사
삼성자산운용 배재규 부사장

배재규 삼성자산운용 부사장은 한국 최초의 ETF인 KODEX200을 상장시킴으로써 KODEX가 현재 한국 ETF 시장에서 50%가 넘는 점유율을 유지할 수 있도록 키워 낸 장본인이다. 또한 그는 어디서든 ETF야말로 가장 효율적이고 우수한 투자도구라는 것을 믿고 설파하는 ETF 전도사이기도 하다.

2001년 1월 삼성투신 상무였던 그에게 당시 사장이었던 황영기 전 금융투자협회장은 원서 한 권을 건네주며 읽어 보라고 권했다. 뱅가드펀드 Vanguard Fund 의 설립자 존 보글 John Bogle 의 〈뮤추얼 펀드에 관한 일반상식〉이었다. 그는 이 책을 통해 액티브 펀드의 위험성을 인식하게 되었고 패시브 펀드에 관심을 갖게 된다. 그러던 중 한 직원이 해외연수에서 ETF를 배워 왔고, 그는 이 직원 덕분에 ETF를 공부한 끝에 그 구조를 이해하게 되었다. 한국 시장에서 ETF의 성공 가능성을 확신한 그는 당국자들과 만나 ETF 도입의 필요성을 역설했다. 다행히 일본 시장에 ETF가 먼저 상장되었고 이를 계기로 한국 시장에도 ETF 도입이 추진되어 2002년 10월 KOSPI200을 추종하는 KODEX200이 한국 최초의 ETF로서 거래소에 상장될 수 있었다.

이후 삼성은 배재규 부사장의 지휘 아래 경쟁사보다 적극적인 투자로 ETF 시장의 선두자리를 확고히 다져나갔다. 특히 2009년과 2010년에 각각 아시아 최초로 인버스와 레버리지 ETF를 상장시켰는데, 이를 계기로 국내 ETF 시장이 폭발적으로 성장했고 삼성의 선두자리도 확고해졌다. 2018년 8월말 기준 우리나라에 상장된 ETF 종목 수는 393개이며 시장 규모는 40조 원으로, 아시아에서 가장 다양한 상품군을 보유하고 있다. 이 중 삼성자산운용의 KODEX는 94종목이며 시총은 20.5조 원에 달한다.

KODEX 시리즈의 장점

삼성자산운용의 KODEX가 시장에서 압도적 점유율을 가지게 된 것은 시장 선점의 효과가 컸다. 2002년 ETF가 처음 상장할 때 삼성자산운용과 당시의 LG자산운용이 상품을 출시했는데 초반부터 삼성의 KODEX200이 LG의 KOSEF200을 앞서나갔다. 삼성자산운용이 ETF시장의 성장 가능성을 믿고 초기부터 시스템이나 마케팅에 비용을 적극적으로 투자했기 때문이다.

배재규 부사장은 국내 최초로 ELS(정확히는 펀드스타일이므로 ELF)를 성공적으로 도입함으로써 ETF 확립을 위한 투자 비용을 충당할 수 있었다고 한다(ELF와 ELS는 원금을 보장하면서 주가 상승에 따라 시중 금리보다 2~3%를 더 준다는 개념으로 2000년대 초반 도입되자마자 크게 히트했다). 이에 비해서 LG자산운용은 카드 사태 이후 우리금융지주에 매각되어 우리자산운용이 되었고, 우리자산운용은 다시 키움자산운용과 합병되는 우여곡절을 겪으면서 KOSEF ETF에 대한 관리와 투자가 제대로 이루어지지 못했다.

결국 시간이 지날수록 KODEX 시리즈의 시장지배력은 더욱 높아졌고 KODEX200을 통해 ETF 시장을 선도한 삼성자산운용은 이후 다양한 ETF 상품을 선보이면서 전체 ETF 시장의 50%를 상회하는 압도적인 점유율을 유지하고 있다.
아래 그림을 참조하자.

▋▎ **국내 주식형 ETF 점유율 현황**   (단위 : %, 기준일 2018–07–31)

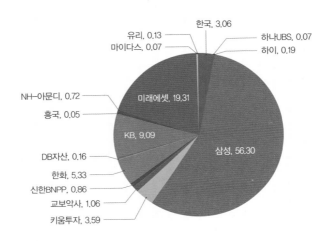

그 후 미래에셋의 TIGER 시리즈나 KB자산운용의 KBSTAR 시리즈가 보다 저렴
한 수수료를 장점으로 ETF 시장의 경쟁에 뛰어들었지만 KODEX 시리즈가 줄곧 선
두를 빼앗기지 않은 이유는 다른 시리즈가 따라잡기 힘든 풍부한 유동성 때문인데
이는 아래 배 부사장의 설명을 들어 보면 이해가 될 것이다.

"매수호가와 매도호가가 촘촘히 분포하고 있는 것과 아닌 것의 차이는 큽니
다. 한 tick의 호가 차이는 수수료 몇 bp(베이시스 포인트)를 커버하고도 남

습니다. 그렇기 때문에 유동성과 거래량이 많은 ETF로 매매가 몰리게 되는 것이죠. 특히 대량 거래를 하는 기관의 입장에서는 유동성이 더욱 중요합니다. 많은 물량을 사고팔기 위해서는 거래량이 많은 ETF를 거래할 수밖에 없거든요."

결국 ETF 시장에서는 각 운용사마다 비슷한 벤치마크를 추종하는 ETF를 내놓게 되는데 이중 가장 거래량과 유동성이 좋은 ETF를 거래하는 것이 고객의 입장에서도 유리하다 보니 1등 ETF의 시장지배력이 더욱 강화되는 현상이 나타나는 것이다(단, 몇 백 주 단위의 소규모를 거래하는 개인고객이 거래량이 많은 KOSPI200 관련 ETF를 거래하는 경우에는 수수료가 싼 게 유리한 경우도 많다).

ETF를 통한 '이기는 투자'

배재규 부사장은 개인투자자들이 시장을 이기기 위해서는 삼성자산운용이 고객들에게 권하는 **1) 장기 적립식투자 2) 글로벌 분산투자 3) 생애주기 투자 4) 저비용 투자**라는 네 가지 투자 원칙을 따르라고 제안한다. 이에 대해 배 부사장의 설명을 좀 더 자세히 들어 보자(이들 투자 원칙의 이점은 제1부에서도 대체로 설명한 바 있다).

(1) 많은 투자자들이 주가가 오르면 사고, 내리면 파는 행태를 반복하고 있다. 주가의 상승-하락은 예측이 불가능한데도, 단기적인 예측에 의해 매매를 하기 때문이다. 그런데 장기투자를 하면 좋다는 것을 알면서도 이를 실천하기는 어렵다. 왜냐하면 요동치는 시장을 보면 투자자들의 감정도 요동치기 때문이다. 이럴 때 해결

방안이 바로 적립식투자다. 적립식투자는 장기간 지속적으로 일정한 금액을 정해진 때에 납입하는 투자 방식으로, 주가가 오르면 덜 매입하고, 내리면 더 매입하여 매입단가를 낮추는 효과를 내고 이를 통해 수익률을 높이게 되는 것이다.

(2) 사람들은 종목 선택을 통해서 높은 수익을 노리는데, 실제 거래소의 통계를 보면 개인 순매수 종목의 수익률이 오히려 시장 평균 수익률에 비해 저조하다는 것이 증명되고 있다. 또한 한두 종목에 투자하면 변동성 위험에 심하게 노출되는데 이를 피하는 것이 분산투자다. 특히 글로벌 분산투자를 하면 한 나라에 분산투자하는 것보다 꾸준하고 안정적인 수익을 확보할 수 있다. 다음 페이지의 그림과 같이 2000년부터 2016년까지 가상의 포트폴리오를 구성해서 시뮬레이션해 보면 글로벌 분산 포트폴리오가 변동성(8.6%)도 가장 낮고 꾸준히 안정된 수익(5.4%)을 주는 것으로 확인할 수 있다.

(3) 장기투자, 분산투자와 함께 생애 주기를 고려한 자산 운용이 필요한데 이는 연령에 따라 가지고 있는 자산과 투자 가능한 시간(돈이 필요하게 되는 시점)이 다르기 때문이다. 대체로 젊은 사람은 현재 자산에 비해 미래 소득이 많기 때문에 투자 위험을 질 수 있다. 반면 은퇴가 가까운 사람은 쌓아 놓은 자산은 상대적으로 많지만 미래 소득이 적고 손실이 발생하면 회복을 기다릴 시간이 없다. 그래서 젊을수록 위험자산의 비중을 높여 투자하고, 나이 들수록 안전자산 비중을 늘리는 자산 배분이 필요하다.

글로벌 분산투자 포트폴리오의 효과

	2000	2001	2002	2003	2004	2005	2006	2007	2008	2009	2010	2011	2012	2013	2014	2015	2016	2017
1	31.8	40.4	25.9	55.8	25.6	56.7	32.1	39.4	13.7	78.5	30.2	9.8	20.0	26.7	32.3	4.1	11.8	37.3
2	13.5	10.4	14.0	33.1	14.7	34.0	20.1	34.6	8.3	51.8	23.6	8.4	18.6	9.0	7.6	1.5	11.2	22.4
3	13.5	8.4	11.8	32.2	13.7	21.7	12.0	16.2	5.9	30.0	18.9	8.0	18.2	2.0	7.5	0.8	10.2	22.3
4	11.2	8.2	10.5	26.0	11.8	10.8	10.3	10.5	-3.1	28.8	16.8	6.2	15.8	-1.4	6.1	0.8	7.5	14.7
5	9.4	6.8	8.6	23.9	10.3	9.5	6.0	9.0	-11.7	27.1	12.2	4.8	11.4	-2.0	5.1	-0.4	5.8	10.8
6	1.1	-2.0	-1.2	20.9	9.2	8.8	5.2	9.0	-20.5	22.5	11.8	4.3	10.7	-2.6	4.9	-0.8	5.6	10.5
7	-13.5	-4.9	-6.2	7.7	5.2	2.8	4.3	6.9	-35.7	18.9	10.6	-0.5	9.4	-2.8	4.1	-0.9	5.5	6.8
8	-30.8	-16.8	-7.1	3.1	4.7	2.6	3.1	6.0	-39.7	16.0	8.5	-5.5	6.4	-2.9	-2.0	-3.1	5.2	6.2
9	-50.9	-19.5	-19.9	2.2	3.5	2.0	2.1	5.1	-40.7	7.2	5.9	-9.7	2.6	-3.2	-2.2	-6.4	1.7	2.5
10									-53.3	5.9	5.4	-13.3	2.0	-6.5	-3.5	-14.9	1.6	2.3
11										-3.6	4.4	-18.4	-1.1	-9.5	-17.0	-24.7	1.0	1.7

■ 분산 포트폴리오   ■ KOSPI   ■ 선진국 주식   ■ 신흥국 주식   ■ 미국 국채
■ 선진국 국채   ■ 회사채/정부기관채   ■ MBS   ■ 신흥국 채권   ■ 원자재   ■ 리츠

참고 : USD 기준 (KOSPI는 KRW)
자료 : Bloomberg, 삼성자산운용
*분산 포트폴리오: 주식 46%, 채권 46%, 대체투자 8%

(4) 투자할 때 투자자가 부담하는 보수와 수수료를 확인해야 한다. 1년만 볼 때는 작은 차이여도 장기적 투자에 미치는 영향은 크기 때문이다. 예를 들어 1년에 1%의 차이라고 해도 단순히 10년이면 10%이고 20년이면 20%인 데다, 복리 효과까지 감안하면 더 큰 차이가 나기 때문이다. 따라서 투자상품의 비용을 가능한 낮게 줄이는 노력이 필요하다는 것이다.

배재규 부사장은 이러한 '이기는 투자' 방법의 중심에 ETF가 있다고 말한다. ETF가 자산관리를 위한 부품 요소로서 투자자가 원하는 수준의 수익성과 위험도, 투자 기간에 따른 안성맞춤 솔루션을 저비용으로 제공해 줄 수 있다는 것이다.

향후 ETF의 발전 방향

배재규 부사장은 ETF가 자산운용업 성장의 중추적인 역할을 할 것이라고 믿는다. 지금까지 ETF는 시장대표지수 ETF에서 채권 ETF, 실물자산 ETF, 스마트베타 ETF 등, 다양한 개별 ETF로 세분화되어 왔다. 이 과정에서 기존 패시브의 영역을 넘어서 ETF를 통해 액티브 운용을 하는 것이 가능해졌는데, 그 대표적인 케이스가 **스마트베타 ETF**라고 한다. 스마트베타는 기존 액티브 매니저들이 창출하는 초과수익 알파를 분해해서 그 요인을 찾아내고 이를 복제할 수 있는 포트폴리오를 ETF로 만들어 제공하는 것이다. 따라서 이제 패시브인 ETF가 액티브 시장에도 도전하게 되었다는 요지다.

그는 향후 ETF 산업이 다양한 **ETF의 배합을 통해 여러 종류의 전략포트폴리오 (EMP:ETF Managed Portfolio)**를 만들어 내는 단계를 거쳐, 궁극적으로 투자자들마다 차별화된 자산관리 Wealth Management 목표에 따라 맞춤형 솔루션을 제공하는 단계로 진화해 나갈 것이라고 전망한다. 저금리와 고령화라는 환경의 변화가 '저비용, 맞춤형 자산배분 수요'의 증가를 가져올 수밖에 없고, ETF가 이를 위한 최적의 도구라는 것이다. ETF를 통해 단순히 고객의 자산을 맡아 운용하는 Asset Manager의 차원을 넘어서 가장 저비용으로 최적의 자산관리 맞춤 솔루션을 제공하는 '최고의 Wealth Manager'로 삼성자산운용을 도약시키겠다는 것이 그의 꿈이다.

02
패시브 펀드
vs 액티브 펀드

인덱스펀드나 ETF 같은 패시브 투자는 앞에서 열거한 여러 가지 장점으로 인해 꾸준히 수요를 유지하고 있는 반면, 액티브 펀드는 갈수록 투자자들로부터 인기를 잃고 있다. 다음 페이지의 그림은 2002년 이후 지난 15년 동안 액티브 펀드 및 패시브 펀드의 설정 규모가 각각 어떻게 변해왔는지를 그래프로 나타낸 것이다. 이 차트에서 알 수 있듯이 2008년까지는 액티브 펀드와 패시브 펀드 모두 그 규모가 증가했지만, 글로벌 금융 위기가 진정된 이후 주식시장이 장기 횡보 국면에 접어들자 액티브 펀드의 설정액은 상당히 빠르게 줄어든 반면, 패시브 펀드의 설정액은 상대적으로 안정되게 늘어났다.

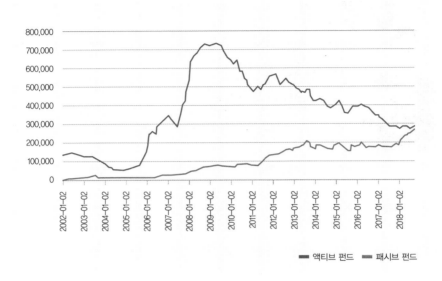

···· 액티브 펀드 vs 패시브 펀드의 설정액

사실 여러 가지 패시브 펀드 중에서도 특히 ETF가 점점 더 인기를 끌고 있는 반면, 인덱스펀드의 규모는 조금씩 줄어들고 있다. 이런 추세는 다음 그림에서 뚜렷이 볼 수 있다. 왜 그럴까? 인덱스펀드와 ETF는 서로 성격이 유사한 대체상품으로 인식되는데, ETF의 경우에는 운용보수가 인덱스펀드의 그것보다 월등히 쌀 뿐만 아니라, 중도환매 수수료도 없고, 또한 주식계좌만 있으면 쉽게 사고팔 수 있는 등, 투자의 편이성도 높기 때문이다.

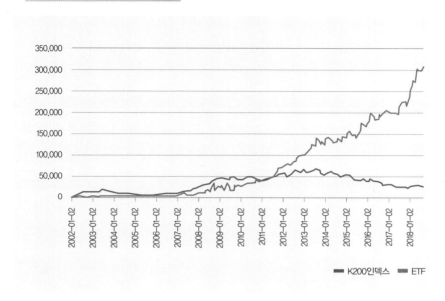

최근에는 펀드 투자자들이 액티브 펀드보다 패시브 펀드를 선택하는 추세다. 이건 펀드 시장의 분명한 트렌드인 것 같다. 왜 그럴까? 액티브 펀드의 성과가 패시브 펀드의 그것에 미치지 못하기 때문일까? 이 물음에 답하기 위해서 지난 15년간 액티브 펀드와 패시브 펀드의 투자 성과를 비교해보자. 옆 페이지의 그림을 보면 전체 액티브 펀드의 수익률에 비해서 인덱스펀드나 ETF 수익률이 높다는 것을 알 수 있다. 이 때문에 많은 투자자들이 액티브 펀드를 외면하고 패시브를 선택하는 것도 사실이다. 그러나 패시브와 액티브의 투자성과 차이가 연 환산 수익률로 1.46% 정도에 지나지 않고, 이는 대략 패시브 펀드와 액티브 펀드 간 수수료 차이와 비슷하다(인덱스펀드와 ETF 사이에는 성과 차이가 거의 없다. 다만 최근 들

어 ETF의 성과가 살짝 높은 것은 ETF 시장의 경쟁 심화로 평균 수수료가 내려간 덕택으로 보인다). 결국 액티브 펀드는 패시브 펀드보다 상대적으로 높은 운용수수료를 부과하지만, 그만큼 더 나은 수익을 내지 못하는 셈이다.

이제 아래 그림에서 비교 대상을 바꾸어 보자. 다음 페이지의 표가 보여주는 바와 같이 액티브 펀드든 패시브 펀드든, 주식형 펀드의 투자수익률은 안전자산인 국공채의 수익률보다 월등히 높다는 걸 알 수 있다. 그 차이는 역시 주식이라는 위험도 높은 자산에 투자하는 데 따른 **위험보상**risk premium이라고 이해할 수 있다.

⫶ 금융상품별 수익률 추이(최근 15년)

액티브 및 패시브 펀드의 운용 성과 (2018. 7. 31 기준)

구분		운용 성과				
		액티브	패시브 펀드		시장	
			인덱스펀드	ETF	KOSPI200	통안채(1년)
투자 기간별 누적 수익률	1년	−3.23(−3.23)	−3.66(−3.66)	−3.65(−3.65)	−5.45(−5.45)	1.63(1.63)
	3년	2.64(0.87)	27.06(8.31)	29.05(8.87)	21.76(6.78)	4.87(1.6)
	5년	12.78(2.43)	27.49(4.98)	30.38(5.45)	19.94(3.7)	10.55(2.03)
	10년	40.05(3.43)	64.39(5.10)	68.21(5.34)	45.72(3.84)	33.51(2.93)
	15년	226.33(8.20)	297.73(9.64)	318.8(10.02)	225.01(8.17)	65.88(3.43)
월평균수익률(연환산)		9.57	10.59	11.65	9.18	3.57
승률(0이상)		0.57	0.59	0.60	0.59	1.00
월표준편차(연환산)		17.89	18.89	18.54	19.00	0.59

※ 액티브 펀드는 일반주식, 중소형주식, 배당주식, 기타 주식, 섹터주식임.
※ 패시브 펀드는 국내 주가지수를 추종하는 유형임.
 - 세부 하위 유형인 KOSPI200인덱스, 주식 ETF, 주식 기타 인덱스, KRX300 등이 설정됨.
※ 인덱스펀드는 ETF를 제외한 KOSPI200을 추종하는 펀드임.
※ ETF는 KOSPI200을 추종하는 ETF 성과임.
※ 2018년은 동년 7월말까지의 성과임.
※ 유형 분류는 한국펀드평가 분류 체계를 준용함.
※ 유형별 수익률은 순자산가중 시간가중 수익률(Value Weight), 보수 차감 후 수익률(Net Return)을 사용함.

03

왜 액티브 펀드에 투자해야 하는가?

패시브 펀드의 수익률이 액티브 펀드의 그것보다 낮다는 사실을 앞에서 보았다. 그렇다면, 액티브 펀드에 투자하는 것은 어리석은 일일까? 반드시 그렇지는 않다. 우리가 위에서 비교한 것은 액티브 펀드 전체의 평균 수익률일 뿐이다. 이러한 평균 수치를 근거로 해서 액티브 펀드가 패시브 펀드보다 못하다고 일률적으로 매도하는 것은 통계적 오류이며, 시장에서 주가지수 이상의 초과 수익을 거둘 수 있는 기회를 놓쳐 버리는 성급한 판단이다.

액티브 펀드에도 여러 가지 다른 유형의 펀드가 존재하며 그 유형에 따라 성과도 다르다. 또한 우수한 운용사나 베스트 매니저가 운용한 액티브 펀드를 구분해서 성과를 알아본다면, 아주 다른 결론에 도달할 수 있다.

우선 다음 페이지의 그림과 표에서처럼 액티브 펀드의 유형별 성과와 패시브 펀드의 수익률을 견주어 보자. 액티브 펀드 중 가장 큰 비중을 차지하는 일반주식형의 성과는 패시브 펀드에 미치지 못했지만, 중소형주식형과 배당주식형은 인덱스펀드나 ETF 같은 패시브 펀드보다 훨씬 높은 성과를 기록했음을 알 수 있다.

꽃 펀드 유형별 누적 성과 (최근 15년)

(단위 : %)

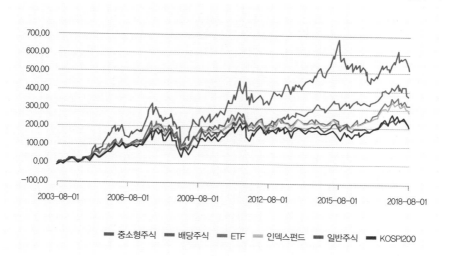

펀드 유형별 평균 성과 및 기간별 누적수익률

구분		운용 성과				
		액티브 세부 유형			패시브 세부 유형	
		일반주식	중소형주식	배당주식	인덱스펀드	ETF
투자 기간별 누적 수익률	1년	-4.72(-4.72)	-0.87(-0.87)	-4.97(-4.97)	-3.66(-3.66)	-3.65(-3.65)
	3년	0.35(0.12)	-14.06(-4.93)	12.25(3.93)	27.06(8.31)	29.05(8.87)
	5년	10.67(2.05)	20.89(3.87)	33.70(5.98)	27.49(4.98)	30.38(5.45)
	10년	34.33(2.99)	93.09(6.8)	82.42(6.2)	64.39(5.1)	68.21(5.34)
	15년	218.16(8.02)	547.06(13.26)	386.87(11.13)	297.73(9.64)	318.8(10.02)
월평균수익률(연환산)		9.51	15.03	13.96	10.59	11.65
승률(0이상)		0.56	0.55	0.62	0.59	0.60
월표준편차(연환산)		18.31	21.03	17.47	18.89	18.54

※ 인덱스펀드는 KOSPI200을 추종하는 ETF가 아닌 펀드임.
※ ETF는 KOSPI200을 추종하는 ETF 성과임.
※ 2018년은 2018.7월 말까지 성과임.
※ 유형 분류 기준은 한국펀드평가 분류체계를 준용함.
※ 유형별 수익률은 순자산가중 시간가중수익률(Value Weight), 보수 차감 후 수익률(Net Return)을 사용함.

지난 10년간 투자를 기준으로 삼았을 때, 중소형주식형 투자의 누적수익률은 93%였고 배당주식형은 82%의 누적수익률을 기록했다. 따라서 이들의 수익률은 인덱스펀드와 ETF의 누적수익률 64% 및 68%를 큰 차이로 이기고 있다. 즉, 액티브 펀드 전체만 따지지 않고 유형별로 분류해서 견주어 본다면, 액티브 펀드에 투자하더라도 펀드의 유형만 잘 선택한다면 충분히 지수를 이길 수 있다는 얘기다. 그러나 가령 일반주식형의 경우 평균 수익률은 34%로 패시브 펀드인 인덱스펀드나 ETF에 크게 뒤떨어지는 성과를 보였다. 이 때문에 여전히 액티브 펀드의 성과가 패시브 펀드보다 못하다는 얘기들을 하는 것도 무리는 아니다.

이번에는 액티브 펀드 운용사 중 상위 50%나 25%에 해당하는 운용사들의 성과와 패시브 펀드 및 벤치마크인 KOSPI200 지수의 성과를 비교해보자. 아래 그림을 보면 액티브형 펀드의 절반이 넘는 상위 50% 정도가 인덱스펀드나 KOSPI200지수에 비해서 우월한 성과를 거두었음을 알 수 있다. 따라서 우리가 조금만 주의해서 펀드를 선택한다면, 액티브 펀드 투자로도 충분히 패시브나 시장지수보다 높은 성과를 거둘 수 있다는 결론에 도달하게 된다.

 액티브 상위 50%와 25% vs 패시브 성과 (최근 15년)

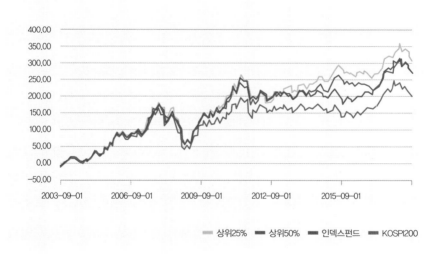

이처럼 액티브 펀드의 절반 이상이 시장보다 우수한 성과를 내고 있음에도 불구하고 내가 가입하려는 펀드가 상위 50%에 해당할지, 지수보다 못한 하위 50%가 될지 몰라서 액티브 펀드를 꺼린다면, 이는 경기를 앞둔 감독이 게을러서 선수 선발을 포기하겠다는 것이나 다름없다. 다소 비약해서 설명해 볼까? 우리나라 국가대표 야구팀을 뽑을 때 감독은 선수들의 과거 타율, 홈런 개수, 수비력 등의 데이터를 보고 실력이 뛰어난 선수를 충분히 선발할 수 있다. 이런 데이터를 보는 것이 귀찮아서 "모두 다 프로 선수들이니까 실력이래야 거기서 거기지, 뭐. 막상 누가 잘할지를 어떻게 알아?"라고 한다면 어떻게 되겠는가? 그런 식으로 선발을 포기하거나, 데이터를 치밀하게 살펴보는 노력도 없이 주변 사람들의 추천에 따라 시합에 나갈 선수(주식투자의 경우 펀드나 펀드매니저)를 고른다면, 어찌 훌륭한 결과를 기대할 수 있겠는가?

이제 옆의 표를 한번 들여다보자. 지난 10년의 기간 동안 상위 25%에 속하는 액티브 펀드의 수익률(93.72%)은 벤치마크인 KOSPI200의 수익률(45.72%)을 무려 2배 이상 압도적으로 능가했다. 또한 인덱스펀드에 비해서도 30%p나 높은 성과를 달성했다. 아니, 상위 25%는 고사하고 그저 평균 이상의 선수(펀드)만 골랐어도, 액티브 펀드는 KOSPI200이나 인덱스 펀드보다 각각 28% 및 10% 더 높은 수익률을 보이며 그들을 '아웃퍼폼outperform'했을 터이다. 더구나 이는 액티브 펀드의 수수료까지도 이미 반영한 다음의 결과다.

공모 액티브 상위 펀드 성과 현황

구분		운용 성과				
		액티브 펀드 상위 펀드 성과 비교			기타	
			동일가중			
		전체	상위 25%	상위 50%	인덱스펀드[3]	BM: KOSPI200
투자 기간별 누적 수익률	1년	−3.23(−3.23)	−2.56(−2.56)	−1.52(−1.52)	−3.66(−3.66)	−5.45(−5.45)
	3년	2.64(0.87)	6.29(2.05)	4.05(1.33)	27.06(8.31)	21.76(6.78)
	5년	12.78(2.43)	29.75(5.35)	23.91(4.38)	27.49(4.98)	19.94(3.7)
	10년	40.05(3.43)	93.68(6.83)	73.72(5.68)	64.39(5.10)	45.72(3.84)
	15년	226.33(8.2)	335.62(10.31)	291.88(9.53)	297.73(9.64)	225.01(8.17)
월평균수익률(연율화)		9.57	11.37	10.60	10.59	9.18
승률(0 이상)		0.57	0.59	0.59	0.59	0.59
월표준편차(연율)		17.89	17.27	17.51	18.89	19.00

※ 전체는 기타 주식, 섹터 주식 포함.
※ 2018년은 동년 7월 말까지의 성과.
※ 유형 분류는 한국펀드평가 분류체계를 기준으로 함.
※ 유형별 수익률은 순자산가중 시간가중 수익률(Value Weight).
3) 인덱스펀드는 KOSPI200 추종 인덱스펀드 전체를 의미.

　이렇게 우수한 성과를 나타낸 펀드가 많은데도, 왜 평균적인 액티브 펀드 수익률은 패시브 펀드의 그것에 미치지 못하고 시장 평균밖에 되지 않는 것일까? 이는 조금만 더 생각해 보면 당연한 결과일지도 모른다. 시장에는 해마다 많은 수의 펀드가 출시되고 많은 수의 매니저가 이를 운용한다. 그중에는 당연히 업계 베테랑인 데다 실력이 뛰어난 매니저들이 있는 반면, 마치 갓 데뷔한 신인선수처럼 학벌이 괜찮거나 연습생 시절(애널리스트나 보조매니저 시절)의 성적이 좋아서 이제 막 공모주 펀드를 맡게 된 매니저들도 있을 것이다. 그러다 보니 성과가 천차만별일 수밖에! 그뿐인가, 과거에 잘하던 야구선수가 부상이나 사적인 이유로 갑자기 성적이 무너지는 것처럼, 예전에는 훌륭한 실적을 올리던 펀드매니저도 시장 흐름이 바뀌거나 이런저런 이유로 운용에 집중하지 못하면 성과가 나빠지는 일이 충분히 발생할 수 있다.

야구나 골프 등의 스포츠가 그러하듯이, 펀드 선택도 어쩔 수 없이 확률 게임이다. 그러므로 좀 더 많은 데이터를 신중히 살펴본다면, 확률적으로 타율, 진루율, 홈런 칠 확률 등이 높은 프로선수(펀드매니저)를 선별하는 것도 얼마든지 가능하다. 그리고 그런 프로(매니저)를 골라서 투자를 맡길 때 시장을 이길 확률도 매우 높아진다. 펀드매니저를 고르는 것 또한 시간과 노력이 필요한 일이지만, 일단 선택하고 나면 오랜 기간 신경을 안 써도 된다.

반면 당신이 직접투자를 하는 경우에는 종목을 고를 때는 말할 것도 없거니와 그 이후에도 계속적으로 종목의동향이나 새로운 종목의 발굴을 위해서 시간과 노력을 기울여야 한다. 그러므로 직접투자를 위해 당신이 써야 할 모든 시간과 노력을 생각할 때, 펀드나 펀드매니저를 고르는 데 투자하는 시간과 노력은 상대적으로 매우 적다고 생각하면서 열심히 자료를 찾아보고 비교해야 할 것이다. 이러한 최소한의 노력조차 할 수 없다면 당신에게는 패시브 펀드가 더 적합할 것이다.

펀드의 유형 분류

투자의 성과를 결정짓는 가장 중요한 요인은 자산배분
이다. 이는 노벨경제학상을 수상한 윌리엄 샤프 William
F. Sharpe 교수가 1992년 그의 논문[2]을 통해 펀드 성과의
91.5%가 자산배분에 의해 결정된다고 발표한 이후 많은
연구나 실증 분석을 통해 검증된 것이다. 따라서 펀드
투자 시에도 펀드 유형을 결정하는 것이 최종 성과를 좌
우하는 가장 큰 요소라고 보아야 한다.

  펀드는 크게 주식형, 채권형, 혼합형, MMF로 나눌 수
있다. (1) **주식형**은 주식이나 주식 관련 파생상품에 대한
투자 비중이 60% 이상이어야 하며, (2) **채권형**은 채권
에 60% 이상이 투자되어야 하고 주식은 단 한 주도 편
입될 수 없다. (3) **혼합형**은 주식과 채권을 혼합해서 투

---

2) William F. Sharpe, "Asset Allocation: Management Style and
  Performance Evaluation", Journal of Portfolio Management, Winter
  1992, pp. 7-19.

자하는 펀드인데, 주식 편입 비율이 50%~60%이면 주식혼합형, 50% 이하이면 채권혼합형으로 분류된다.

사실 운용사가 단기자금을 맡아 운용하는 (4) **MMF**(Money Market Fund)도 엄밀히 따지면 채권형 펀드의 하나지만, 단기로 자금을 운용해 주는 상품의 특성상 별도의 상품군으로 분류된다.

MMF는 보통 단기채권을 비롯 기업어음(CP), 양도성예금증서(CD), 그리고 콜 등을 통해 투자자의 자금을 운용하며, 가입 시 투자수익률을 제시할 수 있기 때문에 (투자기간이 단기이고 투자대상 단기채권이나 어음의 신용도가 AA 이상이어서 수익률을 제시해도 오차가 크지 않기 때문임) 흔히 확정금리 단기투자상품으로 인식된다.

주식형 중에서도 패시브 펀드를 제외한 액티브 펀드들은 일반주식형, 중소형주식형, 배당주식형으로 나눌 수 있다. 중소형주식형은 말 그대로 중소형주식의 비중을 높게 가져가는 전략을 사용하는(투자설명서에 이를 명시함) 펀드고, 배당주식형은 배당주의 비중을 높게 가져가는 전략을 사용하는 펀드다. 반면, 투자설명서에 특별한 유형의 주식을 주로 편입하겠다는 언급이 없는 경우엔 일반주식형 펀드로 분류된다.

한편, 펀드는 가입의 형식에 따라 계약형과 회사형으로 분류되기도 한다. 흔히 투자자가 증권사나 은행에 가서 펀드에 가입하면 그에게 **수익증권**이라는 것이 발행된다. 이는 고객이 맡긴 재산을 운용사가 맡아서 수익을 내는 경우 그 수익을 받을 권리를 표시하는 증권이다.

수익증권은 1868년 영국에서 최초로 발행되었으며, 회사의 형태를 띤 미국식 뮤추얼펀드와는 달리 위탁자와 운용사 간의 신탁계약의 형태를 띠고 있다고 하여 **계약형** 투자신탁이라고 부른다. 우리나라의 판매사(은행이나 증권사) 창구를 통해 판매되는 펀드들은 대부분 계약형 펀드라고 보면 된다.

이러한 계약형 투자신탁은 환매를 통해 해지할 수 있다. 즉 고객은 판매사를 통해 자신이 소유하고 있는 수익증권을 자산운용사가 다시 매수해 달라고 요구할 수 있고, 이런 고객의 요구에 따라 운용사는 운용하던 고객의 자산을 매각하여 그 대금을 고객에게 지급함으로써 투자신탁 계약이 종결된다.

단, 자산운용사는 수익증권이 발행된 후 일정기간이 지나기 전에 들어오는 환매 요구에는 높은 수수료를 부과하며, 시간이 경과할수록 환매수수료가 낮아지는 것이 보통이다.

회사형은 미국에서 발전된 투자신탁의 형태로서, 간접투자를 위해 모집한 투자자의 기금을 자본금으로 하여 증권투자를 목적으로 하는 회사를 설립해서 운영하는 것을 지칭한다. 따라서 펀드의 자산을 운용–관리–배분하는 과정 역시 주식회사 형태를 띠며 우리나라에서는 이러한 회사를 '증권투자회사'라고 부른다.

회사형 펀드에 있어서 투자자는 펀드에 납입한 금액에 따라 회사의 지분을 주식 형태로 소유하게 되고, 주식을 매도하거나 매입함으로써 펀드 탈퇴(수익증권의 환매에 해당) 또는 펀드 가입을 하게 된다. 또한 자산운용 실적에 따라 펀드의 가치가 변동하면 이것은 해당 '증권투자회사'의 주가에 반영된다.

우리나라 증권거래소(유가증권 거래소 및 코스닥)에 '증권투자회사'로 분류된 업종에 소속되어 상장된 펀드(증권투자회사)들이 바로 회사형 펀드들이다.

04

시장 상황과 펀드 유형에 따라 성과도 다르다

지난 15년간 액티브 펀드의 성과를 다시 유형별로 나누어 좀 더 자세히 살펴보자. 옆의 표에 나타난 과거 국내 주식시장의 기록을 살펴보면, 장기적으로 일반주식형보다 중소형주식이 높은 누적수익률을 기록해 왔고 배당주펀드도 중소형에 못지않게 높은 수익률을 기록했다. 중소형주식이 장기적으로 더 높은 수익률을 가져다준 것은 이론적으로도 매우 타당하다. 미국의 경우도 역사적으로 중소형주 수익률이 대형주 수익률보다 꾸준히 높았으며, 이는 중소형 주식의 위험이 대형주보다 높기 때문에 이에 대한 위험보상risk premium으로 추가 수익률이 지불되기 때문이다.

구분		운용 성과				패시브	시장
		액티브 펀드					
		전체	일반주식	중소형주식	배당주식	KOSPI 인덱스펀드	KOSPI200
투자 기간별 누적 수익률	1년	−3.23(−3.23)	−4.72(−4.72)	−0.87(−0.87)	−4.97(−4.97)	−3.66(−3.66)	−5.45(−5.45)
	3년	2.64(0.87)	0.35(0.12)	−14.06(−4.93)	12.25(3.93)	27.06(8.31)	21.76(6.78)
	5년	12.78(2.43)	10.67(2.05)	20.89(3.87)	33.7(5.98)	27.49(4.98)	19.94(3.7)
	10년	40.05(3.43)	34.33(2.99)	93.09(6.8)	82.42(6.2)	64.39(5.1)	45.72(3.84)
	15년	226.33(8.2)	218.16(8.02)	547.06(13.26)	386.87(11.13)	297.73(9.64)	225.01(8.17)
투자 기간별 누적 BM초과 수익률	1년	2.22(2.22)	0.73(0.73)	−1.33(−1.33)	2.62(2.62)	1.80(1.8)	
	3년	−19.12(−6.83)	−21.41(−7.71)	−14.77(−5.19)	6.84(2.23)	5.3(1.74)	
	5년	−7.16(−1.48)	−9.28(−1.93)	11.27(2.16)	27.44(4.97)	7.54(1.47)	
	10년	−5.67(−0.58)	−11.40(−1.20)	63.26(5.02)	66.06(5.2)	18.67(1.73)	
	15년	1.31(0.09)	−6.85(−0.47)	376.73(10.97)	223.7(8.15)	72.72(3.71)	
월 평균수익률		9.57	9.51	15.03	13.96	10.59	9.18
승률(0 이상)		0.57	0.56	0.55	0.62	0.59	0.59
월 표준편차		17.89	18.31	21.03	17.47	18.89	19.00

※ 전체는 기타 주식, 섹터주식 포함.
※ 인덱스펀드는 KOSPI200을 추종하는 ETF가 아닌 펀드임.
※ ETF는 KOSPI200을 추종하는 ETF 성과임.
※ 2018년은 동년 7월 말까지의 성과임.
※ 유형 분류는 한국펀드평가 분류체계를 준용함.
※ 유형별 수익률은 순자산가중 시간가중 수익률(Value Weight), 보수 차감 후 수익률(Net Return)을 사용함.
※ ETF는 2002 11월 첫 출시, 운용 개시. 2002년 성과 부재.

이제 다음 페이지의 그림에서 여러 가지 유형의 펀드에 대한 연도별 성과를 살펴보자. 국내 시장에서는 2005년 바이오와 소형주 강세로 인해 중소형주가 각광을 받은 이래 최근에는 2014년과 2015년에 중소형주식의 성과가 뛰어났다. 그러나 마지막 그림의 주가 그래프를 보면 알다시피, 2014년~2015년은 KOSPI가 지루하게 횡보하는 구간이었다. 지수가 중

장기적으로 횡보했다는 것은 지수에 큰 영향을 미치는 대형주의 주가에 두드러진 변화가 없었다는 뜻이다. 전체 시장에는 큰 변화가 없었지만 그 와중에도 개별 섹터나 테마에 따라 수익을 내는 주식들이 있었고, 특히 이 기간에는 바이오헬스 섹터가 중소형주 수익률을 견인했다. 그러나 바이오 헬스의 상승이 거품을 형성한 후 조정을 받고 미국의 경기 회복으로 수출 관련 대형주가 다시 각광을 받으면서 2016년~2017년에는 대형주의 수익 률이 중소형주를 능가하는 현상이 나타났다.

⁞: 펀드 유형에 따른 연도별 투자 성과

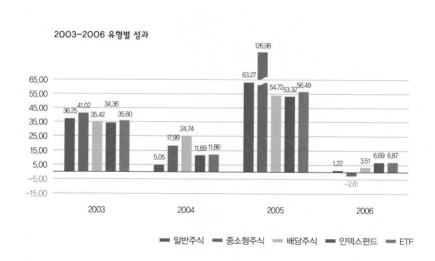

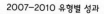

2007-2010 유형별 성과

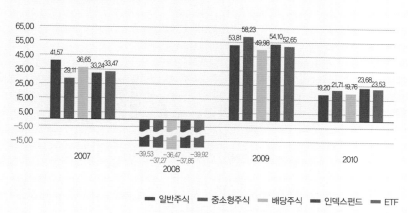

유형별 범례: 일반주식 · 중소형주식 · 배당주식 · 인덱스펀드 · ETF

2011-2014 유형별 성과

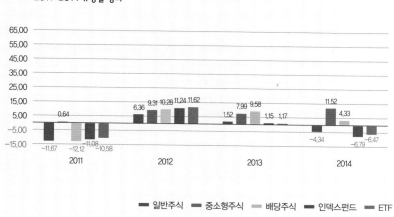

유형별 범례: 일반주식 · 중소형주식 · 배당주식 · 인덱스펀드 · ETF

2015-2018 유형별 성과

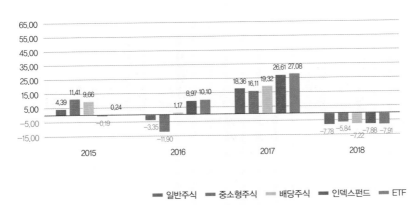

일반주식 ■ 중소형주식 ■ 배당주식 ■ 인덱스펀드 ■ ETF

⠿ 주식시장 전반의 지수 변화 (2000년 초~2018년 6월)

　이처럼 주식시장에는 전반적인 분위기를 가리키는 사이클도 있지만, 이를 보다 세분하여 유심히 들여다보면 대형주가 주도하는 장세도 있고 중소형주가 유리한 장세도 펼쳐지곤 한다. 또한 성장주가 시장을 주도하는

기간도 있고, 반대로 가치주가 각광을 받는 기간도 나타난다. 그러므로 2~3년 동안 성과가 우월했던 펀드가 갑자기 하위 펀드로 전락하는 경우도 흔히 볼 수 있는데, 여기에는 여러 가지 이유가 있지만 기존의 펀드 운용 스타일이 변화하는 시장 상황에 어울리지 않아서인 경우가 가장 흔하다. 즉 성격상 대형성장주를 좋아하고 깊이 연구해서 그걸 잘 알며 익숙해진 펀드매니저라면, 대형주를 중심으로 지수가 상승하는 구간에서는 당연히 자신의 장점을 살려 좋은 성과를 내다가, 중소형 가치주가 주도하는 시장으로 상황이 바뀌면 고전하게 되는 것이다.

시장은 늘 변한다. 이것만큼은 확실하다. 따라서 펀드매니저는 이런 변화에 빨리 적응하거나, 아니면 아예 시장 변화를 따라가지 말고 장기적인 안목으로 자기 스타일을 고수하면서 때를 기다려야 한다. 이 둘 중에 하나만 잘해도 된다는 얘기지만, 현실적으로는 이 두 가지 모두 쉽진 않다. 그렇기 때문에 중장기적으로 꾸준히 좋은 성과를 내는 펀드나 펀드매니저는 소수에 불과한 것이다. 야구나 골프 등 프로스포츠 선수 중에도 한때 반짝 잘하는 선수는 많지만, 오랜 기간에 걸쳐 꾸준히 좋은 성적을 내는 선수는 소수인 것과 마찬가지 이치다.

05 우수한 운용사는 시장을 이겨 왔다

　이제부터는 이렇게 변화무쌍한 시장에서 지난 2002년부터 지금까지 투자성과 면에서 꾸준히 시장을 이겨 온 운용사 및 펀드, 그리고 펀드 매니저에 대해서 알아보도록 한다. 말하자면, 데이터를 보고 우리가 실제 돈을 맡길 만한 프로를 선발해 보자는 것이다. 이 기간은 2000년대 초 '닷컴 버블'과 붕괴 과정, 적립식펀드로 인한 2005~2007년 KOSPI 지수가 1,000 이하에서 2,000 이상으로 줄기차게 상승하는 활황장세, 2008년 글로벌 금융 위기로 인한 폭락과 2009~2010년의 급반등, 2011년 유럽발 재정 위기, 그리고 2012~2016년의 지루하기 짝이 없던 횡보 기간 등을 모두 포함한다. 즉, 두 번 이상의 상승기간과 하락기간, 그리고 장기간의 횡보까지 시장의 빅 사이클을 적어도 두 번은 겪은 기간이므로 운용사나 펀드매니저의 역량을 검증하기에 충분한 기간이라고 판단된다.

　우선 옆의 표는 2002년부터 2018년 6월말까지 17년간의 운용사별로 성과를 측정한 결과다. 전체 기간에서 (10년 수익률 기준으로 순위를 매길 때) 상위 10개 사의 수익률은 시장수익률을 크게 앞지른다. 단지 전체 기간뿐 아니라 연도별로 보더라도 이들 상위 10개 사의 수익률은 시장보다 나은 해가 못한 해보다 훨씬 많았다(승률 53.5%). 이 표에서는 각 운용사의 성과가 벤치마크(=KOSPI200)에 비해서 플러스의 초과성과가 있을 경우엔 붉은색으로(진할수록 초과성과가 높음), 마이너스의 초과성과가 있을 경우엔 파란색으로(진할수록 성과가 낮음) 음영을 표시하고 있는데, 붉은색은 상위사들에게서 더 자주 진하게 나타나고 밑으로 내려갈수록 파란색이 더 자주 진하게 나타난다. 상위사들로 올라갈수록 시장보다 우월한 성과가 그저 몇 해에 그치는 정도가 아니라 장기간에 걸쳐서 넓게 분포하고 있으며, 따라서 이것은 실력의 우월함이라고 인정해야 할 것이다.

공모펀드 액티브 주식형 운용사 연도별 운용성과 비교– Top 10만 회사명 표시 (운용 순자산 1,000억 이상 26개 운용사, 10년 운용성과 기준 순위임)

운용사 누적	10년 누적	연도별 성과 비교																
		02	03	04	05	06	07	08	09	10	11	12	13	14	15	16	17	18
액티브전체	40.05	-2.3	35.0	5.1	61.2	1.3	40.8	-38.6	54.3	20.0	-12.1	7.1	1.3	-3.9	4.8	-3.7	19.4	-6.8
KOSPI200	45.72	-9.1	31.7	9.5	54.0	4.5	30.1	-39.3	51.6	22.2	-12.2	10.9	0.1	-7.6	-1.5	8.2	24.9	-8.4
에셋플러스	147.97								76.1	31.6	-14.9	9.7	14.7	7.6	11.8	-6.3	18.8	-5.2
트러스톤	118.12								75.4	25.4	-11.1	13.9	6.9	-2.4	0.2	-2.6	19.6	-5.6
신영	102.60	-2.1	23.6	-2.2	55.2	3.4	44.3	-34.1	49.9	20.1	-10.8	12.3	15.0	2.0	10.7	2.5	19.1	-7.5
베어링	88.20	30.6	36.5	25.6	52.0	2.2	39.4	-42.4	49.9	24.6	-7.2	8.1	9.5	1.5	6.0	9.1	20.6	-7.4
맥쿼리	87.45	-4.2	35.6	0.5	62.9	2.6	32.6	-44.4	66.5	20.8	-9.0	4.4	2.8	-5.5	16.7	0.0	33.3	-8.4
현대인베	73.45								60.0	28.8	-14.6	8.1	5.7	16.9	20.0	-21.6	19.8	-11.8
에이비엘	73.06	-6.9	38.9	5.3	58.2	1.6	32.1	-38.0	68.8	33.1	-6.3	-0.6	-0.2	-1.4	12.0	-7.2	18.7	-7.9
KB	64.76	-2.3	28.3	4.5	66.9	-6.5	43.2	-39.4	60.0	24.2	-7.5	8.8	4.5	-0.2	1.1	-2.2	13.7	-3.3

운용사 누적	10년 누적	\(02\)	03	04	05	06	07	08	09	10	11	12	13	14	15	16	17	18
									연도별 성과 비교									
액티브전체	40.05	-2.3	35.0	5.1	61.2	1.3	40.8	-38.6	54.3	20.0	-12.1	7.1	1.3	-3.9	4.8	-3.7	19.4	-6.8
KOSPI200	45.72	-9.1	31.7	9.5	54.0	4.5	30.1	-39.3	51.6	22.2	-12.2	10.9	0.1	-7.6	-1.5	8.2	24.9	-8.4
한국	64.67	-7.5	36.1	3.2	58.8	2.6	37.8	-32.4	62.7	28.2	-14.0	10.6	-2.6	-9.8	2.5	-1.8	26.9	-5.1
한국밸류	63.50						50.9	-37.1	44.7	15.8	-0.1	18.7	15.3	-0.6	0.3	-3.2	11.2	-7.8
K	56.20	-13.8	40.4	-2.9	56.0	3.7	46.5	-33.8	60.0	18.3	-2.5	6.3	-2.1	-5.3	18.7	-17.5	28.0	-7.7
L	53.50	0.5	33.0	-2.5	67.7	-3.8	37.2	-43.9	53.1	32.0	-11.3	0.1	2.6	-3.7	8.0	-0.9	24.5	-5.2
M	46.70	-1.6	38.1	4.2	47.8	-0.4	36.9	-41.6	50.7	26.7	-8.0	8.0	4.0	-11.0	-2.8	6.0	21.2	-8.6
N	46.50	-4.8	31.7	5.0	70.4	-1.8	36.6	-41.5	57.2	21.6	-13.4	6.6	0.3	-0.2	6.5	-9.6	21.8	-1.5
O	45.52					-0.3	30.4	-40.4	56.5	20.6	-14.0	12.4	0.5	-4.3	0.0	3.3	24.0	-10.7
P	45.42								58.1	18.4	-9.0	0.4	-3.9	14.9	21.9	-22.9	17.6	-5.1
Q	44.27	1.3	32.1	8.2	61.9	8.7	34.3	-37.5	48.0	18.7	-12.9	6.7	0.2	-5.1	15.6	-4.4	21.7	-8.5
R	44.07	4.3	26.1	7.8	56.0	3.4	38.1	-38.9	52.1	22.6	-14.3	9.6	1.2	-1.1	1.5	-6.4	28.1	-6.7
S	43.97							-42.5	58.2	22.3	-6.1	6.6	-2.2	-4.2	4.6	-6.3	22.4	-7.9
T	43.92	-4.7	30.0	3.4	54.3	0.2	35.5	-42.5	58.2	22.3	-6.1	6.6	-2.2	-4.2	4.6	-6.3	22.0	-7.6
U	43.29				49.6	-0.7	39.4	-40.7	53.3	21.7	-11.6	6.0	2.8	-7.9	6.0	2.2	22.3	-7.8
V	41.81	-4.2	30.9	2.0	67.2	2.9	40.0	-45.7	56.0	23.0	-12.5	2.6	5.9	-4.1	3.1	-2.4	25.9	-7.5
W	34.39	-0.5	39.1	13.5	60.4	2.8	34.2	-41.1	54.1	19.7	-8.6	2.0	4.3	-2.2	6.6	-4.7	16.0	-10.5
X	31.44	-3.3	35.4	4.4	54.8	4.0	41.5	-39.0	54.6	17.2	-12.1	5.6	0.5	-5.2	-1.4	0.2	20.8	-7.5
Y	29.80	1.2	27.7	2.3	44.9	2.5	36.3	-43.6	55.0	13.1	-9.7	5.1	-0.3	-7.4	6.1	0.4	19.9	-7.7
Z	24.55	-0.6	54.2	9.7	83.7	3.0	46.1	-38.4	52.8	15.4	-16.1	5.1	-2.3	-2.1	9.9	-6.0	19.2	-7.0

* 벤치마크 대비 초과성과 연 환산 기준 음영 처리. 벤치마크 대비 ±1%는 흰색, +1% 이상부터 점차 적색 음영, -1% 이하부터 점차 청색 음영 처리.

이어서 옆의 표를 보면 이들 상위 10개 사의 지난 10년간 누적수익률은 평균 88.38%이고 연평균수익률은 6.54%로서, KOSPI200의 누적수익률 (40.05%)과 연평균수익률(3.43%), 혹은 액티브 전체의 누적수익률 평균

(45.72%)과 연평균수익률(3.84%)을 크게 압도한다. 표 뒤에 나오는 그림은 상위 5개 사, 상위 10개 사의 누적 성과를 KOSPI200 및 액티브 전체의 누적 성과에 비교해서 그린 것이며 위의 차이를 시각적으로 잘 보여 준다.

다만, 이러한 과거 성과의 우수성이 향후에도 지속될 것이라는 보장은 없다. 과거는 과거일 뿐이고 요즘과 같이 변화무쌍한 환경 변화 속에서 향후 시장의 여건이나 경제 지형도 어떻게 바뀔지 예측하기 힘들기 때문이다. 그럼에도 불구하고 우리는 과거의 데이터에 의존할 수밖에 없고, 다른 모든 분야와 마찬가지로 투자운용의 세계에서도 확률적으로는 여태까지 잘해 왔던 회사나 매니저가 향후에도 잘할 가능성이 높다고 보아야 할 것이다.

공모펀드 액티브 주식형 10년 이상 운용 성과가 있는 운용사 기간별 성과(10년 기준 정렬)

운용사 누적		1년 누적	3년 누적	5년 누적	10년 누적
누적수익률					
상위 10개 운용사	에셋플러스	−1.53	1.25	35.63	147.97
	트러스톤	−5.39	4.81	17.00	118.12
	신영	−5.75	14.87	33.86	102.60
	베어링	−5.45	22.09	39.56	88.20
	맥쿼리	2.33	19.57	42.46	87.45
	현대인베	1.90	−28.12	18.99	73.45
	에이비엘	−4.03	−1.50	18.59	73.06
	KB	−0.93	−2.16	11.83	64.76
	한국	−0.58	18.62	10.89	64.67
	한국밸류	−8.29	−3.94	6.83	63.50

운용사 누적		1년 누적	3년 누적	5년 누적	10년 누적
누적수익률					
상위 5개 운용사		−3.16	12.52	33.70	108.87
상위 10개 운용사		−2.77	4.55	23.56	88.38
액티브 전체		−3.23	2.64	12.78	40.05
KOSPI200		−5.45	21.76	19.94	45.72
시장대비 초과수익률					
상위 10개 운용사	에셋플러스	3.92	−20.50	15.68	102.25
	트러스톤	0.06	−16.94	−2.94	72.40
	신영	−0.29	−6.88	13.92	56.87
	베어링	0.00	0.33	19.62	42.47
	맥쿼리	7.78	−2.19	22.52	41.73
	현대인베	7.35	−49.88	−0.95	27.72
	에이비엘	1.42	−23.26	−1.36	27.34
	KB	4.52	−23.91	−8.11	19.04
	한국	4.87	−3.14	−9.06	18.95
	한국밸류	−2.84	−25.70	−13.11	17.78
상위 5개 운용사		2.29	−9.24	13.76	63.14
상위 10개 운용사		2.68	−17.21	3.62	42.65
액티브전체		2.22	−19.12	−7.16	−5.67

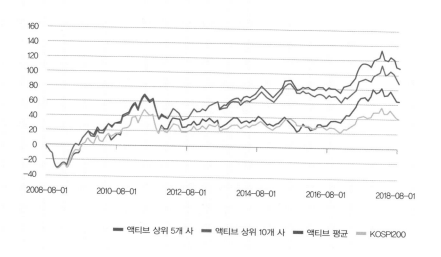

⫶ 상위 운용사 누적수익률 (전체 기간 10년)

범례: ■ 액티브 상위 5개 사 ■ 액티브 상위 10개 사 ■ 액티브 평균 ━ KOSPI200

우수 운용사의 위험조정수익률 비교

위에서는 운용사의 성과를 살펴보기 위해서 일반투자자들이 직관적으로 이해하기 쉬운 **단순수익률**을 이용하였다. 그렇지만 보다 전문적이고 과학적으로 운용 성과를 살펴볼 때는 단순수익률보다 **위험조정수익률**이라는 개념이 중요하다. 이는 단순히 수익의 높고 낮음만을 따지는 게 아니라, 얼마나 위험을 무릅쓰면서 (또는 반대로 안정을 추구하면서) 높은 수익을 올렸는지를 측정하는 개념이다. 구체적으로는 분자를 초과수익률로 하고 분모를 변동성으로 놓아, 수익률을 변동성으로 나눈 값이다.

변동성은 곧 위험이기 때문에, 이를 분모로 놓고 벤치마크 대비 초과수익률을 본다는 것은 위험에 비해서 수익을 얼마나 거두었는지를 측정한다

는 뜻이다. 위험 대비 수익이 높다는 것은 운용이 안정적이면서도 수익을
낸다는 의미가 된다. 초과수익이 양호하더라도 변동성이 높다면 언제라도
수익이 낮아질 확률이 높다는 뜻이기 때문에, 같은 초과수익이라면 변동
성이 낮을수록 운용을 잘한 것으로 보는 것이다.

위험조정수익률에는 **샤프비율**Sharp ratio, **젠센알파**Jensen's Alpha, **정보
비율**Information Ratio 등이 있는데, 일반적으로 펀드의 성과를 비교하는
데는 샤프비율이나 정보비율이 가장 많이 사용된다. 두 지표 모두 분모는
위험의 측정치이고 분자는 초과 성과를 나타낸다. 다만 샤프 비율은 투자
포트폴리오의 변동성 대비 무위험 초과수익률을 측정하는 식이고, 정보비
율은 초과수익의 변동성 대비 벤치마크 초과수익률이라는 약간의 차이만
있을 뿐, 크게 의미가 다르지 않다고 보아도 무방하다.

공모펀드 액티브 주식형 샤프비율 및 정보비율(10년 기준 정렬)

운용사 누적		1년 누적	3년 누적	5년 누적	10년 누적
샤프비율					
상위 10개 운용사	에셋플러스	−0.27	−0.08	0.48	0.48
	트러스톤	−0.55	0.04	0.17	0.39
	신영	−0.67	0.37	0.47	0.36
	베어링	−0.66	0.62	0.59	0.30
	맥쿼리	0.11	0.42	0.52	0.29
	에이비엘	−0.45	−0.17	0.20	0.24
	현대인베	0.10	−0.67	0.17	0.24
	KB	−0.26	−0.24	0.07	0.22
	한국밸류	−0.81	−0.27	−0.04	0.21
	한국	−0.10	0.42	0.06	0.21

운용사 누적		1년 누적	3년 누적	5년 누적	10년 누적
샤프비율					
상위 5개 운용사		−0.41	0.28	0.45	0.36
상위 10개 운용사		−0.36	0.04	0.27	0.29
액티브 전체		−0.43	−0.04	0.09	0.11
KOSPI200		−0.56	0.54	0.22	0.14
정보비율					
상위 10개 운용사	트러스톤	0.01	−0.80	−0.09	0.63
	에셋플러스	0.44	−0.77	0.30	0.59
	신영	−0.07	−0.35	0.39	0.45
	베어링	−0.03	−0.01	0.60	0.38
	맥쿼리	0.56	−0.04	0.36	0.33
	한국	1.20	−0.19	−0.41	0.23
	에이비엘	0.20	−0.86	−0.03	0.20
	현대인베	0.43	−0.99	0.04	0.15
	KB	0.56	−1.06	−0.23	0.15
	한국밸류	−0.34	−1.12	−0.37	0.09
상위 5개 운용사		0.18	−0.39	0.31	0.47
상위 10개 운용사		0.30	−0.62	0.06	0.32
액티브 전체		0.41	−1.09	−0.27	−0.13

위의 표와 같이 위험조정 성과인 샤프비율이나 정보비율을 기반으로 운용사 순위를 매겨도 이들 상위 운용사는 여전히 그 순위가 유지된다. 그럼, 이런 운용사들의 특징은 무엇일까. 이 표에 올라간 최상위 운용사들의 공통점은 서너 가지로 요약할 수 있다.

(1) 대기업 계열이나 거대 금융그룹 계열이 아닌 독립적인 운용사이다. 이는 자산운용업의 특성상 잘 짜인 조직의 힘에 의해서 좋은 성과가 나오는 것이 아니라, 창의적이고 자유로운 사고라든지 운용 분야에 대한 전문성이 더 중요하다는 의미로 해석할 수 있다.

(2) CEO가 펀드매니저 출신이고 또한 장기간에 걸쳐 재직해 오고 있다. CEO가 펀드매니저 출신이라는 것은 최고경영자가 운용업의 특성을 잘 이해하고 있다는 뜻이다. 아마도 개별 펀드매니저의 업무에 대한 이해도도 높고 소통도 원활하리라고 짐작된다. 이러한 CEO가 오너이거나 장기간 재직할 수 있을 때, 단기적인 성과에 연연하지 않게 되고 이것이 중·장기적인 수익 제고에 결정적으로 기여한 것으로 보인다.

(3) 펀드매니저의 이직률이 낮아서 운용 조직의 안정성이 유지되었다. 펀드매니저의 이직률이 낮은 것은 CEO가 펀드매니저 출신이고 장기 재직한 것과 밀접한 관련이 있을 것이다. 펀드매니저 입장에서 CEO와 소통이 원활하고 CEO가 단기성과에 급급해서 매니저를 압박하거나 수시로 교체하기보다 참을성 있게 기다려 준다면, 펀드매니저의 이직률은 낮을 수밖에 없다. 이는 안정된 운용으로 이어져 결과적으로 성과 제고에 기여했을 것이다.

액티브 펀드의 성과를 망치는 가장 큰 적은 투자자?

국내 공모펀드들의 수익률이 투자자들의 기대에 미치지 못하는 데에는 물론 매니저들 책임이 가장 크겠지만, 우리나라 투자자들의 투자 시점 및 환매 시점 선택이 수익률을 끌어내리기 때문이라고 펀드매니저들은 하소연한다. 이것이 무슨 뜻인지, 곰곰이 생각해 볼 필요가 있다.

본질적으로 공모펀드란 투자자들로부터 돈을 받아서 대신 투자할 종목을 골라 매매함으로써 수익을 내는 상품이다. 따라서 펀드투자자들의 펀드 가입이나 추가 매입 신청이 많으면 펀드와 펀드매니저는 고객으로부터 주식을 사 달라는 위탁운용 요청을 많이 받는다는 얘기다. 그런데 이렇게 펀드로 자금이 들어오는 시기는 대부분 주식시장이 상당히 올라서 시장이 과열되어 있을 때다. 따라서 이럴 땐 주식을 싼 가격에 매입하는 것이 아니다. 반대로 주식시장이 하락해서 펀드가 손실을 입고 있는 시점에서 투자한 돈을 돌려 달라는 환매 신청이 많이 들어온다. 하지만 사실 이때는 주가가 떨어져서 펀드매니저의 입장에서는 주식을 팔 게 아니라 오히려 사고 싶은 상황이다. 그럼에도 불구하고 펀드란 그 구조상 고객의 환매 신청이 있을 땐 이에 응해야 하므로 펀드매니저는 울며 겨자 먹기로 주식을 매도해야 하는 것이다.

결국 펀드매니저가 좋은 종목을 고를 수는 있어도 매수-매도 시점은 돈을 주거나 회수하는 투자자들이 결정하기 때문에, 펀드의 수익률도 펀드매니저의 능력 못지않게 고객들의 시점 결정이 좌지우지하는 측면이 크다. 따라서 현명한 펀드투자자가 되려면 시장이 하락했을 때 펀드에 가입하고, 시장이 많이 올랐을 때 환매를 해야 한다. 그런 타이밍을 맞출 재주가 없다면, 시점을 분산해서 꾸준히 펀드에 투자하는 적립식 펀드를 이용해야 할 것이다. 이러한 현명한 펀드투자자나 장기로 펀드에 돈을 맡기는 투자자가 많아질 때, 자연히 펀드들의 성과도 좋아지게 될 것이다.

06

우수 운용사의 베스트 펀드에 장기투자하라

　이제 운용사별 성과가 아닌 개별 펀드의 장기성과를 기반으로 우리나라에도 피델리티의 마젤란펀드처럼 장기간 꾸준히 높은 수익을 내어 온 펀드들이 있는지 살펴보고자 한다. 펀드에 투자할 땐 운용을 잘하는 운용사에 돈을 맡기는 것도 중요하다. 그러나 성과가 우수한 운용사 내에도 여러 가지 다른 펀드가 존재하기 때문에, 최종적으로 어떤 펀드를 선택하느냐에 따라 투자 성과가 좌우된다. 과거 국내 펀드시장의 문제점은 운용사마다 너무 많은 종류의 펀드가 출시되고, 이러한 펀드가 훌륭한 성과를 내지 못하거나 주식시장의 침체로 투자자금이 빠져나가면 펀드가 해산되든지 작은 규모의 '자투리 펀드'로 전락해서 제대로 관리를 받지 못한다는 데 있었다. 따라서 오랜 기간 유지되어 온 펀드라면 대체로 성과도 양호하고 자산 규모도 일정 수준 이상인 펀드들이다.

　다음 페이지의 표를 보자. 우리나라 펀드시장이 활성화되기 시작한

2005년 이후부터 10년 이상 운용된 펀드들을 대상으로 전체적인 현황을 나타낸 것이다. 현재 국내에서 순자산 500억 원 이상으로 10년 이상 운용해 온 펀드는 47개로, 적지 않은 수의 펀드가 10년 이상 장기 운용되고 있는 셈이다. 이들은 대부분 일반주식형 펀드이며 중소형 펀드나 배당형 펀드의 수는 한 자리 수에 지나지 않는다.

10년 이상 펀드 분포 현황

	10년 운용	11년 운용	12년 운용	13년 운용	14년 운용	15년 운용
일반주식	32	29	25	13	10	7
중소형주식	8	4	3	1	0	0
배당주식	7	6	4	4	2	2
기타주식	0	0	0	0	0	0
섹터주식	0	0	0	0	0	0
전체	47	39	32	18	12	9

* 10년 이상, 순자산 500억 이상, 액티브 주식형 대표 펀드 현황(적립식, 절세식, 개인연금, 장기주택마련, 소득공제, 목표전환 등 가입 제한 펀드는 제외)

나아가 옆의 표는 이들 펀드들의 성과를 10년을 기준으로 비교해 본 것이다(비교 기간을 확장해서 12년 혹은 15년으로 늘리는 경우 대상 펀드 수가 급격히 줄어들기 때문에 10년을 기준으로 한 것임). 이 표에서 일반주식형은 상위 10개 펀드까지만 보여주었으며, 중소형 펀드나 배당형 펀드는 10년 이상 운용된 500억 이상 펀드의 수가 각각 8개와 7개에 불과하여 이들 모두를 대상으로 순위를 매긴 것이다. 표에서 성과가 우수한 펀드들을 보면 앞서 말한 우수 운용사의 대표 펀드들이 대부분이다. 이는 운용사별 성과가 각사의 펀드 성과의 합이고, 따라서 그 성과는 가장 운용 규모가 큰 대표 펀드에 의해서 영향을 받을 수밖에 없기 때문에 당연한 결과다.

펀드 유형별 성과 비교(순자산 500억 이상 펀드, 10년 성과 기준)

(단위 : 억 원, %)

펀드명	순자산	운용사	10년 성과
일반주식형 TOP 10			
에셋플러스코리아리치투게더 1(주식) A	1,770	에셋플러스	148.83
트러스톤칭기스칸[주식]A	1,742	트러스톤	115.00
신영마라톤(주식)A	9,363	신영	103.54
KB그로스포커스자(주식)C-R	797	KB	95.76
맥쿼리VIC히스토리자 1(주식)C5	843	맥쿼리	87.36
한국투자네비게이터 1(주식)(A)	4,143	한국	83.56
이스트스프링코리아리더스자[주식]A	802	이스트스프링	81.04
삼성코리아소수정예자 1[주식]C5	509	삼성	77.39
한국투자한국의제4차산업혁명자 1(주식)(C)	2,232	한국	75.19
중소형주식형 TOP 10			
교보악사위대한중소형밸류자 1(주식) A1	672	교보악사	175.38
동양중소형고배당자 1(주식)C	1,665	동양	170.56
ABLBest중소형자[주식] C1	532	에이비엘	169.01
한국투자중소밸류자(주식)(A)	991	한국	164.92
삼성중소형FOCUS자 1[주식](A)	6,082	삼성액티브	157.43
한화코리아레전드중소형주(주식)A	1,124	한화	157.25
하나UBS코리아중소형자[주식]A	536	하나UBS	140.53
미래에셋성장유망중소형주자 1(주식)C1	838	미래에셋	95.77
배당주식형 TOP 10			
신영밸류고배당자(주식)C형	28,262	신영	134.66
베어링고배당투자회사(주식)A	3,440	베어링	108.93
신영고배당자(주식)C1형	974	신영	96.61
신영프라임배당[주식]C 1	538	신영	94.97
미래에셋고배당포커스자 1(주식)C 1	964	미래에셋	64.81
마이다스블루칩배당 1(주식)A 1	616	마이다스	54.15
삼성배당주장기 1[주식](C5)	654	삼성액티브	44.57

* 순자산 500억 이상, 액티브 주식형 유형별 상위 10개 (적립식, 절세식, 개인연금, 장기주택마련, 소득공제, 목표전환 등 가입 제한 펀드 제외)

우선 일반주식형을 볼 때 에셋플러스 코리아 리치투게더가 지난 10년 누적수익률 148%로 가장 높은 성과를 거두었고, 트러스톤의 칭기스칸 및 신영마라톤이 각각 115%와 103%의 수익률로 톱3를 형성했다. 이러한 누적수익률은 연평균 14.8%, 11.5%, 그리고 10.3%로 같은 기간 KOSPI200 수익률인 45.72%(연평균 4.57%)를 두 배 이상으로 압도한다. 그 외 4위와 5위는 KB그로스포커스와 맥쿼리 VIC히스토리라는 펀드가 차지했지만, 펀드의 사이즈가 중형에 그치고 있어서, 이보다는 6위의 한국투자네비게이터가 성과가 좋은 대형 펀드로 시장에 잘 알려져 있다.

중소형주식형 펀드의 순위에서는 교보악사 위대한중소형밸류, 동양 중소형고배당, ABL Best중소형고배당이 1, 2, 3위를 기록했는데 교보악사, 동양, ABL은 전통적으로 중소형펀드에 강한 운용사로서의 명성을 가지고 있다. ABL은 많은 이들에게 낯선 이름이겠지만 그 전의 사명이었던 알리안츠는 보다 친숙하게 들릴 것이다. 다만 이들 펀드들은 중간에 대표 펀드매니저들이 교체되었던 데 반해서, 5위에 랭크된 삼성 중소형 FOCUS가 한 번도 대표 매니저 교체 없이 높은 성과를 유지해 왔다. 덕분에 펀드 사이즈가 다른 중소형펀드에 비해서 압도적으로 크다는 점이 주목할 만하다.

전체적으로 순자산 500억 이상 중소형주 펀드들은 모두 일반주식형 펀드의 성과에 비해서 훨씬 높은 누적수익률을 기록하고 있다. 1위에서 5위까지의 펀드가 모두 150% 이상의 누적수익률로 연 수익률 17.5%에서 15.7%까지 비슷한 수준의 높은 성과를 기록하고 있다. 앞에서도 언급한 바가 있지만 중소형주에 대한 투자 위험은 일반주식에 비해서 높기 때문에 이에 대한 보상으로 장기수익률이 높은 것은 논리적으로 타당해 보인다.

마지막으로 배당주펀드의 경우 신영밸류 고배당과 베어링 고배당이 성과 면에서나 규모 면에서 압도적인 1, 2위를 차지하였고, 신영자산운용의 또 다른 배당형 펀드인 신영고배당과 신영프라임배당이 5위와 차이가 나는 3, 4위를 차지함으로써, 과연 신영자산운용은 배당형 주식에 전문성이 있음을 확인시켜 준다. 배당형 펀드들의 성과도 중소형주식형보다는 못하지만 일반주식형보다 높은 성과를 기록하였다. 이는 배당형 펀드의 중소형주 비중이 일반주식형보다 큰 편이며, 2008년 글로벌 금융 위기 이후 전 세계적으로 저금리 시대가 도래하면서 배당수익률이 높은 주식이 각광을 받게 된 시기적인 이유가 결합된 것으로 판단된다.

투자자들의 입장에서 지난 10년간 앞의 표에 나와 있는 베스트 펀드들에 돈을 맡겼다면 시장수익률을 훨씬 웃도는 좋은 성과를 거두었을 것이다. 물론 그런 펀드를 고르기가 쉽지 않다고 볼 수도 있다. 그러나 앞에서 보았듯이 과거 운용사의 트랙 레코드를 기반으로 하고 펀드매니저의 경력과 성과를 체크해서 펀드를 선별한다면, 실패의 확률은 매우 적어진다. 안타깝게도 국내에는 아직 펀드매니저별 과거 경력과 운용 성과를 제공하는 서비스가 없으며 운용사별 성과 자료조차 찾기 어렵다. 다만 펀드별로 최근 성과 및 설정일 이후 성과만 찾아볼 수 있는 정도다. 그런 측면에서 이 책이 제공하는 운용사별 성과나 베스트 펀드매니저들에 대한 소개가 일반투자자들이 투자 대상 펀드를 선정하는 과정에서 큰 도움이 되기를 바란다.

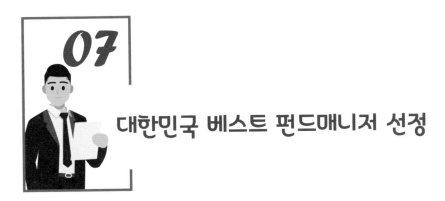

대한민국 베스트 펀드매니저 선정

　지난 10년 이상 각 자산운용사의 성과 및 펀드 유형별 성과를 비교해 본 결과, 꾸준히 우수한 성과를 나타내는 운용사 및 펀드들을 발견할 수 있었다. 이제 이러한 분석 결과를 토대로 대한민국 최고의 펀드매니저로 손꼽을 만한 인물들을 선정해 보았다. 베스트 매니저 선정 과정에서 가장 중요한 요소는 물론 각 펀드매니저가 운용하고 있는 펀드들의 성과 합계였다. 그러나 다음과 같은 조건을 만족시키는지도 신중하게 고려하였다.

　(1) 펀드매니저로서의 **경력이 10년 이상이면서 지금도 매니저이거나 적어도 CIO로 펀드 운용에 직접 참여하고 있는** 매니저를 대상으로 했다. 일부 매니저의 경우 근래의 성과(수익률)는 매우 높지만 5년 내외의 성과 기록밖에 없어서 장기적으로 다양한 시장의 환경 변화를 이겨내고 능력을 증명할 수 있는지 판단하기가 어려웠다. 그러나 10년이 넘으면 대체로 주

식시장의 호황과 불황 사이클을 적어도 2회 이상 경험해 보았을 터이므로 매니저의 역량을 판단하기에 결코 부족하지 않다고 판단된다. 한편, 시중에 잘 알려진 스타 펀드매니저 중에는 사실상 일선에서 물러나 후선에서 CEO 역할을 할 뿐 직접 펀드 운용에 참여하지 않는 분들도 더러 있다. 이런 분들은 현재 펀드매니저의 역할을 한다고 볼 수 없기 때문에 베스트 매니저 후보에서 제외했다.

(2) **운용순자산이 3,000억 원 이상인 펀드매니저**를 선정 대상으로 삼았다. 펀드의 운용 규모가 일정 수준 이상이라는 점은 매니저의 역량을 판단하는 데 중요한 요소다. 일반 개인투자자들 중에도 전업투자자인 경우는 연 20% 이상의 수익을 꾸준히 내는 사람들이 없지 않다. 하지만 이들의 자금운용 규모는 대체로 100억 원을 넘지 않으며 아주 크다고 해도 500억을 넘지 않는다. 그러나 시장에서 베스트 매니저로 인정받으려면 적어도 3,000억 이상의 규모를 운용하면서 성과를 보여주어야 할 것이다. 여기에 선정된 베스트 매니저들은 모두 3,000억 이상의 운용자산을 가지고 우수한 성과를 보여주었다는 면에서 일부 종목에 치중하여 성과를 내는 것이 아닌, 대형 분산 포트폴리오를 운용하는 능력을 입증한 베테랑들이다.

(3) 마지막으로 이들이 운용하는 펀드가 **일반투자자나 판매사에서 인정하는 베스트 펀드인가**를 고려했다. 실제로 운용을 잘하는 펀드매니저라면 펀드 평가사나 펀드 평가 전문가인 저자의 평가 이전에 시장의 투자자금이 그들을 알아보고 돈이 유입되었을 것이다(이를 학술용어로는 '스마트 머니Smart Money'라고 부른다). 사실 누구에게 펀드를 맡기는 것이 유리한지를 돈만큼 정확하게 보여 주는 바로미터가 어디 있겠는가? 따라서 베스

트 매니저라면 이미 그가 운용하는 펀드가 시장에서 인정받은 유명 펀드이고 운용자산 규모도 크게 유지되고 있어야 할 것이다.

이상의 기준을 기본 요건으로 하고 각 매니저의 운용 기간 내 성과 총계를 비교하여 베스트 매니저를 선정했다. 그 결과 일반주식형 매니저로는 신영자산운용의 허남권, 트러스톤자산운용의 황성택, 에셋플러스를 거쳐 J&J자산운용으로 이직한 최광욱, KB자산운용 및 한국투자자산운용을 거쳐 씨앗자산운용을 창업한 박현준 등을 베스트 매니저로 꼽을 수 있었다.

이들 네 사람은 각각 신영자산운용, 트러스톤자산운용, 에셋플러스, 그리고 한국투자신탁이 주식형 펀드 운용사로서 명성을 얻게 한 주역이며, 스타 매니저로서 수많은 베스트 펀드 대상이나 베스트 매니저 상을 수상한 바 있다.

실제로 2부 첫 번째 장에서 살펴본 표의 지난 10년간 수익률이 가장 높은 베스트 펀드 리스트에서도 1,000억 이상의 일반주식형 펀드로는 에셋플러스 코리아리치투게더(최광욱), 트러스톤 칭키스칸(황성택), 신영마라톤(허남권), 한국투자내비게이터(박현준) 순으로 나타났다. 이들 네 사람이 운용한 펀드의 성과가 가장 좋았음을 보여주는 것이다.

한편 중소형 전문펀드 매니저 중에는 10년 이상 중소형을 운용하면서 꾸준히 우수한 성과를 기록한 펀드매니저를 찾아보니 삼성액티브자산운용의 민수아 매니저가 거의 유일했다. 이는 중소형펀드의 경우 10년 이상 장기로 유지되어 온 펀드가 드물 뿐 아니라 매니저 교체도 빈번한 편이기 때문이다. 이런 와중에서도 삼성중소형 FOCUS를 10년 넘게 맡아서 중소형 펀드 중 유일하게 5,000억이 넘는 순자산 규모를 유지하며 누적수익률

150%를 넘긴 민수아 매니저는 중소형펀드 분야를 대표할 만한 베스트 매니저라고 판단된다.

배당주식형에서는 신영밸류고배당과 베어링고배당을 각각 운용하는 허남권 매니저와 최상현 매니저가 가장 운용 규모도 크고 성과도 뛰어나다. 역시 앞에서 언급한 표를 참조하자. 그러나 허남권 매니저는 이미 일반주식형을 통해서 베스트 매니저로 선정되었으므로, 최상현 매니저를 배당주식형의 대표 베스트 매니저로 선정하였다.

다만, 최상현 매니저의 경우 베어링고배당을 운용한 기간이 2013년 11월부터 5년 정도에 불과하지만, 펀드매니저로서 그의 경력은 1998년 삼성화재로부터 시작해서 20년이 넘는다. 공모펀드의 운용 경력과 성과도 한화밸류포커스를 운용했던 2007년~2013년을 포함할 경우 총 10년 이상이며, 이 기간 동안 벤치마크를 훨씬 웃도는 우수한 성과를 기록했기에 앞에서 제시한 선정 요건에 부합했다.

마지막으로 사모펀드 매니저 중에서는 VIP자산운용의 최준철 매니저를 베스트 매니저로 선정하였다. 최근 많은 투자자들이 사모펀드에 관심을 갖고 증권사나 은행 PB들을 통해서 사모 펀드에 투자자산을 일임하는 것이 일반화되고 있다. 이에 따라 사모전문 운용사들의 자산도 빠르게 늘어나고 있으며 신규 사모 전문 운용사도 많이 생겨나고 있다.

그런데 사모 전문 운용사의 경우 최근 몇 년간 좋은 성과를 냈다고 자랑하는 회사는 많지만, 지난 10년 이상의 펀드 순자산 자료를 가지고 성과를 검증할 수 있는 회사는 매우 드물다. 다행히 사모펀드 매니저로서 업력도 오래되었고 성과도 뛰어난 것으로 널리 알려진 타임폴리오 황성환 대표와 VIP 최준철 대표의 경우 10년 이상의 펀드 순자산가치(NAV) 자료를 가지고 있어서 객관적으로 성과를 검증할 수 있었다. 지난 12년 이상 동안 두 매니저의 운용성과를 사모펀드로 확인해 본 결과, 위의 공모펀드 베스트 매니저들보다도 높은 성과를 기록해 왔다. 이는 사모펀드의 경우 공모펀드보다 운용상의 제약이 적어서 수익률을 높이는 데 여러 가지 유리한 측면이 있기 때문이다. 무엇보다도 펀드 사이즈가 작고 종목당 투자비중 제한이 없을 뿐 아니라 자금의 유·출입도 빈번하지 않은 것 등이 운용상 이점으로 작용한다.

공모펀드와 사모펀드의 차이

공모펀드는 말 그대로 투자자에 대한 제한 없이 불특정 다수의 일반투자자를 대상으로 공개적으로 자금을 모집해서 운용하는 펀드다. 이에 비해서 사모펀드는 개별적으로 투자자를 모집해서 운용하는 펀드라는 의미를 가지고 있다. 공모펀드는 아무 때나 가입하고 해지할 수 있어 편리하지만, 운용 면에서는 자산의 10% 이상을 한 종목에 투자할 수 없는 등의 제약이 있다. 이에 비해 사모펀드는 운용상 자산의 100%를 한 종목에 투자해도 상관이 없는 등, 제약이 별로 없다. 따라서 소수 종목에 집중 투자해서 수익률을 올리기에는 사모펀드가 훨씬 유리한 것으로 평가된다.

다만, 사모펀드는 투자자 수가 '49명 이하'로 제한되어 있고 최소 가입 금액도 1억 이상이어서 흔히 부자들만 가입할 수 있는 상품으로 인식된다. 또한 가입 시 최소 투자 기간이 보통 3년 이상으로 환매가 제한되는 것도 투자자에게는 제약으로 작용할 수 있다. 이는 자금을 운용하는 펀드매니저 입장에서는 투자 기간 중 자금 편·출입이 제한되어서 안정되게 투자를 할 수 있는 장점으로 작용한다. 우리가 흔히 고수익 고위험 상품으로 알고 있는 헤지펀드도 사모펀드 유형의 하나이다.

최근 정부는 시중에 늘어나는 사모펀드에 대한 수요를 반영하여 사모펀드 투자자 수를 '100명 이하'로 늘리고, 일반투자자도 소액으로 사모펀드에 투자할 수 있도록 사모재간접 펀드 모집도 허용하고 있다. **사모재간접 펀드**는 일종의 공모펀드로, 최소 투자 금액을 500만 원으로 정해 일반투자자의 자금을 모집, 이를 사모펀드에 맡기는 형식이다. 즉 모집은 공모펀드로, 운용은 사모펀드로 하는 상품이다. 또한 사모펀드 운용사의 설립 요건도 대폭 완화해 기존의 인가제를 등록제로 바꾸었고, 최저 자기자본(10억)과 투자운용 인력 최소 보유 한도(3명)도 낮추었다. 이러한 정부의 규제 완화로 최근 사모펀드 시장의 규모는 급격히 확대되고 있다.

사모펀드를 보다 상세히 분류하면 자본시장법상 법적 형태, 설립 목적, 규제 수준에 따라 **전문투자형 사모펀드**와 경영참여형 사모펀드(PEF)로 분류된다. 전문투자형 사모펀드는 전문투자자(기관투자자)나 1억 원 이상 투자하는 개인이 투자할 수 있으며 가장 대표적인 유형은 헤지펀드다. 헤지펀드는 흔히 롱숏 전략(저평가된 주식을 매수하고 고평가된 주식을 공매도하는 전략)을 사용하여 시장 상황에 상관없이 절대수익을 추구하는 펀드다. 선진 자본시장에서 90년대 말 롱텀 캐피털매니지먼트 Long-Term Capital Management 가 파산하는 등의 부침이 있었지만 자산운용 시장에서 일정 영역을 공고히 확보했으며, 조지 소로스의 퀀텀 펀드Quantum Fund, 브릿지워터Bridgewater의 퓨어 알파Pure Alpha, 르네상스 테크놀로지Renaissance Technologies의 머댈리언 펀드Medallion Fund, 애펄루사Appaloosa Management의 팔로미노 펀드(Palomino Fund) 등은 세계적인 명성을 누리고 있다. 우리나라에서는 2011년 12월에 도입되어 그 규모가 증가하고 있으며, 롱숏 전략 외에도 이벤트–드리븐Event-driven 전략, 매크로Macro 전략, 상대가치Relative Value 전략, 멀티Multi 전략 등이 사용되고 있다.

헤지펀드 전략 유형

롱숏 전략	주가 상승이 예상되는 주식은 사고, 하락이 예상되는 주식은 빌려서 매도한다. 흔히 서로 짝이 되는 주식으로써 이 전략을 구사하는데, 가령 아이폰의 판매가 좋을 것으로 예상하면 아이폰 주식은 사고 상대적으로 휴대폰 판매가 부진할 삼성전자의 주식은 빌려서 매도(공매도)하면 상승하는 주식에서도 수익을 얻지만 하락하는 종목에서도(5만 원에 빌려서 매도한 주식을 4만 원에 사서 되갚음) 수익을 취할 수 있다. 또한 시장의 흐름상 두 회사 주식이 모두 상승하거나 모두 하락하는 경우도 한 쪽의 수익으로 다른 쪽의 손실을 보완하기 때문에 시장의 등락에 관계없이 절대수익을 추구할 수 있다.

이벤트–드리븐 전략	기업분할, 구조조정 등 기업의 중요한 사건–거래에서 발생하는 기회에 투자한다. 예컨대 주가가 10만 원인 A기업이 주가가 1만5천 원인 B기업을 주식비율 5:1로 합병한다고 하면, B의 주가가 2만 원이 되어야 타당하므로, 이런 이벤트 시 B에 투자하여 수익을 노리는 것이 전형적인 이벤트–드리븐 전략이다. 또 대우중공업 사태처럼 기업이 부실화되어 대규모 구조조정이 발생할 때 과도하게 폭락한 주식이나 채권(Distressed Bond)에 투자하는 것도 한 방법이다.
매크로 전략	특정 국가–시장에 제한되지 않고 거시경제 분석에 따라 전 세계를 대상으로 주식, 채권, 외환, 상품 등으로 광범위하게 자산을 운용하는 전략. 흔히 선물시장의 방향성이 실물경제 상황과 밀접하게 연동되는 것을 이용해 전 세계에 상장된 선물에 폭넓게 투자하는 알고리즘 투자(이 전략을 선도하던 회사 이름을 따서 CTA 전략, 즉, Commodity Trading Advisor 전략이라 불림)가 대표적이다.
상대 가치 전략	다양한 자산에서 발생하는 가격의 차이를 이용해 차익거래를 추구하는 전략. 가장 대표적으로는 주식으로 전환되는 CB(전환사채)를 사고 해당 주식은 공매도하는 것으로서, 주가가 상승하면 CB 가격 상승이 공매도 하락 폭 이상이므로 수익을 얻고, 주가가 하락하면 CB는 전환하지 않고 공매도에서 수익을 얻음. 이때 주식은 변동성이 높고 주식에 비해서 현저히 유동성이 낮은 반면, CB는 저평가되어 있을 경우에 성공 확률이 높다.
멀티 전략	시장 상황에 따라 유동적으로 전략을 선택하거나 처음부터 복수의 전략으로 자산을 운용하는 방식. 멀티 전략을 구사하는 헤지펀드는 각각의 단일전략을 구사하는 매니저와 각 전략 간의 투자 비중을 결정하는 대표 매니저가 운용하며, 주로 사용되는 단일 전략은 전환사채 차익거래, 합병 차익거래, 부실증권투자, 이벤트–드리븐 등이다.

경영참여형 사모펀드(PEF)는 투자자로부터 중·장기적인 자금을 사모 방식으로 조달하여 자금난을 겪고 있는 기업이나 신규 투자자금이 필요한 비상장기업의 지분에 투자한 후, 대상 기업의 경영성과 및 지배구조 개선 등을 통해 인수한 지분의 가치가 상승할 때 매각해 투자수익을 추구하는 펀드다. 선진 금융시장에서 PEF는 1980년대부터 공격적인 바이아웃, 과감한 구조조정, 지분 매각을 통한 손익 창출로 큰 주목을 받아 왔다. 특히 블랙스톤Blackstone Group, 크래비스 앤 로버츠Kravis & Roberts, KKR, 칼라일Carlyle Group 등이 이미 세계적인 명성을 얻고 있다. 우리나라에서는 MBK 파트너스가 홈플러스, 코웨이 등에, VIG 파트너스가 동양생명, LG실트론 등에 투자하면서 토종 PEF로서 주목을 받은 바 있다. 최근에는 한앤컴퍼니가 웅진식품, 쌍용양회, SK해운 등의 지분을 인수하며 PEF 시장의 새로운 강자로 떠오르고 있다.

그러나 이 점을 고려하더라도 사모나 일임자산 운용을 위해 많은 운용사나 투자자문사들이 생겨나고 이들 중 좋은 성과를 거두어 연기금 등의 위탁자금을 받던 회사들 가운데 상당수가 시간이 지나면서 꾸준히 성과를 유지하지 못하고 사라지는 와중에, 10년 이상 우수한 성과를 기록하며 투자자문사에서 자산운용사로의 전환에 성공한 것은 그만큼 성과가 뛰어났다는 반증이다. 두 매니저의 성과가 탁월하다는 것은 시장에서도 잘 알려져 있는 바, 애초부터 황성환－최준철 매니저를 모두 베스트 매니저로 생각했다. 그러나 황성환 매니저와의 협의 과정에서 타임폴리오의 운용 방식이 헤지펀드 스타일이어서 다른 매니저들과 같이 액티브 주식형 베스트 매니저로 소개되기에는 적합하지 않을 수 있다는 점이 저자나 황성환 대표에게 문제로 인식되었다. 이에 황성환 매니저에 대해서는 다음 페이지의 헤지펀드 운용에 관한 인터뷰 기사로써 여기 제2부에서 소개하기로 한다.

국내 최대 헤지펀드 운용사
타임폴리오 황성환 대표

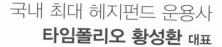

　황성환 대표는 최근 여의도에서 가장 '핫'한 인물로 회자되고 있다. 그가 운용하는 타임폴리오 사모펀드는 2005년부터 2018년 상반기까지의 반기별 성과가 한 번도 마이너스였던 적이 없는 것으로 유명하다. 2018년 하반기에 처음으로 4.72%의 손실을 보았는데, 그마저도 상반기 수익을 감안하면 한 해 기준으로는 7% 정도의 수익이었다. 금융 위기 시절인 2008년보다도 더 어려웠다는 2018년에도 선전한 셈이다.

　타임폴리오는 사모펀드로는 가장 큰 규모인 2조 원 이상을 운용하고 있어서 기본 운용보수 1%에 20%의 성과수수료를 감안하면 대형 자산운용사보다 수익이 높은 운용사로 알려져 있다.

　작은 사모펀드를 운용하는 자문사에서 출발해 여의도에서 손꼽히는 성공신화를 만들어 낸 것은 다른 무엇보다도 황성환의 탁월한 운용 능력 덕분이다. 이는 자타가 공인하는 사실이다. 그리고 그의 운용 스타일은 저평가된 주식을 사서 오래 기다려 수익을 실현하는 일반 펀드매니저와는 달리 트레이딩과 인베스트먼트(투자)를 병행하는 것이기 때문에, 10년 전에도 2,000포인트였고 지금도 다시 2,000인

한국 시장에서 헤지펀드 스타일의 운용으로써 지속적인 수익을 내는 놀라운 성과를 달성한 것이다.

절실함이 주식투자 귀재 황성환을 만들다

황성환이 주식을 시작한 것은 대학 시절 군복무를 마치고 복학하면서부터다. 그는 대학교 1학년을 마치고 입대했는데, 일병 시절 아버지가 급성간경화로 한 달 반 투병하시다 갑자기 돌아가셨다. 일찍부터 아버지와 단둘이 살았던 그에게는 세상에 홀로 남겨지는 큰 충격이었고, 돌아가시면서 아버지가 남긴 재산도 없어 장례 후 남은 부조금 1,600만 원이 그의 전 재산이었다. 그 돈으로 남은 대학 생활도 해야 했고 인생 계획도 세워야 했기에, 그는 일단 의가사 제대를 마다하고 군대로 복귀, 마음을 다독이며 제대 후 인생을 설계했다. 그때 그는 가진 게 없으니 월급쟁이로는 결혼하고 내 집 마련할 엄두조차 낼 수 없기에 무조건 돈 잘 버는 일을 해야겠다고 생각했다.

그는 1998년 11월에 제대했는데 세상은 입대하기 전과 사뭇 달라져 있었다. 무엇보다 인터넷이라는 것이 생겨났다. PC방이 유행이었는데 거기서 사람들이 게임도 하지만 주식 거래까지 하는 것을 보고 충격을 받았다. 인터넷 덕분에 이젠 정보에 대한 접근이 빨라지고 공평해져서 개인도 주식으로 돈을 벌 수 있겠다는 생각이 들었다. 마침 모범생이었던 고종사촌형이 새롬기술(닷컴 버블 당시 폭등했던 인터넷 관련주)에 주식투자를 해 큰 수익을 거두는 걸 목격하게 된다. 이는 주식이란 도박이고 절대 하면 안 되는 것이라는 그의 부정적 인식을 180도 돌려놓았다. 그는 증권사에 가서 HTS CD를 받아 컴퓨터에 깔고, 어떻게 해야 주식으로 돈을 벌 수 있을지 연구하기 시작했다. 이때는 기업을 분석하기보다 스스로 매매 패턴을 찾아 '트레이딩'을 배워나갔다.

하지만 주식 분석에 대해 너무나 아는 게 없어 답답한 심정으로 서울대 투자동아리인 SMIC의 문을 두드렸다. 처음엔 경영대 동아리라 공대생은 안 받는다고 했지만 열심히 매달린 끝에 동아리에 들어갈 수 있었고, 거기서 기업 분석이나 토론 등을 통해 투자의 기본기를 익혔다. 이후 그는 계좌를 두 개로 나누어 트레이딩 목적과 인베스트먼트 목적으로 분류했다. 트레이딩 계좌는 철저히 매매게임을 하는 계좌였고, 거기서 번 돈으로 인베스트먼트 계좌에서는 자산과 수익의 가치를 따지는 가치투자를 실행했다.

그러나 실제로 큰 수익을 낸 것은 오히려 트레이딩 계좌였다. 주식투자를 시작했을 때 그의 전 재산은 1,600만 원이었지만, 그는 이 돈으로 각종 증권사 실전투자게임을 휩쓸고 다닐 만큼 탁월한 트레이더였다. 기본적으로는 시장에서 사람들의 관심이 쏠리고 강하게 올라가는 주식에 뛰어들어 수익을 냈다. 보통 단기간에 100~150% 이상 수익을 내야 하는 증권사 실전투자대회는 우승하면 상금을 몇 천만 원씩 주었다. 가령 3천만 원 실전투자리그에서 우승하면 수익 100프로로 투자금이 6천만 원 이상으로 늘고, 상금으로 3천만 원을 받아 계좌가 거의 1억이 되는 식이었다. 그런 실전투자대회에서 동원증권 연속 우승, 굿모닝증권, 메리츠증권 대회까지 네 번이나 우승했으니 가히 주식투자의 귀재라고 해도 과언이 아니다.

대우증권 취업과 사모펀드 창업

이처럼 탁월한 수익에 자신감을 얻어 졸업 후에도 취업보다 전업투자자의 길을 가려던 그에게 2003년 대우증권에서 스카우트 제의가 왔다. 당시 대우증권에서는 증권사 자기매매를 본격화하기 위해 트레이딩 룸을 개편하는 중이었는데, 20대 후반에 각종 실전투자대회를 석권하고 대우증권에 있던 본인 계좌에서도 잦은 매매로 엄청난 수익을 내는 그를 주목한 것이었다. 그러나 이미 1,600만 원을 20억 원 이상의 계좌로 불려놓고 있던 그에게 회사가 제시한 월급쟁이 조건은 통 매력적이지 않았다. 아무리 보너스를 준다고 해도 월급쟁이보다는 전업투자자로 계좌를 계속 불려나가는 것이 나아 보였다.

그런데 대우증권의 한 임원이 제안을 거절한 그에게 말했다. "아직 나이도 젊은데 돈이야 나중에도 얼마든지 벌 수 있지만, 제도권에서 일하는 경험은 나중에 얻기 힘들다. 번듯한 직장도 없이 돈만 벌면 나중에 '돈 많은 아저씨'밖에 더 되겠냐?" 일단 제안을 거절하고 집에 돌아왔지만 '돈 많은 아저씨'라는 그 말이 뇌리에 남았다. 그는 당시 신혼이었고 아내가 임신 중이었는데, 나중에 아이가 학교 다닐 나이가 되어도 아빠가 내세울 직업도 없는 '돈 많은 아저씨'라면 어떨까, 자꾸 마음에 걸렸다. 그래서 그는 마음을 바꾸어 대우증권에 입사하게 된다.

그는 제도권 직장생활에서 많은 것을 배웠다. 증권회사의 영업, 리서치, 발행 업무 등을 배웠고 또 직원 입장에서 생활해 보니 나중에 경영자가 되면 어떻게 해야 직원들이 의욕을 높여 줄 수 있는지도 절실히 느꼈다. 지금 타임폴리오가 팀 운용이 아닌 멀티매니저 시스템을 채택, 철저히 개별 매니저의 성과주의로 일하게 만든 것도 그때의 경험에 기반을 둔 것이다.

대우증권에서의 매니저 생활이 1년 정도를 넘긴 2004년, 타임폴리오라는 사모펀드를 설정했던 사람이 해외 이민을 가면서 이를 넘겨받을 사람을 찾고 있었다. 사모펀드라는 도구(vehicle)가 운용업에 있어 매우 매력적이라고 생각했던 황성환은 이를 인수하기로 결심하고 대우증권을 나와, 직원 2~3명을 데리고 이때부터 타임폴리오 사모펀드 운용을 시작했다.

보통사람들의 심리와 반대로 가야 시장을 이긴다

"주식투자를 통해 돈을 버는 사람보다 잃는 사람이 많다는 것은 일반인의 생각대로 투자를 하면 돈을 잃는다는 얘기다. 따라서 돈을 벌기 위해서는 그 반대로 행동해야 하며, 이것이 시장을 이기는 방법이다."

황성환은 일찌감치 위와 같이 생각했고 이를 실행했다고 한다. 사람들은 주식을 할 때 일반적으로 손실의 실현을 기피한다. 이런 심리를 투자이론에서는 **처분효과** disposition effect 라고 부른다. 반대로 수익이 났을 때는 이걸 빨리 실현하려고 한다. 그러다 보니 일반투자자들은 작은 수익은 곧잘 내면서도 큰 수익을 내진 못하며, 손실이 날 때는 크게 내고 만다.

특히 주가가 떨어지기 시작하면 많은 사람들이 '물을 타서' 단가를 낮추려고 하는데, 그는 정반대로 해야 돈을 번다고 말한다. 즉 **작은 손실은 빨리 실현하고, 대신 올라가는 주식은 확실히 쫓아가서 큰 수익을 내야 돈을 벌 수 있다**는 뜻이다. 그는 주식투자를 시작하면서 그 요령을 재빨리 터득했다고 한다.

그래서 타임폴리오 사무실 입구에도 "시장이 가는 방향이 옳은 방향이다!"라고 써 놓고 직원들에게 시장이 가는 방향을 따르라고, 올라가는 종목을 더 사라고 가르친다. 특히 시장이 빠지는 날에 어느 종목을 사야 할지가 더 잘 보이는데, **시장이 빠질 때 덜 떨어지는 주식이 강한 종목이고 그런 종목을 공략해야 이길 확률이 높다**는 것이다. 아무리 시총 비중이 큰 종목이라도 처음엔 1~2%를 사놓고 있다가 주가가 올라갈 때마다 비중을 늘려나가는 것이 그의 트레이딩 전략이다. 그런 종목에 계속 비중을 올리는 것이 대체로 유효하다고 한다. 그리고 상승하던 주식이 마지막 불꽃을 태우는 순간, 그러니까 '이격이 벌어질 때'를 매도 타이밍으로 삼는다.

좋은 종목, 저평가된 종목을 고르는 기본적인 분석에 있어서는 타임폴리오도 여타 회사들과 다르지 않다. 그러나 그가 더 높은 수익률을 낼 수 있었던 것은 트레이딩을 잘했기 때문이다. 지난 10년을 돌이켜 보면 우리나라 시장의 변동성이 높았기 때문에 그가 이만큼 성공할 수 있었던 것 같다고 한다. 미국 시장처럼 지수(나스닥 기준)가 1,700에서 7,000까지 10년간 계속 올라가기만 했던 시장이라면, 본인처럼 잦은 매매를 하지 않고 좋은 종목에 장기투자한 사람이 더 높은 수익률을 냈을 것이다. 그러나 2007년에 2,000이었던 KOSPI가 2018년에도 2,000대에 머물 정도로 오르내리는 변동성이 높은 시장이었기에, 장기투자한 사람들보다 박스권 매매를 잘하는 그의 성과가 더 높을 수 있었던 것이라고 자평한다.

헤지펀드 운용이 어려운 이유

실제로 국내에서 주식을 빌려서 '숏[3] 포지션 short position'을 할 수 있게 된 건 2012년경부터다. 그때 타임폴리오는 롱숏 펀드를 운용하는 상품을 신한투자증권과 운용하면서 실적을 쌓았고, 2016년부터 본격적인 헤지펀드 전문운용사로 활동하기 시작했다. 롱숏이 어려운 이유에 대해 황성환의 설명은 이렇다. 롱(주식 보유)은 수익률이 무한정 날 수 있는 반면, 숏(공매도)은 이론적으로야 최대 수익이 100%(공매도한 주가가 0이 될 경우)지만 실제로 대여를 해 주는 종목은 거래량이 많은 종목이라 상장폐지까지 가는 부실기업은 없기 때문에 숏에서 얻을 수 있는 최대 수익은 30~40%뿐이라는 것이다. 주식을 빌려주는 대가인 대주수수료 역시 수익을 갉아먹는다. 반대로 주가 하락을 예측했던 숏의 경우, 거꾸로 주가가 2~3배

---

3) 향후 주가하락이 예상되는 경우 해당 종목을 빌려서 매도를 하는 투자 행위. 추후 떨어진 가격으로 매입하여 빌린 주식을 반환하면 성공하지만, 예상과 달리 주가가 오르면 매도 가격보다 더 높은 가격에 되사야 하는 위험이 따름.

올라가면 무려 200~300%의 엄청난 손실이 날 수 있다. 그러므로 롱숏 포지션을 잘못 잡는 경우 터지는 손실을 감당하기 힘들고 스트레스가 훨씬 크다는 것이다. 따라서 롱숏 포지션을 만들 때 서로 비중을 비슷하게 하여 뉴트럴neutral 포지션을 취해서는 안 되고 시장의 흐름을 보면서 숏 비중을 적절히 조절해 나가야 한다. 헤지펀드 운용이 더 어려운 까닭이 여기 있다.

현재 타임폴리오의 헤지펀드는 타임폴리오 A, H, Q, M 등 다양한데 대체로 각 펀드의 운용 규모는 비슷하고, 롱숏 전략을 기반으로 하되 이벤트–드리븐, 퀀트, 멀티에셋, 대체투자 등 다양한 전략을 같이 활용한다. 그러나 무엇보다도 타임폴리오 자산운용의 가장 큰 차별점은 멀티매니저 시스템Multi-Manager System이다.

즉 하나의 펀드를 여러 조각으로 분리해서 각 매니저가 전적인 권한과 책임을 갖고 운용하게 하는 것이다. 황성환은 CIO로서 이들 매니저들의 성과를 모니터하면서 운용자산 규모를 조정하는 역할을 한다. 사실 이러한 멀티매니저 시스템은 매니저 간 포트폴리오 분산효과를 노리는 동시에 치열한 경쟁과 공정한 보상을 통해 수익률을 제고하는 것인데, 타임폴리오는 국내에서 유일하게 이 시스템을 성공적으로 안착시켰다.

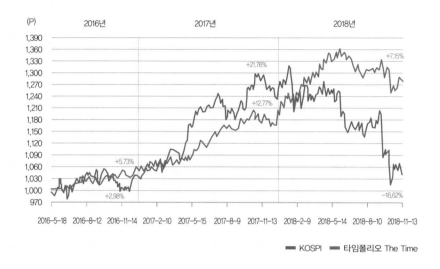

(P)
| 2016년 | 2017년 | 2018년 |

1,390
1,360 +7.15%
1,330
1,300
1,270 +21.76%
1,240
1,210 +12.77%
1,180
1,150
1,120
1,090
1,060 +5.73%
1,030
1,000
970
+2.98% −16.62%

2016-5-18 2016-8-12 2016-11-14 2017-2-10 2017-5-15 2017-8-9 2017-11-13 2018-2-9 2018-5-14 2018-8-10 2018-11-13

■ KOSPI   ■ 타임폴리오 The Time

향후 자산운용산업과 시장 성장을 낙관하다

황성환은 향후 자산운용산업의 발전을 매우 낙관적으로 전망한다. 우리나라 금리는 2013년의 3.25%에서 2018년의 1.25%까지 하락했는데, 0.25%씩 8번 금리가 하락하는 동안 부동자금은 600조에서 1200조 원까지 늘어났다. 낮은 금리에 만족하지 못해서 새로운 투자처를 모색하는 돈들이다. 또 1958년생이 만60세로 은퇴하기 시작하는 2018년부터 매년 베이비부머(1958년부터 1970년대 중반까지 출생한 세대로 매년 100만 명 가까운 인구수를 가짐)가 향후 20년 동안 계속 은퇴하는데, 이들의 노후자금이 자산운용시장에 들어오기 때문에 자산운용산업은 성장할 수밖에 없다는 것이다.

그러나 시장의 성장이 낙관적이더라도 국내 경제성장률이 둔화되고 있는 만큼 수익률 제고를 위해서는 해외시장에 대한 투자가 필수적이라고 판단한다. 특히 지금은 어려움을 겪고 있지만 중국은 다시 성장할 수밖에 없는 거대 시장이므로, 이 시장에서 다시 기회가 올 거라는 의견이다. 타임폴리오는 이에 대비하여 2018년에 싱가포르에 투자법인을 설립했다. 또 2018년부터 코스닥 벤처펀드도 운용하기 시작했는데, 사모로 설정된 타임폴리오벤처펀드는 출범 시 3,300억 원의 뭉칫돈이 몰렸다.

황성환은 올해 IPO 시장이 좋지 않아서 벤처펀드의 성과도 좋지 못하지만, 속성상 벤처투자는 일단 멈춰 있다가도 때가 되면 그동안 밀렸던 수익을 한꺼번에 만회해 준다고 믿는다. 타임폴리오는 이런 벤처시장에 투자하는 별도의 팀을 갖추고 있으며 발행시장의 수익은 유통시장에 비해 수익성이 높기 때문에 이 분야에 대한 회사 차원의 투자를 계속할 계획이다.

그리고 현재 타임폴리오는 사모펀드만 운용하고 있어서 10억 이상의 자금만 받고 있지만, 향후 공모주펀드도 출시해서 일반인을 위한 퇴직연금펀드를 만들고 싶다는 포부를 갖고 있다. 그동안은 부자들에게만 돈을 벌어 주었지만, 앞으로는 일반인들에게도 수익을 제공해 주고 싶다는 뜻이다. 또한 현재의 멀티매니저 시스템을 계속 유지, 발전시켜 한국을 대표하는 넘버원 자산운용 플랫폼으로서 재능 있는 매니저들이 맘껏 능력을 펼칠 수 있는 장을 제공하고, 성과에 대한 보상을 확실히 해 주고 싶다는 것이 경영자로서 그의 비전이다.

● **황성환** 대표
_____

1976년생
서울대학교 지구환경시스템공학과
대우증권 주식운용부
타임폴리오투자자문 대표이사
현) 타임폴리오자산운용 대표이사

이제 베스트 매니저로 선정된 일반주식형의 허남권, 박현준, 황성택, 최광욱 (운용 규모 순), 주식사모의 최준철, 중소형주식형의 민수아, 배당주식형의 최상현 매니저 등 일곱 명의 운용 경력을 간단히 정리, 요약해 볼 차례다. 아래의 표가 이들의 경력을 집약해서 보여 준다.

베스트 매니저 선정 결과

(단위 : 억 원, %)

매니저	운용사	운용펀드	운용 규모[1]	설정이후 수익률[2]	BM 초과[3]
일반주식					
허남권 (16.2년)	신영자산운용	신영고배당(02.04~현재) 신영밸류고배당(04.10~현재) 신영마라톤(05.12~현재)	67,176	507.00 (11.78)	352.97 (9.78)
최광욱 (10.0년)	에셋플러스 + J&J자산운용	에셋플러스코리아리치투게더 (08.07~16.02) J&J사모펀드(16.11~현재)	16,660*	203.12 (11.74)	155.71 (9.85)
박현준 (13.0년)	KB자산운용 + 한국투자신탁 + 씨앗자산운용	KB광개토(05.07~06.12) 한국투자네비게이터(06.12~17.05) 한국투자성장증권(06.12~13.03) 한국투자한국의힘(10.11~17.05)	4,307*	251.54 (10.15)	125.22 (6.44)
황성택 (14.5년)	트러스톤자산운용	트러스톤사모펀드(04.01~08.06) 트러스톤칭키즈칸(08.06~현재) 트러스톤제갈공명(11.05~현재) 트러스톤밸류웨이(13.07~현재)	3,144	515.90 (13.34)	322.35 (10.43)
주식사모					
최준철 (14.9년)	VIP자산운용	VIP사모펀드(03.07~현재)	–	622.60 (14.15)	400.43 (11.38)
중소형주식					
민수아 (10.8년)	삼성액티브자산운용	삼성중소형FOCUS(07.09~현재) 삼성코리아소수정예(07.09~10.10)	6,389	116.00 (7.38)	89.29 (6.08)
배당주식					
최상현 (11.3년)	한화자산운용 + 베어링자산운용	한화Value포커스(07.03~13.01) 베어링고배당(13.11~현재)	11,013	130.33 (7.64)	64.53 (4.49)

1) 운용 규모는 금융투자협회 공시정보 및 투자설명서 참조. * 박현준 매니저와 최광욱 매니저는 공모펀드 운용 시점의 순자산을 의미. 최준철 매니저는 공모가 아니라 금융투자협회 자료 부재.
2) 괄호 안은 연 환산 수익률을 의미하며, 운용수익률은 운용 개시부터 2018년 6월 30일까지의 수익률임.
3) BM : 운용 기간에 해당하는 KOSPI.

이 매니저들의 이력, 운용 철학, 성공과 실패 사례, 향후 시장에 대한 전망, 그리고 일반투자자에 대한 조언 등은 제3부에서 별도로 상세히 제공하고자 한다. 내가 베스트 매니저를 선정하고 소개하는 이유는 책 전반에 걸쳐 계속 말해 온 것처럼 일반투자자는 직접투자를 통해 성공하기 어려우므로 간접투자를 하되 시장수익률 정도를 기대하는 보수적인 투자자는 인덱스펀드나 ETF 같은 패시브 펀드에 투자하고 그보다 높은 수익률을 추구하는 적극적인 투자자라면 액티브 펀드도 충분히 투자할 만한 대상이기 때문이다.

그리고 액티브 펀드 투자의 성패는 결국 '누구에게 돈을 맡기느냐'이기 때문에 지난 10여 년간의 데이터 분석에 기반을 두고 베스트 매니저들을 소개하는 것이다. 이들의 뛰어난 과거 성과가 앞으로도 지속되리라는 보장은 없다. 그러나 대한민국 최고의 프로 펀드매니저들의 투자 스토리를 읽어 보는 것만으로도 당신은 주식투자의 많은 원칙과 비법을 배울 수 있으리라고 믿는다. 그 후에 이들 중 투자 철학이나 스타일이 마음에 드는 사람한테 당신의 돈을 맡겨도 되고, 이들에게서 배운 투자 원칙이나 비법을 당신의 직접투자에 활용해도 분명 큰 도움이 될 것이다.

로보어드바이저나 AI는 사람보다 나은
투자 성과를 거둘 수 있을까

나는 제2부 후반에서 시장에는 시장을 이길 만한 운용사나 매니저들이 있으며, 이들을 통해 액티브 펀드에 투자하는 것이 유효한 투자 방식이라는 점을 이야기했다. 그런데 요즘 언론 등에서는 로보어드바이저에 대한 관심이 높다. 로보어드바이저나 AI(인공지능)가 휴먼 펀드매니저를 대체할 수 있으리라는 기대도 커지고 있다. 이에 제3부에서 베스트 (휴먼) 펀드매니저들의 투자 조언을 소개하기 전에 간단히 로보어드바이저의 현황과 향후 발전 전망에 대한 나의 견해를 피력하고자 한다.

로보어드바이저robo-advisor는 로봇robot과 투자전문가advisor의 합성어다. 인공지능 알고리즘이 투자자에게 적합한 자산운용을 자문해 주는 것이다. 인공지능을 활용한 투자자문을 지칭하는 'AI 투자자문' 역시 비슷한 의미로 사용된다. 국내 투자자문사들과 증권사들은 물론 은행들까지도 향후 이 시장이 성장할 것으로 보고 적극적인 연구와 투자 노력을 기울이고 있다. 미국의 로보어드바이저 시장은 2020년까지 적게는 900조, 많게는 2,600조 원에 이를 것이라는 전망이 나오는 가운데 국내 시장 역시 현재는 약 1조 원이지만 2025년까지 약 30조 원에 이를 것으로 언론에 언급되고 있다.

그러나 로보어드바이저나 AI를 이용한 투자자문 서비스가 휴먼 펀드매니저나 PB가 제공하는 서비스보다 우월할 것이라는 기대감은 아직 막연한 수준이며 실제로 검증된 바도 전혀 없다. 오히려 금융권 및 코스콤이 함께 운영하는 로보어드바이저 테스트베드 센터의 실적으로는 은행, 투자자문사, 증권사, IT 업체들에서 개발한 로보어드바이저들의 수익률은 모두 주가지수나 일반펀드 수익률에 미치지 못했다. 지난 2년간 로보어드바이저들이 보여준 저조한 실적이 나에게는 전혀 놀랍지 않다. 몇 년 전 나는 어느 매체와의 인터뷰에서 미국의 르네상스 테크놀로지처럼 100명에 가까운 수학, 물리학, 통계학 박사들이 축구장 2~3개 규모의 공간에 대용량 컴퓨터를 설치해 놓고 퀀트 분석을 하는 수준이라면 모를까, 우리나라 금융기관의 투자 규모나 인력 풀로써는 경험 많은 휴먼 펀드매니저들을 이기는 로보어드바이저를 만들 수 없을 것이라고 자신 있게 말했었다.

주식시장은 알파고가 이세돌 9단을 이긴 19줄X19줄의 바둑판보다 훨씬 복잡한 곳으로, 이런 시장의 변수를 모두 고려해서 사람보다 나은 수를 뽑아내는 로봇이나 AI를 개발하는 것은 웬만한 투자로써 되는 일이 아니다. 그러므로 현 단계에서 국내의 로보어드바이저가 지니는 장점은 저비용으로 다수의 투자자들에게 투자 성향에 맞춘 포트폴리오를 제안해 준다는 것일 뿐, 수익률이나 성과 면에서 로봇이나 AI의 능력에 의존할 수 있는 수준은 전혀 아니다. 앞으로도 상당 기간 (적어도 5년 간 혹은 그 이후라도 여기에 사활을 걸고 대규모 투자를 집행할 만한 기관이 나오기 전에는) 국내에서 제대로 된 로보어드바이저나 AI 펀드매니저를 보기는 어려울 것이라는 것이 내 의견이다. 고로 당분간은 로봇이나 AI의 어드바이스보다는 제3부에 나올 베스트 휴먼 펀드매니저의 어드바이스를 귀담아 듣기를 제언한다.

"주식시장 안에서 어떤 기업을 고르고 어떻게 투자하느냐에 따라 결과는 완전히 달라진다. 그러므로 시장이 아닌 기업을 고르는 것이 투자의 핵심이다."

3부

베스트 매니저에게
길을 묻다

01

일반주식형

허남권 신영자산운용

　허남권 매니저는 현재 신영자산운용의 대표이사 겸 CIO이다. 2017년 5월 대표이사로 취임하기 전까지 10년이 넘게 전무이사 부사장을 역임하며 CIO로서 펀드 운용을 총괄해 왔는데 대표이사 취임 후에도 이를 지속하고 있다. 이는 책임매니저 교체로 인한 운용의 일관성이 훼손되지 않기 위해서이며, 본인 또한 회사의 관리자 역할보다 펀드매니저라는 일을 천직으로 생각하고 있기 때문이다.

　신영자산운용의 대표 펀드는 고배당펀드와 마라톤펀드를 들 수 있다. 각각 자산 규모가 2018년 여름 기준으로 3조2천억과 1조4천억 원에 달하는 초대형 펀드다. 허남권 매니저는 2002년과 2003년 두 펀드가 출시되는 시점부터 CIO로 펀드 운용에 참여해 왔다. 허남권이 신영자산운용에서 공모펀드 책임매니저를 시작한 이후의 성과는 약 16년간 누적수익률 507.00% 및 연평균 수익률 11.78%로서, 같은 기간 KOSPI의 누적수익률

154.03%과 연평균 수익률 8.65%보다 3배(누적수익률 기준) 이상 높은 성과를 냈다.

⁝ 허남권 매니저의 성과 vs KOSPI 성과

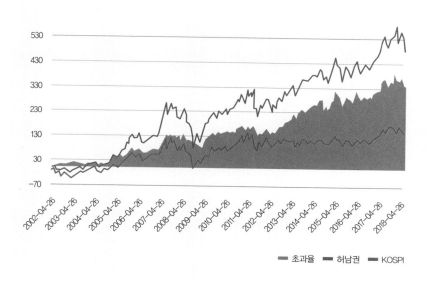

누적성과 및 연도별 성과 요약

기간(현재기준 최근)	운용수익률	KOSPI	초과수익률
1년	−3.99(−3.99)	−2.75(−2.75)	−1.24(−1.24)
3년	15.97(5.06)	12.15(3.89)	3.82(1.26)
5년	45.3(7.76)	24.84(4.54)	20.46(3.79)
6년	70.15(9.26)	25.46(3.85)	44.68(6.35)
7년	49.67(5.93)	10.73(1.47)	38.94(4.81)
10년	96.18(6.97)	38.88(3.34)	57.3(4.63)

기간(현재기준 최근)	운용수익률	KOSPI	초과수익률
11년	95.42(6.28)	33.41(2.66)	62.01(4.48)
12년	186.90(9.18)	79.6(5.00)	107.29(6.26)
13년	281.55(10.85)	130.73(6.64)	150.82(7.33)
14년	482.72(13.42)	196.02(8.06)	286.70(10.14)
15년	531.77(13.08)	247.22(8.65)	284.55(9.39)
운용 이후(02.04)	507.00(11.78)	154.03(5.93)	352.97(9.78)

연도	운용수익률	KOSPI수익률	초과수익률
2003	24.39	29.19	−4.80
2004	11.77	10.51	1.26
2005	92.13	53.96	38.17
2006	1.71	3.99	−2.29
2007	46.73	32.25	14.47
2008	−34.95	−40.73	5.78
2009	47.72	49.65	−1.93
2010	19.01	21.88	−2.87
2011	−10.52	−10.98	0.46
2012	15.01	9.38	5.63
2013	14.26	0.72	13.55
2014	−0.98	−4.76	3.78
2015	10.35	2.39	7.97
2016	4.71	3.32	1.38
2017	20.14	21.76	−1.63
2018 상반기	−5.87	−5.73	−0.14

시장에서 살아남고자 자생적 가치투자자가 되다

허남권은 다른 펀드매니저들과는 달리 행정학을 전공했다. 당연히 대학시절 행정고시를 보고 공무원이 될까도 생각했다. 그러나 1980년 후반 국내 증권시장이 빠르게 성장하는 것을 보면서 어떤 일을 해야 20년 후 본인의 가치가 더 높아져 있을까 생각했다. 그의 답은 자본주의의 꽃인 증권시장으로 가는 것이었고 1989년 초 대학을 졸업하면서 신영증권에 입사하게 된다.

입사 초기부터 직접 현장에서 주식매매를 하고 싶어서 지점 근무를 자원했다. 압구정지점 등 주로 강남권에서 7년간 지점 생활을 했는데, 소위 약정도 괜찮았고 무엇보다 그가 담당한 고객들의 수익률이 좋았다.

당시 국내 주식시장은 투자자는 물론 증권맨들조차 기업 가치에 대한 분석 없이 시장의 테마나 분위기에 휩쓸려 사고파는 것이 당연시되던 시절이었다. 그러다 보니 일부 업종이나 종목에 지나치게 쏠리는 현상이 발생했고, 그러다 거품이 꺼지면 소위 '깡통계좌'가 속출했다. 허남권은 누구나처럼 그렇게 해서는 자신의 미래에도 희망이 없을 것이며, 언젠가는 자신이 깡통계좌 신세가 될 수도 있으리라고 생각했다. 그래서 스스로 공부하면서 기업의 가치를 보고 투자를 했다.

어떤 종목에 투자할 땐 적어도 자기 자신이 불안하지 않고 또 고객에게도 왜 그 종목에 투자하는 것이 좋은지를 설명할 수 있어야 했기 때문이다. 그래서 당시엔 가치투자에 대해 특별한 철학이 있어서라기보다 '시장분위기에 휩쓸리지 않고 살아남기 위해' 자생적 가치투자자가 된 것이라고 그는 말한다.

그런데 때마침 1992년 우리나라 자본시장이 개방되면서 외국인 투자자들의 참여로 전에 없던 PER이나 PBR 같은 개념이 유행했고, 그가 투자해 왔던 가치주들이 일제히 상승해서 높은 수익을 낼 수 있었다. 허남권이 관리하던 계좌들은 수익률이 높을 뿐 아니라 수익률의 변동 폭도 적었는데 이는 시장의 테마나 업종별 쏠림에 휩쓸리지 않기 위해서 분산투자를 했기 때문이다.

1998년 신영자산운용이 출범할 때 회사에서 왜 그를 펀드매니저 요원으로 발탁했을까? 돌이켜 생각해 보면 아마도 이러한 그의 고객자산 운용 스타일이 바로 펀드 운용에 적합했기 때문이라고 생각된다.

한 회사에서 줄기차게 근무한 이유

허남권은 줄곧 신영증권과 신영자산운용에서만 근무했다. 펀드매니저로서 성공했던 만큼 스카우트 제의도 많이 있었지만 그는 신영을 떠나지 않았다. 신영자산운용 설립 후 얼마 안 되어 IMF 사태 때 위의 부장이 퇴사하면서부터 그는 일찍이 과장 시절부터 신영자산의 CIO 역할을 맡아 그의 투자 철학대로 운용해 왔다.

윗사람들의 별다른 간섭 없이 소신대로 일하는 것에 만족해 왔는데 과연 다른 회사에 가서도 그런 환경이 주어질지 의심스러웠기 때문에 이직은 고려하지 않았다. 그리고 더 많은 연봉을 받고 더 큰 회사로 간다는 것은 단기간에 그에 대해서 뭔가를 보여 주어야 한다는 부담을 안고 가는 셈인데, 이는 장기 가치투자를 하는 자신의 스타일에 어울리지 않는다고 생각했다.

신영자산운용은 설립 시부터 밸류 하우스를 지향했고 단기간의 성과에 연연하지 않는 대주주와 회사의 경영철학이 자신의 운용 철학과 스타일에 잘 맞았기에 줄곧 한 회사에서 머물 수 있었다는 얘기다.

좋은 주식, 쌀 때 사서 기다린다

허남권은 주식이야말로 인플레이션에 맞서 자산의 가치를 방어하고 기업의 성장과 함께 자산을 증식시켜 나갈 수 있는 가장 좋은 투자 대상이라고 확신한다. 하지만 주식시장의 움직임만 쳐다보고 따라다니다 보면 절대로 돈을 벌 수 없으며 시장이 아니라 기업에 주목하고 투자해야 한다고 말한다.

"주식시장은 항상 등락을 거듭하고 장기적으로 모든 종목이 상승한다는 보장도 없습니다. 주식시장 안에서 어떤 기업을 고르고 어떻게 투자하느냐에 따라 결과는 완전히 달라집니다. 그러므로 시장이 아닌 기업을 고르는 것이 투자의 핵심입니다."

허남권 매니저가 주식투자로 꾸준히 수익을 올리기 위해서 선택한 방법은 가치투자, 즉 가치주에 대한 투자다. 많은 사람들이 워런 버핏 같은 가치투자자를 존경하고 가치투자가 성공의 비법이라는 것을 알고는 있지만, 이를 실천하기는 쉽지 않다. 가치투자는 좋은 기업들을 골라서 제 가치보다 싼 가격에 산 다음, 주가가 제 가치를 반영할 때까지 참을성 있게 기다리는 투자이며, 이를 실천하기 위해서는 군중심리와는 반대로 움직이는 소신과 용기가 필요하기 때문이다.

경기가 나쁘고 주식시장이 침체에 빠져 있을 때 가치투자의 기회는 더욱 많아진다. 하지만 주식시장의 침체-폭락기에 대부분의 투자자들은 실망과 공포로 투자를 포기하는 경우가 많다. 그래서 그는 직원들에게 '떨어지는 칼날을 피하지 말고 잡으라'고 말한다. 장기 가치투자자는 떨어지는 칼날을 잡아도 된다는 것이다. 또 사고 나서 주가가 떨어지면 더 매입하면 되고, 살 돈이 없으면 펀드 내 저평가의 정도가 약한 주식을 팔아서 심하게 저평가된 주식을 매입하라고 얘기한다.

IMF 외환 위기나 2008년 글로벌 금융 위기 같은 사건이 닥쳐 주가가 폭락하는데도, 사람들이 매우 싸진 주식을 사지 못하는 이유는 무엇일까? 이미 주가가 본질가치에 비해서 턱없이 싸졌음에도 사람들은 두 가지 이유 때문에 주식을 사지 않는다고 허남권은 설명한다.

(1) 조만간 시장이 더 하락하고 당분간 회복할 수 없을 것 같은 불안과 공포 때문이다. 눈앞에 보이는 것과 들리는 뉴스는 죄다 나쁜 뉴스뿐이므로 희망은 보이지 않고 만사가 암담한 상황에서 투자는 커다란 용기가 필요한 행동이다.

(2) 좀 더 기다리면 더 싼 가격에 주식을 살 수 있을 것이라는 계산에서다. 이는 어떠한 위기도 결국은 지나갈 것이며 폭락 이후에 주가가 회복되리라고 믿는 경험 많은 투자자들에게서 흔히 발견되는 현상이다. 그러니까 공포나 패닉에 휩싸이기보다는 이러한 폭락 상황이 기회가 될 것임을 어느 정도 아는 부류다. 그런 사람들조차도 기회를 흘려보내는 경우가 대부분인데 결국 가장 싼 가격이 오기를 기다리다 어느 새 주가가 반등하면, 그 전에 봤던 낮은 가격보다 높다는 생각에 또 머뭇거리다 시기를 놓쳐 버

리는 것이다.

그러므로 허남권은 주가가 싸다고 판단되는 시점이 오면 더 이상의 하락을 기다리기보다 바로 저평가된 주식을 산다고 한다. 그리고 일단 좋은 기업을 찾아내 좋은 가격에 주식을 샀다면, 충분히 시간을 갖고 기다린다. 가치투자를 하면 기다림은 고통이 아닌 즐거운 시간이 된다. 설사 주식시장 상황이 계속 좋지 않아서 주가가 하락하더라도 흔들리지 않고 기다릴 수 있다. 주가가 하락하면 오히려 기쁜 마음으로 주식을 더 사는 자세를 견지한다는 것이 그의 소신이다.

허남권의 가치투자 프로세스

펀드의 투자 포트폴리오를 구성함에 있어서 허남권 매니저는 특정 업종이나 종목에 집중 투자하기보다 폭넓은 분산투자를 선호한다. 가치투자에 적합하다면 굳이 대형주와 중소형주를 가리지 않고 균형 있게 투자하는 편이나, 중소형주에서 가치투자의 기회가 더 많다고 한다. 왜일까? 중소형주는 유동성 위험이 있어서 디스카운트되기 때문이다. 보통 그의 대형주 대 중소형주 비율은 6대4 정도인데, 다른 매니저의 펀드들이 평균 8대 2 정도인 데 비해 중소형주 비율이 높은 편이다. 기업을 고를 때는 주가에 비해 기업의 주당 가치, 즉 주당 이익가치와 자산가치와 배당금 등이 높은 기업을 고른다. 굳이 유행을 따라 고성장 기업에 불확실한 투자를 하지 않는다. 그보다는 어떤 위기 상황이 오더라도 살아남아 안정적으로 성장할 수 있는 기업을 고르는 것이 중요하다고 믿는다.

투자 규모나 거래 유동성 등 다른 제약 조건이 없다면, 원칙적으로 선택한 모든 종목들을 1/n로 나누어 투자하는 것이 좋다고 그는 생각한다. 나름대로 소신을 가지고 고른 종목들이지만 이들의 주가가 언제 올라갈지는 아무도 알 수 없다. 사자마자 주가가 올라가는 종목이 있는가 하면, 시장에서 제 가치가 반영되기까지 수년이 걸리는 경우도 있다. 심지어는 매수하고 오히려 주가가 상당히 하락하는 종목도 있다. 그래서 몇몇 투자 아이디어에 집중하기보다는 여러 투자 아이디어들에 골고루 분산 투자해 놓고 각각의 투자 아이디어들이 수익으로 돌아올 때까지 충분히 여유를 가지고 기다리는 전략을 택하고 있다. 이러한 전략은 분산을 통해 펀드의 변동성을 줄이고 안정성도 높이는 효과를 발휘한다.

위기를 오히려 기회로

신영자산운용이 설립되고 허남권 대표가 펀드매니저 생활을 시작한 지 불과 1년 남짓 후인 1997년, 소위 IMF 외환 위기가 닥쳤다. 코스피가 1000포인트에서 280포인트까지 빠졌고, 어렵사리 설득해서 받아온 고객 자금은 막대한 손실을 보았다. 하지만 그 절망적인 상황에서 그는 절대로 이처럼 말도 안 되는 싼 가격에 주식을 팔아서는 안 된다고 생각했다. 남들과는 달리 오히려 포트폴리오를 100% 주식으로 채웠다. 지수가 300을 돌파해 내려가고 6개월간 280~300 사이를 오가면서도 그 이하로는 내려가지 않는 것을 보면서 바닥을 확인했다. 때문에 여기저기서 지수가 200까지 빠진다는 전망이 난무했지만, 그는 세상이 두 쪽 나도 그렇게는 안 된다는 확신을 가질 수 있었다.

당시 펀드 포트폴리오를 주식으로만 가득 채운 운용사는 신영밖에 없었다. 그 과정에서 무엇보다 힘들었던 것은 고객에게 기다려 달라고 설득하는 일이었다. 그렇듯 절망이 가득한 시장을 견디는 고통은 컸지만, 주식시장이 회복되면서 결과는 매우 좋았다. 1999년 주식시장에 호황이 찾아오면서 허남권의 수익률은 누구보다도 좋았고 펀드 자금도 큰 폭으로 늘어났다.

⫶ MF 위기 전후의 KOSPI 주가지수(1996년 중반~1999년 말)

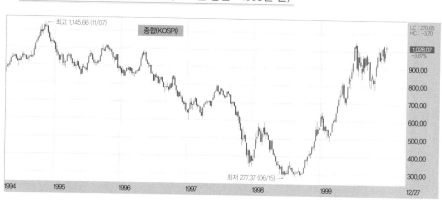

하지만 곧이어 닷컴버블이 꺼지고 다시 주식시장에 침체기가 찾아오자, 그 자금들은 슬금슬금 자취를 감췄다. 이런 일들을 겪으면서 그는 자신의 가치투자 아이디어를 믿고 같이 기다려 줄 수 있는 자금이 필요하다는 것을 절감했다. 그래서 만든 펀드가 '마라톤펀드'다.

마라톤펀드는 2002년 4월에 만들어졌다. 시장의 유행에 휩쓸리지 않고 장거리 마라톤을 뛰듯 일관된 페이스로 가치주에 장기투자해서 꾸준한 수익을 얻는 것이 그 목표였다. 펀드의 이름을 마라톤으로 지은 것도 바로 그런 이유에서였다. 2000년대 초 닷컴 열풍이 전 세계 주식시장을 휩쓸고 지나간 후, 한국 주식시장에서는 멀쩡한 우량 기업들조차 단지 고성장하지 못한다는 이유로 소외되어 너무도 싼 가격에 거래되고 있었다. 주식시장은 침체기에 접어들었지만 가치주 투자에는 더할 나위 없이 좋은 기회였던 것이다.

마라톤펀드 출시 당시 코스피는 800포인트 대에 불과한 데다, 1년 뒤 국내 신용카드 사태[4]가 터지면서 코스피는 추가로 30% 하락한 500포인트 수준까지 주저앉았다. 마라톤펀드도 손실을 보았다. 하지만 가치주 위주로 구성된 마라톤펀드의 하락은 10%를 넘지 않았다. 카드 사태 이후 주식시장의 저평가는 더욱 심해져 시가 배당수익률만 따져도 5%가 넘는 종목들이 수두룩했다. 그래서 2003년 5월에는 이런 고배당주들에 투자하는 밸류고배당펀드를 만들었다. 배당만 받더라도 금리 이상의 수익을 꾸준히 기대할 수 있을 거라는 판단에서였다.

닷컴버블과 신용카드 사태가 진정되고 주식시장이 정상화되자, 일련의 사태를 경험한 투자자들은 성장보다는 안정적인 가치주와 배당주에 관심을 가지기 시작했고 이는 가치주와 배당주의 재평가라는 결과로 나타났다. 2004년 코스피지수는 마라톤펀드가 만들어졌던 때의 800 포인트 언저리로 복귀했고, 마라톤펀드는 이미 손실을 회복한 것은 물론 10% 넘는 수익까지 내고 있었다. 2004년 한 해 코스피가 10.5% 상승하는 동안 밸류고배당펀드의 수익률은 24.4%를 보이면서 기대 이상의 성과를 내기 시작했다. 이어지는 2005년은 '가치주의 해'라 불러도 과언이 아닐 정도였

---

4) 신용카드 사태 : 신용카드사들이 과다 경쟁으로 대학생 등 수입이 없는 사람들한테까지 마구잡이로 카드를 발급했다가 카드 사용자들의 미납금액이 늘어나 카드사들이 도산 지경에 이르렀던 사태

다. 그 해 코스피가 54% 상승하는 동안 마라톤펀드와 밸류고배당펀드는 각각 97.1%와 53.3%의 수익률을 거두었다. 양 펀드가 회사의 대표 펀드로서 자리 잡게 된 것도 이 시기였으며, 회사도 가치투자 운용사로서 널리 인정을 받게 되었다.

2007년의 글로벌 호황과 2008년의 글로벌 금융 위기를 지나면서 주식 시장은 격변의 시기를 경험했지만, 마라톤펀드와 밸류고배당펀드는 상대적으로 안정적이면서도 우수한 성과를 보여 주면서 가치투자 전략의 우수성을 입증했다.

▶ 마라톤펀드 출시 전후의 KOSPI지수(2002년 초~2006년 말)

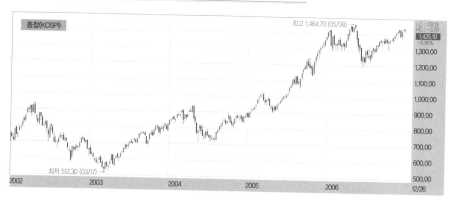

밸류고배당펀드, 저금리 시대에 빛을 발하다

글로벌 금융 위기 이후 세계적인 저금리 환경 속에 국내에서도 2012년부터 본격적인 저금리 시대가 시작되었다. 이는 밸류고배당펀드가 한 차레 더 도약하는 계기가 되었다. 1%대의 시중금리는 실질금리로는 마이너스 금리를 의미했고, 더 이상 자금들이 예금에 머물 수 없는 환경을 만들었다. 주식시장에서 배당주들의 인기가 높아졌고 주가도 재평가되면서 상승했다.

대표적인 배당주의 하나인 우선주의 주가도 크게 상승했다. 밸류고배당펀드는 우선주를 전체 자산의 15% 이상 편입하고 있었다. 허남권이 우선주에 주목했던 이유는 간단하다. 당시 우선주들은 의결권이 없다는 이유로 보통주에 비해서 30~40% 정도의 가격에 거래되고 있었다.

같은 금액으로 우선주에 투자한다면 (10만 원짜리 보통주 1주 대신 3~4만 원짜리 우선주 2~3주를 살 수 있으니까) 보통주에 투자하는 것보다 배당금을 2~3배 받는 효과를 누릴 수 있었다. 당시만 해도 시장의 평균적인 배당수익률은 1%대에 불과하였지만 우선주에 투자한다면 원금 대비 3~4% 정도의 배당수익률을 얻게 되는 것이었다.

또한 우선주의 대부분은 대형 우량주들의 우선주였기 때문에 안정성도 높았다. 저금리 시대 우선주의 배당수익률 매력이 높다는 인식이 시장에 퍼지면서 보통주 대비 30~40%에 불과하던 우선주 가격은 70~80% 수준까지 올랐다. 그 결과 2012년에서 2015년까지 4년 동안 코스피 상승률은 7.4%에 그쳤지만, 같은 기간 동안 밸류고배당펀드의 수익률은 66.3%에 달했다.

허남권 대표는 지금도 펀드를 처음 만들던 그때의 투자 목적에 부합되게 마라톤펀드와 밸류고배당펀드를 운용하고 있다. 2018년 8월말 기준 마라톤펀드는 설정 이후 코스피가 166.2% 상승하는 동안 526.7%의 수익률을 달성했다. 연 복리로 환산하면 코스피가 연 6.2%, 마라톤펀드가 연 11.9% 상승이다. 밸류고배당펀드의 성과는 더 좋다. 설정 이후 코스피가

276.1% 상승하는 동안 632.5%의 수익률을 이룩했다. 연 복리로 환산하면 코스피가 연 9.1%, 밸류고배당펀드가 연 13.9% 정도다. 실로 대단한 성과라고 말할 수밖에 없지 않은가.

밸류 트랩, 가치투자자가 빠지기 쉬운 함정

허남권은 가치투자자들이 항상 빠지기 쉬운 함정이 밸류 트랩이라고 하면서, 이를 조심하고자 경계를 늦추지 않는다. 투자를 하다 보면 싸다고 생각했던 주식의 주가가 오랫동안 오르지 않는 경우도 있고, 오르기는커녕 오히려 더 하락하기도 한다. 이런 경우는 기업의 가치와 상관없이 시장이 잘못된 경우도 있고 투자 판단이 잘못된 경우도 있다.

"가치에 대한 평가에는 주관적인 요인이 크게 작용하고 주가는 여러 투자자들이 시장에 참여한 결과로 시장에서 결정되는 것이기 때문에, 주가는 내가 생각하는 가치와는 상관없이 하락할 수도 있습니다. 그래서 시간을 두고 소신을 가지고 기다릴 필요가 있습니다. 하지만 시간이 아무리 지나도 나와 같이 생각하는 투자자가 없거나 기업에 문제가 있는 것으로 판명된 경우에는 내 판단이 잘못된 것이죠."

오랫동안 투자를 하면서 판단 자체가 잘못된 경우는 점점 줄어들지만 그래도 싸다고 생각해서 샀는데 더 빠지는 경우는 여전히 피하기 어렵다. 신영자산운용은 2017년 여름 중소형 가치주가 현저한 저평가 상태라고 판단해서 마라톤중소형주펀드를 출시했다. 이후 1년이 지난 2018년 하반기에도 이 펀드는 손실 10% 주위를 맴돌며 좀처럼 회복하지 못하고 있다. 미·중 무역분쟁으로 증시가 불안정해지면서 중소형 가치주들의 주가가 한 단계 더 주저앉은 영향도 컸다. 결과만 놓고 보면 2017년이 아니라 2018년에 출시했어야 했는데 너무 앞서갔던 것 같다고 허남권은 아쉬워한다. 그만큼 베테랑 중의 베테랑인 그에게도 시장을 예측한다는 것은 여전히 어려운 일이다.

아직 1년밖에 안 된 펀드이기 때문에 그간의 실적을 따지기보다는 잘못 판단한 종목은 없는지 다시 한 번 포트폴리오를 점검하고 궁극적으로는 투자자들에게 좋은 결과를 돌려 줄 수 있도록 노력을 기울이는 중이라고 한다.

실패로 끝난 도전, 헤지펀드 운용

2013년에 신영자산운용은 400억 원 규모로 롱숏 헤지펀드를 설정한 적이 있다. 그런데 오버슈팅된 주식의 고평가가 해소될 것으로 예상하고 '숏'을 했는데 그 종목이 3배나 상승하면서 큰 손실을 보았고 펀드 역시 손실이 난 상태에서 정리해야 했다.

당시 펀드에 투자했던 고객들에게 일일이 편지를 보내 펀드의 실패에 대해 사과했고, 향후 다른 펀드를 통해 기회를 주면 수익을 내서 보전하겠다고 약속했다. 펀드가 숏을 한 직후 3배나 뛰었던 해당 종목은 이후 10분의 1로 주가가 떨어져서 오버슈팅이 컸던 주가였음이 증명되었지만, 숏의 경우 빌린 주식을 갚는 데 기한이 있어서 헤지펀드는 가치투자자에게 적합하지 않다는 걸 깨달았다.

허남권의 운용 경력에서 거의 유일하게 투자자에게 손실을 입힌 채 펀드를 정리한 사례였다.

시장 전망 – 한국 시장의 저평가해소를 기대한다

허남권은 한국 주식시장이 국내외적으로 문제가 많고 지지부진한 상황임에도 불구하고 세계에서 가장 저평가된 시장 중의 하나이고 가치투자 관점에서 아직도 기회는 충분히 있다고 말한다. 주가지수 2000선에서 한국기업의 PBR은 0.9 수준이고 혹시라도 지수가 1900까지 빠진다면 0.8 수준이 되어, 2008년 금융 위기 때와 비슷하게 되는 셈이다. 이해 반해 2018년 기업이익은 순이익 기준으로 150조 원 정도이고 배당금이 30조 원을 넘어 평균 배당수익률도 이제 2%를 넘는다. 그는 향후 경제와 기업이익에 대해 비관적인 가정을 하더라도 시간이 가면 증시의 저평가 매력은 오히려 높아질 것으로 예상한다.

"2019년부터 글로벌 경기가 둔화되고 기업 이익이 100조 원 정도로 줄어들어서 향후 5년간 회복되지 않는다고 가정해 보죠. 100조 원 중에 20%인 20조 원 정도를 배당하고 나머지 80조 원 정도가 매년 자기자본에 쌓이면, 5년 뒤 기업들의 자본 총계는 400조 원이 늘어난 1,950조 원 정도 됩니다. 현재 시가총액 1,550조 원은 이에 비하면 80% 수준에 불과하게 되는 거죠. 이렇게 보면 비관적인 가정 하에서도 주식시장은 지금 수준에서 하락하기보다는 올라갈 가능성이 높다고 생각합니다. 향후 시가총액이 자기자본 수준으로만 상승해도 코스피 기준으로는 2,900

포인트에 육박해야 된다는 계산이 나옵니다."

이는 자기자본의 가치만 반영한 보수적인 가정 하에서도 그렇다는 계산이다. 기업들의 지배구조 개선과 주주환원 강화가 증시의 재평가를 가져온다면 이보다 더 좋은 결과가 나올 수도 있다. 북한의 핵문제가 해결되고 남북 경제협력이 본격화된다면 이 또한 시장에 긍정적인 영향을 미칠 것이다.

그래서 모든 것이 비관적으로 보이는 지금이 오히려 기회일 수 있다고 보는 것이다. 다만, 이런 모든 문제가 잘 풀리려면 정부의 정책이 중요하다고 생각한다. 기업의 투자를 촉진하고 시장친화적인 정책을 펼치지 않는다면 경제성장이나 주식시장으로의 자금 유입이 저해될 수밖에 없기 때문이다.

일반투자자를 위한 허남권의 조언 – 노후 준비를 위해 좋은 펀드를

오늘날 모든 사람들에게 투자는 선택이 아니라 필수다. 은퇴는 빨라졌지만 평균 수명은 늘어나 소위 '백세시대'의 노후 준비를 위해서는 제대로 된 투자가 꼭 필요하기 때문이다. 경제성장이 저조하고 금리도 낮아 예전같이 은행 예금에만 의존해서는 자산을 제대로 불릴 수가 없다.

최근 부동산 시장이 급등했지만 세제 등 부동산 투자 환경도 지속적으로 불리해지고 있다. 따라서 허남권 대표는 장기주식투자만큼 노후 준비 수단으로 좋은 것이 없다고 생각한다. 충분한 경험이 있는 사람이라면 직접투자도 좋지만 대부분의 사람들에게는 펀드 투자가 좋다고 본다.

투자(특히 은퇴 후를 대비하는 투자)에 있어서 꼭 명심할 것이 있다. **투자는 마음 편하게 할 수 있어야 한다는 점이다. 아무리 큰 수익을 가져다 줄 수 있는 투자라 하더라도, 노심초사하며 밤에 제대로 못 자고 낮에 제대로 일을 못할 정도로 걱정해야 한다면 그것은 내게 맞는 투자가 아니다.** 마음이 편하지 않으면 충분한 수익이 날 때까지 투자를 지속하기도 어렵다. 고생 끝에 낙이 온다고 하지만 잘못된 투자는 고생 끝에 손실만 보고 끝나기 십상이기 때문이다.

그래서 펀드 투자에도 최소한의 공부는 필요하다. 내가 투자하려는 펀드가 어떤 대상에 어떻게 투자하는 펀드인지, 그 많은 펀드 중에서 좋은 상품은 어떤 것인지, 어떤 펀드들에 어떻게 투자하는 것이 나의 투자 목적에 맞는 것인지 알아야 한다. 그렇게 해야만 비로소 마음 편한 투자가 가능하고 돈도 벌 수 있다. 남들이 좋다고 하는 말만 믿고 인기 펀드, 추천 펀드에 무작정 투자해서는 안 된다는 얘기다.

분산투자 역시 중요하다. 계란을 한 바구니에 담지 말라는 투자 격언은 진부해 보일지 모르지만, 아무리 강조해도 지나치지 않다. 투자에 실패하는 가장 큰 이유 중의 하나가 바로 소위 '몰빵' 투자 때문인 경우가 많다. 여러 가지 투자 대상들에 나누어 투자하면 비록 그중에 일부가 잘못된다 하더라도 치명적인 상황은 피할 수 있다.

특히 주식과 같이 변동성이 큰 고위험 자산의 투자 규모는 본인이 감당할 수 있는 범위 내로 제한할 필요가 있다. 아무리 공격적인 성향의 투자자라 할지라도 일정 부분은 채권이나 현금을 보유하는 것이 좋다. 이런 관점에서 보면 항상 주식과 채권을 일정한 비율로 투자하는 혼합형 펀드가 좋은 투자 대안이 될 수 있다고 조언한다. 혼합형 펀드는 펀드 내에서 자동적으로 자산배분을 해 주기 때문에 변동성 위험을 크게 줄여 주고 장기적으로 안정된 수익을 준다는 면에서 퇴직연금이나 연금형 펀드에 적합하다고 생각하여 이를 적극 추천한다.

● **허남권** 대표

1963년생
고려대학교 행정학과
신영증권 강남지점
신영자산운용 주식운용본부장
현) 신영자산운용 대표이사

일반주식형

황성택 트러스톤자산운용

황성택 매니저는 트러스톤자산운용의 CIO 겸 CEO이다. 트러스톤자산운용은 1998년 설립된 아이엠엠(IMM)투자자문을 모태로 해서 2008년 6월에 설립되었다. 운용사로 전환된 이후 지난 10년간 황성택은 회사의 대표 겸 CIO를 겸해 왔다. 따라서 그의 경우 본인의 운용 역량이 트러스톤이라는 운용사의 성과로 나타난다고 봐야 할 것이다. 트러스톤의 펀드 중 가장 오랜 기간 운용되어 온 대표 펀드는 칭기스칸과 제갈공명 펀드이며, 그 외 밸류웨이 펀드가 전체 운용자산의 대부분을 차지한다. 지난 15년간 이들 펀드 운용을 지휘해 온 황성택의 수익률은 누적 515.90% 및 연평균 13.34%로, KOSPI의 누적 193.54%과 연평균 7.70%를 2.5배(누적수익률 기준) 이상 압도적으로 넘어선다.

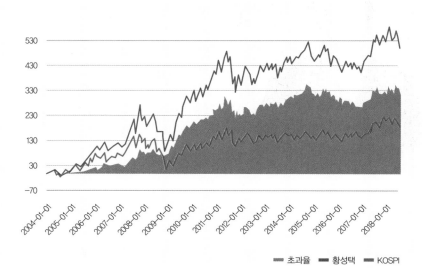

ᐧᐧᐧ 황성택 매니저의 성과 vs KOSPI 성과

초과율 ■ 황성택 ■ KOSPI

연도별 성과 요약

기간(현재기준 최근)	운용수익률	KOSPI	초과수익률
1년	−2.99(−2.99)	−2.75(−2.75)	−0.24(−0.24)
3년	1.87(0.62)	12.15(3.89)	−10.28(−3.55)
5년	22.17(4.09)	24.84(4.54)	−2.67(−0.54)
6년	29.39(4.39)	25.46(3.85)	3.93(0.64)
7년	12.97(1.76)	10.73(1.47)	2.24(0.32)
10년	107.17(7.56)	38.88(3.34)	68.29(5.34)
11년	115.51(7.23)	33.41(2.66)	82.11(5.6)
12년	210.06(9.89)	79.6(5)	130.46(7.21)
13년	337.64(12.03)	130.73(6.64)	206.91(9.01)
14년	528.26(14.03)	196.02(8.06)	332.23(11.02)
운용 이후(03.10)	515.90(13.34)	193.54(7.70)	322.35(10.43)

연도	운용수익률	KOSPI수익률	초과수익률
2004	15.00	10.51	4.49
2005	75.25	53.96	21.29
2006	8.69	3.99	4.69
2007	46.99	32.25	14.73
2008	−26.45	−40.73	14.28
2009	75.37	49.65	25.72
2010	25.54	21.88	3.66
2011	−11.09	−10.98	−0.10
2012	13.93	9.38	4.55
2013	6.92	0.72	6.21
2014	−2.45	−4.76	2.31
2015	−0.40	2.39	−2.78
2016	−2.38	3.32	−5.70
2017	19.49	21.76	−2.28
2018 상반기	−4.33	−5.73	1.40

IMF 위기를 새로운 도전의 기회로

황성택 대표가 운용업계에 발을 딛게 된 것은 1994년 대학을 졸업하고 현대종합금융에 들어가 증권부 일을 하면서부터다. 대학 졸업생들의 취업이 어렵지 않은 시절이었고, 그는 여러 회사에 합격했다. 당시 종금사는 급여 수준이 높아서 가장 인기 있는 직장 중 하나였고 경쟁률이 높아 다른 회사와는 달리 필기시험까지 치러야 했다. 면접에서 그의 필기시험을 평가해 본 결과, 논리력이 매우 뛰어났다는 칭찬을 받았다. 자신이 논리적인 사람이라는 것을 처음으로 알게 된 것 같아 신기했고 자기를 인정해 주는 회사에서 논리력을 발휘하면 어떨까 하는 마음에서 현대종금을 선택했다.

취업 후 얼마 되지 않아 IMF 외환 위기로 많은 종합금융사가 문을 닫게 되었다. 현대종금도 존폐 위기에 몰려 강원은행에 인수되었는데, 계속 주식 운용을 하고 싶었던 황성택은 이를 계기로 회사를 나와 뜻이 맞는 파트너들과 자문사를 창업한다. 주변에서는 그토록 어려운 시기에 직장을 나와서 회사를 시작하는 걸 우려하고 말렸지만, 그는 오히려 그런 시기가 기회가 될 것이라고 판단했다. 결코 쉽지 않은 결단과 배짱이었다.

1998년 4월 IMF 위기의 와중에 창업한 아이엠엠(IMM; 그리스어 In Manus Mundus의 약자로 '세상이 내 손 안에'라는 의미) 투자자문은 한국이 예상보다 빨리 IMF 위기를 극복하고 주가도 강하게 반등함에 따라 1999년과 2000년에 높은 수익률을 기록했다. 이러한 성과를 바탕으로 2003년부터 국민연금의 위탁 운용을 시작했고 타사에 비해서 탁월한 위탁 성과를 내자 연기금, 공제회, 변액보험 등 대형 금융기관의 위탁운용자산이 꾸준히 늘어났다. 2015년에는 주식 위탁운용자산만 10조 원을 넘어서 최고의 위탁운용사로 자리매김하기도 했다.

한 사람의 능력보다 팀워크의 힘을 믿기에

황성택 대표의 운용 스타일에서는 펀드매니저 개인의 역량보다 팀워크를 중시한다는 것이 가장 큰 특징이다. 뛰어난 한 개인의 판단보다는 여러 사람이 같이 머리를 맞대고 고민하고 토론해서 도출된 의사결정이 낫다고 믿는 것이다. 또한 스타 매니저에 의존하면 그 개인의 컨디션이나 판단이 잘못될 경우 짊어질 소위 '원 맨 리스크'가 너무 크다는 것이 그의 견해다. 다만, 이러한 팀 운용에 있어서 코치의 역할을 하는 황성택의 철학이나 리더십이 펀드의 성과에 결정적인 영향을 미친다.

황성택은 트러스톤자산운용의 기본 운용 철학을 두 개의 짤막한 문장에 담아낸다. 그 첫 번째 문장은 이렇게 된다. **"장기적으로 가치를 상승시킬 수 있는 기업을 선택-분석해서 내재가치 이하에서 투자한다."** 이 짧은 문장에 담긴 단어 하나하나가 깊은 뜻을 담고 있다.

(1) 우선 여기서 '장기적'이란 말은 3년을 의미한다. 왜 3년일까? 5년이 넘으면 예측하기에 다소 먼 시간이다. 그러나 3년이면 어느 정도 논리적 예측이 가능하기에, 3년을 투자 기간으로 잡고 기업을 본다는 것이다.

(2) '가치'라는 단어는 주주의 가치를 가리킨다. 단순히 기업의 이익만을 볼 게 아니라, 주주의 가치를 중시해야 한다는 것이다.

(3) '상승시킬 수 있다'라는 말은 상승한다는 말과 다른 의미라고 황성택은 풀이한다. 수동적으로 경기 사이클에 의해 주가가 오르고 내리는 기업이 아니라 매니저의 역량이나 차별화된 기술이 있어서 능동적으로 기업의 가치를 올릴 수 있는 역동성을 가진 기업에 투자한다는 얘기다.

(4) '선택-분석'한다는 것은 체계적으로 여러 가지 방법론을 사용해서 기업을 고르겠다는 뜻이다.

(5) 마지막으로 '내재가치 이하'라는 표현은 흔히 다른 가치투자자들처

럼 절대적인 가치가 싼 기업을 뜻하는 것이 아니라 상대적인 가치가 싸다는 것을 의미하는데, 성장하는 기업이 잠재적인 가치만큼 평가받고 있지 못할 때를 '내재가치 이하'라고 정의한다는 것이 그의 설명이다.

따라서 외부에서는 트러스톤이 가치투자를 추구하는 회사로 인식하는 경우가 많지만, 실제로는 성장이나 가치 중 어느 한 스타일을 고수하는 것이 아니라 '성장하는 기업이 내재가치 이하일 때' 투자한다는 점에서 훨씬 유연한 스타일을 지니고 있다. 지난 십여 년 동안 시기별로 가치주, 성장주, 배당주 등 다양한 스타일이 시장을 주도했지만, 트러스톤이 이러한 주도 스타일의 변화에 상관없이 꾸준히 좋은 성과를 낼 수 있었던 것도 이런 이유 때문이다.

황성택의 운용 철학을 담고 있는 또 다른 문장은 이것이다. **"운용에 있어서의 리스크는 가격의 변동이 아니라, 기업의 펀더멘털의 변화다."** 운용을 함에 있어서 리스크는 필연적인 것이고, 이를 어떻게 정의하느냐가 매우 중요하다고 그는 생각한다. 아울러 가격의 움직임은 펀더멘털의 변화와 다르다고 이야기한다.

"일반적으로 경기의 사이클 변화에 따라 기업의 내재가치가 변하는데 가격의 변동은 기업 펀더멘털의 변화보다 진폭이 크게 발생합니다. 가격이란 것은 상당 부분 투자자들의 심리나 허딩herding, 즉, 쏠림현상에 의해서 결정되기 때문이지요. 따라서 우리가 주목하고 있어야 하는 것은 펀더멘털이지 가격이 아닙니다."

옆의 그림에서 실선은 경기 흐름에 따라 변화하는 기업의 펀더멘털인

데 가격의 움직임은 그보다 변동 폭이 크게 나타나며, 그 갭이 생길 때 펀더멘털보다 가격이 낮으면 매입하고 그보다 가격이 높으면 팔아야 한다는 것이다. 따라서 시장이 다운사이드이든 업사이드이든 상관없이 이 원칙에 의해서 매매를 하며, 그것이 때로는 시장의 흐름에 맞서게 될 수도 있다. 그러나 결국 이런 원칙을 지킨 것이 좋은 성과를 가져다주었으며 전 직원들에게 이러한 운용 철학을 강조한다고 한다.

기업의 펀더멘털 변화와 주가의 변동

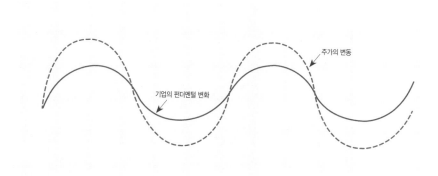

운용 프로세스 – 내부 리서치와 컨센서스를 통한 MP 구축

황성택 매니저는 투자할 때 기업의 **지속성**Sustainability을 중시한다. 2000년대 초 그는 경영자로서 회사의 지속성을 고민했다고 한다. 그리고 고객이 '지속 가능sustainable'해야 하고, 성과 역시 지속 가능해야 한다는 결론에 이르렀다. 그래서 그는 자문사로서는 특이하게 성과보수가 높지만 장기로 돈을 맡기지 않는, 즉, 지속 가능하지 않은 개인고객의 자금은 받지 않겠다고 결정했다. 그리고 지속 가능한 성과를 내기 위해서는 좋은 리서치 조직의 백업이 필수적이라고 판단해서 일찌감치 내부 리서치팀을 만들었다.

자산이 몇 백억밖에 안 되는 회사가 무슨 내부 리서치냐고 비웃는 이들도 많았지만, 그는 3~4명의 조촐한 인력으로 이를 시작했다. 그리고 트러스톤은 이러한 내부 리서치를 통해 조사한 내용을 기반으로 **모델 포트폴리오(MP)**를 구축, 이를 중심으로 운용하는 시스템을 성공적으로 안착시킨 국내 최초의 회사가 되었다.

기본적으로 트러스톤은 모델 포트폴리오 복제율이 70%, 매니저의 재량이 30%인 시스템을 운용해 왔고 이를 통해 꾸준히 좋은 성과를 내었다. 이로 인해 요즘은 많은 운용사들이 모델 포트폴리오 만들기를 기본으로 하고 있으며, 트러스톤이 이러한 업계의 새로운 스탠더드를 리드한 셈이다.

보통 트러스톤의 모델 포트폴리오에는 70개 내외의 종목이 포함된다. 이들 종목을 선별하기 위해서 재무제표 등 각종 자료 조사는 물론 연 2,000회 이상의 기업 탐방을 통한 리서치를 진행한다. 이후 많은 시뮬레이션을 거쳐 구축한 '업종 특성을 고려한 밸류에이션 모형'을 적용하여 내재가치를 평가한다.

일단 리서치 본부의 내재가치 평가가 이루어지면 황성택 CIO의 주재 하에 애널리스트와 펀드매니저들이 같이 참여하는 투자위원회를 열고 최종 모델 포트폴리오를 구축하게 되는 것이다. 이러한 팀 어프로치를 통해 모델 포트폴리오가 결정되면 해당 종목을 매입해서 장기적으로 보유하는 것을 원칙으로 한다. 포트폴리오에 편입된 종목의 매도는 기본적으로 주가가 목표가에 도달할 때까지 기다린다. 단, 펀더멘털에 대한 판단 오류가 있었음이 발견될 때나 이를 매도하고 투자해야 할 좋은 대안이 있을 때는 예외적으로 목표가 이전에 매도하기도 한다.

산업의 구조 변화와 사이클 이해의 중요성 - 현대자동차

2008년 트러스톤은 자문사에서 자산운용사로 변신한 후 칭기스칸이란 공모주펀드를 처음 출시하였다. 이 이름은 칭기스칸의 도전정신과 개척정신을 가지고 펀드를 운용하겠다는 의지의 표현이다. 2008년은 글로벌 금융 위기가 발생했던 시기였지만 황성택은 좋은 주식을 싸게 살 수 있는 투자기회라고 판단했다. 이때 집중적으로 매수한 종목은 삼성전자, 하이닉스, LG 디스플레이, 현대자동차 등이었다. 수출 비중이 높아서 당시 고환율의 수혜를 가장 많이 받을 수 있는 회사들이었기 때문이다.

실제 이 종목들은 1년 만에 70%가 넘는 수익률을 가져다주었다. 특히 현대자동차에 대한 투자는 불황기에 산업의 구조 변화와 사이클을 이해하고 과감히 투자를 집행해 성공한 사례다.

전통적으로 자동차 섹터는 PER이 높지 않고, 시장 평균을 유지하는 특성을 지니고 있다. 또한 이익성장 구간에서도 가치에 대한 프리미엄이 거의 형성되지 못하는데, 이는 경기에 민감한 섹터들의 특징이다. 이들 경기민감 업종은 경제상황의 변화에 따라 이익의 변동성이 크기 때문에 일시적으로 이익이 크게 늘어나더라도 지속적인 유지가 불투명하다. 따라서 자동차 같은 경기민감 섹터에 대한 투자는 언제 사서 언제 팔 것인가에 대한 판단이 매우 중요한 요소가 된다. 즉 산업의 사이클을 이해하는 것이 투자의 핵심 포인트가 되는 것이다.

자동차 섹터에 대한 투자 시점은 구조적으로 생산 능력(capacity)이 증가하면서 회사가 레벨 업 되는 구조적 성장이 이루어지는지, 신차 출시와 이에 따른 가동률 증가가 얼마나 되는지, 그리고 판매 인센티브의 변화가 실적에 어떻게 반영되는지 등을 보면서 접근하는 것이 효과적이다.

2009~2010년은 전 세계적으로 자동차 산업에 있어서 2008년 금융 위기의 후유증을 겪으면서 한계기업이 도산하고, 살아남은 기업은 오히려 시장 점유율을 확대하며 '규모의 레벨 업'이 발생하는 격변기였다. 국내에서도 현대차가 기아차를 인수하고 르노삼성이 매각됨으로써, 큰 틀에서의 구조조정이 완성되고 시장의 구도가 새롭게 형성되는 시기였다. 이 시점에 현대차에는 새로운 도약의 기회가 찾아왔다.

미국 시장에서 외제차로는 가장 높은 시장 점유율을 지니고 있던 일본의 도요타에 가속페달 결함으로 인한 리콜 사태가 벌어진 것이다. 전 세계적으로 1,000만 대의 리콜이 진행되면서 소비자의 신뢰도가 급전직하했다. 도요타의 리콜 사태는 현대차에게 커다란 반사이익을 주었다. 특히 기아차 인수 등으로 현대차의 생산 능력 확대가 단행된 직후여서, 구조적 성장과 신차 사이클이라는 두 가지 모멘텀이 동시에 발생한 것이다.

트러스톤 리서치 팀은 이러한 일련의 변화가 현대차의 가치를 레벨 업 시킬 것이라는 컨센서스를 형성하고 2010년 초부터 현대차에 적극 투자했다. 2010년 초 10만 원대였던 현대차의 주가는 2011년 초에 이미 20만 원을 넘어서서 불과 1년 만에 100%의 수익을 실현할 수 있었다. 2013년에 들어서는 당시 영업 부진에 허덕이던 도요타가 미국 시장에서 딜러들에게 주는 대당 판매 인센티브를 2,500달러까지 올리면서 힘겹게 영업하는 환경이었던 반면, 현대차는 대당 판매 인센티브가 1,000달러를 하회하는 등 최고의 상황을 맞이하였다.

　그러나 트러스톤은 2013년 역대 최고 수준으로 떨어진 대당 판매 인센티브가 현대차의 호황 사이클의 정점이라는 시그널로 간주하고 2013년에 현대차에 대한 투자를 회수한다. 실제로 현대차 주가는 2013년 후반 25만 원대에 정점을 형성한 이후 중국 시장에서의 고전과 신차 출시 경쟁력 약화 등으로 계속 하락하여, 2015년 15만 원을 하회하였고 이후 지속적으로 이를 돌파하지 못하고 있는 상황이다. 현대차에 대한 적절한 시점의 투자진입과 투자자금 회수는 산업의 특성과 사이클을 이해하는 것이 얼마나 중요한지를 확인시켜 주었던 성공사례라고 할 수 있다.

∷ 현대자동차 주가(2008년 말~2018년 중반)

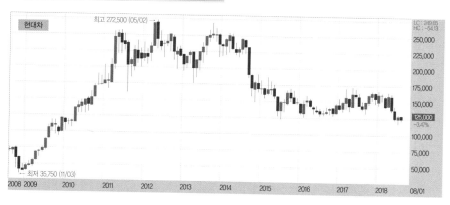

초 저평가된 내재가치와 턴어라운드 포착 – GS홈쇼핑

황성택의 트러스톤이 2012년 5월부터 투자했던 GS홈쇼핑은 기업 가치 측면에서 극도로 저평가된 내재가치를 발굴한 사례이자, 회사 영업의 턴어라운드 시점을 제대로 포착해 상당한 수익을 실현한 성공사례다.

GS홈쇼핑의 외국인 지분율은 2011년 초 45%였는데 2011년 중반부터 외국인의 매도세가 거세지기 시작했다. 그때 회사는 막대한 현금자산을 지니고 있었음에도 이를 비효율적으로 활용하면서 주주환원에 대해서는 매우 소극적이었다. 설상가상으로 영업 상황마저 지지부진하자 외국인 투자자들을 중심으로 실망매물이 출회되기 시작했고 일단 주가가 하락추세로 들어서자 매물이 추가적인 매물을 부르는 분위기가 이어졌다. 결국 1년 반에 걸친 매도세로 외국인 지분율은 2012년 말 30% 수준까지 떨어졌고 주가는 15만 원 이상에서 9만 원대로 하락했다.

주가 하락의 이유는 충분했다. TV 홈쇼핑 시장의 성장성이 둔화되는 상황에서 신규 사업자 진입 허용이라는 규제 변수가 나타났으며 SO system operator에 대한 송출수수료 인상에 따른 비용 증가로 이익 성장이 정체되는 등, 악재만 산재해 있는 것처럼 보였다. 그러나 트러스톤 리서치 팀은 수차례의 기업 탐방과 재무제표 분석 등을 통하여 이 모든 악재에도 불구하고 상황이 반전될 것임을 예측할 수 있었다.

무엇보다 이익 성장이 정체되었던 원인인 송출수수료 인상은 마무리 단계에 있었고, 회사는 보험 판매와 PB상품 확대 등 새로운 성장 동력을 확보 중에 있었다. 따라서 회사의 영업은 2012년 이후 다시 성장할 것으로 전망되었다. 또한 그동안 비효율적으로 활용되었던 현금자산의 활용가치

제고에 관한 계획도 준비되고 있음을 파악할 수 있었다.

무엇보다도 투자 당시 GS홈쇼핑의 시가총액은 1조 원 내외였음에 비해서 보유 순현금은 8천억 수준이었고 EBITDA[5]는 매년 1,500억 원 이상 발생하는 재무구조였다. 결국 시총에서 보유 순현금을 빼면, EBITDA의 2배가 안 되는 가격으로 시장에서 거래되고 있었으므로 '초 저평가deep undervalue' 상태임이 확인된 것이었다.

한편, 막대한(8천억 원) 보유 순현금의 활용 방안 중 하나로 주주환원 비율을 높이는 의사결정이 투자자로부터 요구되었으며 여러 차례의 기업 탐방을 통해서 당사의 주주환원 정책이 이전보다 공격적으로 변화될 것으로 예상할 수 있었다.

이에 트러스톤은 부진한 주가와 빈약한 일 거래량에도 불구하고, 시장에서 GS홈쇼핑을 9만 원대에서 지속적으로 매집하였고, 외국인 매도 물량을 블록 딜block deal 형태로 확보했다. 예상은 빗나가지 않아서 2013년부터 GS홈쇼핑의 매출과 이익은 턴어라운드하여 성장을 재개하였고, 배당 정책도 바뀌어 배당수익률이 4~5%에 이를 때까지 지속적으로 상향되었다.

이러한 변화에 시장이 환호하면서 GS홈쇼핑의 주가는 2013년 말에 목표가인 30만 원을 돌파하였고 트러스톤은 3배 이상의 수익을 거두고 투자를 마무리했다.

---

5) EBITDA는 법인세·이자·감가상각비 등을 차감하기 전의 영업이익을 뜻하며 기업의 영업을 통한 현금 창출 능력을 나타낸다.

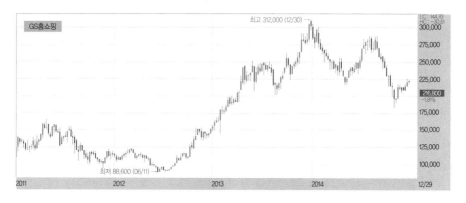

장기 저평가에 대한 인내의 한계를 넘지 못하다 - 현대건설

이런 투자 격언이 있다. **"가치투자는 보유 기간 전체 수익률의 90%가 보유 기간 10%의 구간에서 실현된다."** 현대건설 주식은 해외수주 불황기와 국내 주택경기 불황기를 겪는 가운데 오랜 기간 저평가 영역에 머무르면서 투자자들을 고통스럽게 한 대표적인 사례였다. 트러스톤의 경우에도 장기간의 주가 하락을 끝까지 인내하지 못하고 손절을 했던 뼈아픈 사례다.

2014년은 국제 유가가 100달러를 상회하면서, 해외플랜트 등 신규 발주 환경이 우호적이었다. 이에 트러스톤 펀드에도 2014년 5월부터 55,000원 부근에서 현대건설 주식을 편입하였다. 이후 6~9월까지 현대건설 주식은 견조한 흐름을 보이며 65,000원까지 상승했다. 그러나 그해 10월부터 국제시장에서 원유의 공급과잉 문제가 대두되기 시작했고, 2016년 1월에 이르러서는 국제 유가가 26달러까지 하락하는 역사적인 낙폭을 기록하였다. 이에 해양 원유시추 시설 등 해외플랜트 발주시장이 급격하게 얼어붙게 되면서, 국내 대형건설사의 성장 동력 중 하나인 해외수주에 대한 시장의 기대가 지속적으로 하향 조정되기 시작했다.

한 번 하향조정에 모멘텀이 붙자, 주가 하락은 지나치다 싶을 정도로 계속되었다. 2015년 당시 연간 영업이익 8천억 원 이상을 벌어들였지만, 동사의 주가는 3만 원 이하로까지 추락하여 시가총액 4조 원이 깨지는 상황이 발생했다.

반면, 연간 영업이익 규모 2천억 원 내외의 국내 인테리어 자재업체인 한샘의 시가총액이 8조 원을 넘어서는 모순된 상황이 초래되었다. 국내주택 노후화와 소득 수준 향상에 따른 인테리어 시장의 성장성을 시장이 매우 관대하게 평가한 반면, 해외 발주시장과 국내 주택경기의 불황에 따라 동사에 대한 박한 평가는 2~3년간 지속되었기 때문이다.

당시 현대건설은 이전 부실공사 현장에 대한 '부실 털어내기(big bath)'를 끝낸 상태여서 여타 경쟁업체들과는 달리 안정적인 이익을 실현하고 있던 시점이었다. 트러스톤의 투자 의사결정도 이러한 점을 고려해서 이루어진 것이라 과도한 하향 조정은 매우 곤혹스러운 것이었다.

결국 2015년 7월 당분간 건설업종 전체에 대한 하락 여파로 현대건설에 대한 하향 조정도 지속되리라고 판단하여 35,000원에 이 주식을 매도하는 결정을 내렸고 이후 2015년 말까지 현대건설의 주가는 추가 하락하여 3만 원을 밑돌았다.

그러나 2016년 이후 국내 주택경기 회복에 따른 주택사업부문 실적 개선과 국제 유가 상승에 따른 해외플랜트 발주 기대감 등이 맞물리면서, 현대건설의 주가는 빠르게 저평가 상태를 벗어났고, 2018년에 들어서자 7만 원까지 상승했다. 황성택과 트러스톤에게 현대건설에 대한 투자 실패는 **투자가 시간과의 싸움이라는 것, 그리고 적정가치 이하에서는 기업의**

본질가치가 변하지 않는 한 투자의 소신과 철학을 지키면서 끝까지 기다리는 인내력이 필요하다는 점을 다시 한 번 깨우쳐 준 사례였다.

기업 지배구조의 개선을 통한 한국 주식의 레벨 업을 기대

한국 기업들은 금융 위기 이후 글로벌 저성장 환경이 지속되고 미·중 무역전쟁으로 인해 수출 여건이 악화되는 가운데에도 비교적 선전하고 있다. 특히 반도체, 헬스케어, 콘텐트 등의 산업에서 글로벌 경쟁력을 확보하면서 구조적 성장을 이루어오고 있다. 황성택 대표는 기존의 한국 경제가 **자본적지출**CAPEX이 큰 산업구조였고, 이에 따라 경기 사이클에 민감한 구조였다면 앞으로는 '인적 자원에 기반을 둔human resource-driven' 산업으로의 구조 변화가 일어나야 하고 또 그런 변화가 실제 시작되고 있다고 생각한다.[6]

일본이 잃어버린 20년 이후 최근 다시 살아나고 있는 데에는 아베노믹스가 기폭제였지만 근본적으로는 그간 서서히 진행되어 왔던 이러한 산업구조의 변화 덕분이라는 것이 그의 의견이다. 그는 한국도 대기업들의 성장세가 둔화되고 있고 이들에 대한 정부의 규제도 더 많아지고 있어 이러한 산업구조의 변화가 촉진될 수밖에 없을 거라고 예상하며, 이것이 한국경제나 주식시장의 새로운 동력을 만들어 낼 것으로 기대한다.

또 하나 한국시장에 대해 희망적인 것은 소액주주 권리 강화, 재벌개혁, 스튜어드십 코드 도입 등을 통한 지배구조 개선이 기대된다는 점이다. 특

---

6) CAPEX(capital expenditure)는 미래 이윤의 창출과 가치의 취득을 위해 지출된 자본비용을 가리킨다.

히 스튜어드십 코드는 도입 후 주주친화정책이 강화되면서 주가 상승을 경험했던 영국, 일본의 사례를 볼 때 국내 증시에도 긍정적인 효과를 가져올 것이다. 또한, 한국의 배당 성향이 글로벌 평균 배당 성향(45%)의 절반 수준(23%)에 그치고 있는 반면, 보유 현금 비중은 높아지고 있어서 주주친화정책을 펼치기 좋은 여건이 형성되고 있다.

전 세계에서 가장 낮은 밸류에이션을 받고 있는 한국 기업들이 향후 주주친화정책을 강화한다면, 이 역시 국내 주가의 레벨 업을 가져오는 원동력이 될 것이라고 황성택은 기대한다.

시장의 변화는 계절의 변화와 같은 것

2018년 미국 중앙은행이 본격적인 금리 인상을 시작하면서 글로벌 유동성이 축소되고 세계 경기도 장기 호황 국면 사이클에 변화가 감지되고 있다. 그러나 이러한 경기 사이클의 변화는 계절의 변화처럼 항상 있는 것이다. 다만 미·중 무역분쟁과 같은 의외의 변수는 일종의 태풍에 비유할 수 있다. 인생이 그렇듯이 시장도 성장하면서 주기적인 계절의 변화를 당연히 겪는다. 때로는 태풍과 같은 의외의 사건을 맞이하기도 한다. 원래 시장은 그렇게 변화무쌍한 것이니, 그런 변화를 두려워하기보다는 시장을 대하는 자세를 정립하는 것이 중요하다. 어차피 투자란 항상 수익을 낼 수 있는 것도 아니고 펀드매니저가 항상 옳은 결정을 할 수 있는 것도 아니기 때문에, 리서치와 정제된 사고를 통해 실수할 확률을 줄여 나가는 것이 중요하다. 카지노가 수익률을 얻는 것은 51:49의 확률게임에서 1%씩을 더 가져가기 때문이다. 마찬가지로 운용사나 펀드매니저도 다양한 상황에 대해 좀 더 정제된 사고 과정을 통해 성공 확률을 조금씩 높여간다면 시장의 변화에 상관없이 결국 수익을 낼 수 있다. 이 부분에서 황성택은 스스로 **나선형 사고**spiral thinking라는 용어를 만들어 사용한다고 한다. 기름이 정제되는 과정에서 나선형 관을 돌고 돌아 마지막 결정체 한 방울을 만들어 내듯이 사고의 정제 과정을 통해서 보다 올바른 결정이 나올 수 있다고 믿는다는 얘기다.

일반투자자를 위한 황성택의 조언

성공적인 투자를 위해서 중요한 점은 자신만의 투자원칙을 가지고 있어야 한다. 요즘은 정보의 비대칭이 거의 사라진 상태이므로, 정보를 충분히 취득해서 성공적인 투자를 하는 개인투자자도 많다. 다만, "주식투자는 싸게 사서 비싸게 팔면 되는 것이다!"라는 투자의 대가 존 템플턴의 충고에도 불구하고 대부분의 사람들은 그렇게 하지 못하고 되레 비싸게 사서 싸게 판다. 템플턴은 그 이유를 '인간의 연약한 본성' 때문이라고 단언했다. 황성택은 이 말에 전적으로 공감한다. 그러므로 자신의 본성이 연약하다고 생각하는 사람은 주식투자를 하지 말거나, 자신의 본성을 강하게 단련해야 할 것이라고 조언한다. **"강세장은 비관 속에서 태어나 회의 속에서 자라고 낙관 속에서 무르익어 행복감 속에서 사라진다."** 월 스트리트의 격언이다. 따라서 주가가 많이 올라 행복할 때 주식을 팔고 모두가 비관적일 때 사면 성공하는데, 이를 실천하는 것이 참 어렵다. 경기 사이클을 전망하려고 하는 사람이 많은데, 황성택은 심리 사이클이 더 우선이라고 믿는다. 그러므로 남들과 반대로 할 수 있는 강한 심리를 가지고 있지 않은 사람이 투자를 하면 사실 잃는 게임을 하는 것이라고 볼 수 있다. 펀드매니저라고 해서 모두 이런 강한 본성을 지니고 있는 것은 아니다. 트랙 레코드 등을 통해 이런 탤런트를 가진 유능한 매니저를 찾는 노력이 필요한 이유다.

황성택의 비전

경영자로서의 황성택은 트러스톤의 지속 가능성을 위해서는 현재에 안주하지 않고 새로운 영역을 개척하는 것이 중요하다고 생각하며, 이에 대한 해답을 해외시장 진출에서 찾고자 하는 중이다. 우리나라의 경제 규모나 성숙도에 비추어볼 때 금융자산의 해외투자 확대는 필연적이고, 국민연금의 경우 이미 해외투자 비중을 빠르게 확대해 나가고 있다. 트러스톤 역시 이러한 변화에 맞춰 일찍부터 싱가포르에 진출했고 지금은 싱가포르에서 철수하고 홍콩을 통해 해외사업을 추진하고 있다.

그는 훌륭한 기업이 되기 위해서는 '현재 수익을 얼마나 많이 내느냐'보다 '미래의 수익원을 얼마나 확보해 나가느냐'가 더 중요하다고 생각한다. 그러므로 해외사업이 아직 수익은 안 되지만 일종의 R&D 비용이라 생각하고 지속적으로 이를 위해 투자해 나갈 것이라고 한다. 글로벌 운용사, 금융의 삼성전자를 꿈꾸는 그의 비전은 업계 모두가 응원할 만한 도전이 아닐까?

● **황성택** 대표

1966년생
서울대 경영학과
현대종합금융 선임운용역
아이엠 투자자문 주식운용이사
현) 트러스톤자산운용 대표이사

일반주식형

박현준 한국투자신탁+씨앗자산운용

박현준 매니저는 2017년 씨앗자산운용이라는 신생 운용사를 창업, 현재 CEO 겸 CIO로 근무하고 있다. 씨앗자산운용을 창업하기 전에 한국투자신탁운용에서 내비게이터 펀드를 10년 이상 운용하면서 스타 펀드매니저로서 명성을 얻었다. 한국투자신탁운용으로 이직하기 전에 KB자산운용에서 참여했던 펀드의 수익률까지 연결해서 공모형 주식펀드매니저로서 그의 성과를 보면 누적수익률 251.54%와 연평균 10.15%로, 같은 기간 KOSPI 누적수익률 126.32% 및 연평균수익률 6.48%에 비해 (누적수익률 기준) 2배나 높다.

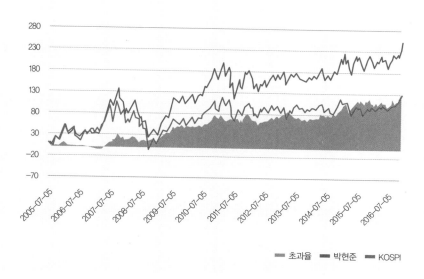

초과율 ▬ 박현준 ▬ KOSPI

누적성과 및 연도별 성과 요약

기간(현재기준 최근)	운용수익률	KOSPI	초과수익률
1년	—	—	—
3년	14.22(4.53)	12.15(3.89)	2.07(0.69)
5년	33.52(5.95)	24.84(4.54)	8.69(1.68)
6년	42.87(6.13)	25.46(3.85)	17.41(2.71)
7년	27.04(3.48)	10.73(1.47)	16.31(2.18)
10년	94.74(6.89)	38.88(3.34)	55.86(4.54)
11년	95.27(6.27)	33.41(2.66)	61.86(4.47)
12년	176.32(8.84)	79.60(5.00)	96.72(5.8)
운용 이후(05.07)	251.54(10.15)	126.32(6.48)	125.22(6.44)

연도	운용수익률	KOSPI수익률	초과수익률
2006	−7.48	3.99	−11.48
2007	55.89	32.25	23.64
2008	−38.19	−40.73	2.54
2009	68.28	49.65	18.63
2010	24.35	21.88	2.47
2011	−9.14	−10.98	1.84
2012	7.93	9.38	−1.45
2013	1.22	0.72	0.50
2014	−2.11	−4.76	2.65
2015	15.73	2.39	13.34
2016	1.26	3.32	−2.06
2017	12.90	21.76	−8.87
2018 상반기	−	−	−

채권매니저에서 주식매니저로

박현준은 대학에서 정치외교학을 전공했지만 군복무를 마친 후 경제학을 부전공하면서 금융권 취업을 준비했다. 특히 주식시장 관련 일을 하겠다고 생각해서 회계학이나 재무관리 등 수업을 들었다. 대기업 공채는 왠지 내키지 않았는데, 거대한 조직에 들어가는 것보다는 증권시장에서 일하는 게 본인의 적성에 맞을 것 같았다. 스스로 결정하고 결과에 책임지는 투자세계의 논리가 매력적이라고 생각했기 때문이다. 당시만 해도 자산운용사들의 규모도 크지 않았고 펀드매니저라는 직업도 낯선 시절이었다. 박현준은 특별히 펀드매니저가 되겠다기보다 막연히 증권 쪽 일을 하겠다는 생각으로 KB자산운용 공채에 지원했는데 합격되어 업계에 발을 디디게 된다.

KB자산운용에서는 먼저 채권운용 부서로 발령받았다. 이 회사가 은행 계열이었기 때문에 채권 부문이 주식 부문보다 컸다. 채권운용 부서에서 나름 열심히 일을 배우고 운용도 착실히 했다. 대략 4년간 채권운용을 하면서 재미도 붙이고 나름 자신감도 쌓아가던 중, 2003년에 회사에서 주식 쪽 일을 하라고 해서 당황했다고 한다. 당시 KB그룹은 동원증권 출신의 김정태 행장이 회장으로 부임하면서 증권과 자산운용 쪽을 키우려고 했다. 이런 여파로 KB자산운용에서도 주식운용팀이 확대되었는데, 내부에 주식매니저가 부족한 상황이어서 채권 부서에 있던 박현준에게도 주식 운용을 맡기게 된 것이다. 주식운용본부로 가서 처음에는 섹터업종 분석을 하다가 주니어 매니저로 광개토펀드 운용에 참여했는데, 이를 통해 주식운용도 채권운용 못지않게 매력적이란 걸 느꼈다. 주식운용 매니저로서 경력이 쌓이며 펀드성과 제고에 기여했고 팀장으로까지 승진했다.

그러던 중 2007년에 동원증권이 한국투신운용을 인수하면서 대대적인 조직 확대 움직임이 있었고 박현준에게 스카우트 제의가 들어왔다. 펀드매니저 출신인 강신우 부사장의 설득에 새로운 도전을 해보고자 이직하게 된다. 한국투신에 들어간 직후 기존의 부자아빠펀드를 내비게이터로 개명해서 책임운용역을 맡았고, 2017년 한투운용을 떠날 때까지 이 펀드를 운용하면서 시장에서 스타 펀드매니저로 알려지게 되었다.

박현준의 특이한 이력이라면 채권매니저였다가 주식매니저가 된 점인데, 채권매니저로서의 경력이 주식운용을 하는데 도움이 되었던 것 같다고 한다. 채권과 주식은 서로 보완 역할을 하는 상품이고 일반적으로 주식시장이 안 좋을 때 채권이 좋고 주식시장이 좋으면 채권이 안 좋은 만큼,

채권시장을 경험했다는 것은 전체 경기 사이클이나 거시경제적인 측면을 이해하고서 주식을 바라보는 시각을 갖게 해 주었다.

매니저로서의 원칙 - 성실하고 꾸준히 열심히

박현준은 가치주이든 성장주이든 상관없이 좋은 주식을 골라서 싸게 사는 게 중요하다고 생각한다. 그는 가치투자라는 프레임에 갇혀 자신이 가치주라고 믿는 주식을 붙들고 기다리는, 소위 '밸류 트랩'에 갇혀 버린 가치투자자들을 많이 보았다. 그래서 가치주냐 성장주이냐를 따지기보다 이익이 증가하고 경쟁력이 있는 주식을 찾는 것이 더 중요하다고 믿는다. 박현준은 이런 주식을 찾는 데 특별한 비법이 있는 것은 아니라고 생각한다. 시장에는 많은 아이디어들이 생겨나고 돌아다니지만 그런 아이디어를 만났을 때 누가 얼마나 이 아이디어를 공부하고 고민하느냐가 결국 차이점을 만든다고 생각하며, 이러한 주식을 발굴하는 데 꼭 남들보다 빨라야 된다고 생각지도 않는다.

예컨대 삼성전자가 좋은 주식이라는 걸 확실히 안다면, 주가가 10만 원일 때 못 사고 뒤늦게 20만~30만 원일 때 사더라도 상관없다는 얘기다. 먼저 종목을 발굴했다고 높은 수익을 내는 것은 아니기 때문이다. 중요한 것은 삼성전자라는 종목이 지닌 콘텐트를 얼마나 깊이 공부하고 이해하느냐에 달려 있다. 이를 충분히 파악한 사람만이 주가가 200만 원이 될 때까지 보유해서 높은 수익을 향유할 수 있기 때문이다.

박현준은 주식을 살 때 '왜 이 종목을 사는지', 이 종목의 '잠재력이 얼마나 되는지', 명확한 이유와 이해가 있어야 하며 이 부분이 나중에 성과의 차이를 가져온다고 얘기한다. 그 콘텐트에 대해 충분한 공부와 확고한 철학이 없는 사람은 10만 원에 산 종목이 오르지 못하고 계속 떨어지면 불안해하며 이를 손절매하지 않겠는가? 반대로 10만 원에 산 종목이 20만 원만 되어도 높은 수익이라면서 팔고 희희낙락하지 않겠는가? 결국 그 종목이 200만 원까지 오른다 하더라도 10~20배의 수익을 온전히 먹는 사람은 거의 없고, 기껏해야 50~100% 수익만 내고 매도한 다음 구경꾼이 될 뿐이다. 그러나 종목을 충분히 분석하고 고민한 다음 수익의 성장성과 그에 대한 명확한 논거를 가지고 산 사람은 그저 주가가 2~3배 오른다고 해서 주식을 팔아치우지 않는다. 그 종목이 가지고 있는 잠재력을 충분히 보고 매수한 사람은 그 잠재력이 온전히 펼쳐지기까지는 그 주식을 팔 이유가 없다.

박현준은 이렇게 소신 있는 판단을 내리기 위해서는 펀드매니저로서 해야 할 일을 열심히 성실하게 하는 것 외에 다른 비법이 없다고 믿는다. 본인이 펀드매니저로 성공한 이유도 누구보다도 성실하게 펀드매니저로서 할 일을 열심히 했기 때문이라고 단언한다. 펀드매니저는 얼핏 보기에 화려하고 큰돈을 움직이는 결정을 단칼에 내리는 용감한 장수 같지만, 사실은 하나의 결정을 내리기까지 무수히 많은 변수를 공부하고 조사하고 확인해야 한다. 따라서 평상시 시장에 대해 꾸준히 공부하고 투자대상 회사에서 벌어지는 일들을 확인하는 부단한 노력 없이는 현명한 결정을 내릴 수 없다는 것이다.

10명의 펀드매니저가 같은 날 같은 종목을 사더라도, 그런 결정에 이르기까지 고민하고 조사하고 확인한 노력은 천차만별일 터. 한 종목을 사기까지 누가 얼마나 성실히 준비했느냐에 따라, 주가의 오르내림에 따라 누가 얼마를 잃고 따느냐를 결정한다. 이 점을 믿고 지난 15년간 주식매니저로서 항상 성실히 살아온 것이야말로 박현준이 생각하는 본인의 장점이자 그만의 성공투자 철학인 셈이다.

대시세를 먹을 수 있느냐 없느냐가 매니저의 성과를 가른다

주가가 올라갈 때 성급히 파는 심리는 안정적으로 수익을 얻겠다는 심리가 아니라 이익이 났을 때 빨리 이익을 실현하고 싶은 욕심이다. 만약 그 주식이 정말 좋은 주식이라면 결국 주가가 오르는 것은 당연하다. 때문에 앞으로 기업의 성장만큼 이익을 얻겠다는 편안한 마음으로 주식을 바라보면, 주가가 50%나 100% 올랐을 때 그 이익에 급급해서 주식을 팔지 않는다. 주가가 두 배 오를 때 파는 심리는 두 배 오른 것만 해도 과분하다는 생각이 자리하고 있어서다. 실제로 10만 원에 살 땐 15만 원만 넘어도 좋겠다고 했던 종목이 어느새 20만 원이 되면 일반투자자들은 오버슈팅이 발생했다고 해서 팔아 버린다. 그러나 뛰어난 투자자들은 그 종목의 이익 증가나 성장성이 지금도 계속되고 있는가를 판단하지, 단순히 주가가 50% 혹은 100% 올랐다는 점을 판단 기준으로 삼지 않는다.

실제로 전문 펀드매니저라 하더라도 어떤 종목을 매수한 뒤 주가가 떨어지는 경우는 오르는 경우만큼이나 많다. 그러므로 중요한 것은 '좋은 종목을 찾아서 큰 수익이 날 기회를 만났을 때 그 수익을 온전히 누리느냐'이다. 이것이 장기적으로 펀드매니저의 성과를 가르는 관건이다. 20~30개 종목에 분산투자하는 펀드매니저 입장에서 한두 종목에서 생기는 큰 수익을 온전히 누려야만 전체 포트폴리오 성과가 차별화된다. 시장에는 10배, 20배 '대시세'가 나는 종목들이 항상 나타나는데, 이러한 큰 수익에 참여하지 못하는 펀드매니저는 허구한 날 시장을 따라다니기만 할 뿐, 시장을 이기지는 못한다. 펀드매니저 간의 성과 차이는 바로 이 부분에서 갈린다고 박현준은 생각한다.

충분히 알면 충분히 기다릴 수 있다

박현준 매니저는 투자는 확률게임과 같다고 생각한다. 어차피 주식은 사고 나서 오를 수도 있고 내릴 수도 있지만, 20% 오를 확률이 반이고 20% 내릴 확률이 반이면 기댓값은 제로이기 때문에 이런 주식에는 투자할 필요가 없다. 그러나 내릴 확률이 45%이고 오를 확률이 55%라든지, 오르고 내릴 확률이 같더라도 오를 경우의 기대수익률이 100%이고 내릴 때의 기대손실이 20%여서 상승 시 기댓값이 높다면 투자할 가치가 있다. 박현준이 얘기하는 '열심'이란 이 확률을 높이기 위해서 노력을 기울이는 것을 말한다. 어느 종목을 사기 전에 조금 더 기업을 분석하고 정보를 얻어서 기업의 내용과 산업을 이해하고 고민하고 확인한다면, 투자의 성공 확률과 자신이 선택한 종목에 대한 **확신의 수준**conviction level'을 올릴 수 있다. 그리고 확신의 수준이 높은 기업에 장기 투자할 때 비로소 큰 수익이 실현된다는 것이다.

2003년부터 2007년까지 박현준이 KB자산운용에 있을 때, 경기 사이클은 호황 국면이었다. 호황 국면에서는 원자재관련업이나 조선업이 호황을 맞게 된다. 그런데 연구를 해 보니 이런 산업은 일단 호황에 접어들면 수요가 급증하더라도 공급이 빠르게 늘어날 수 없다는 특징을 보였다. 가령 선박 물동량이 늘어나 선박 주문이 늘어나도, 선박을 짓는 도크를 추가로 건설하는 데 들어갈 시간과 비용 때문에 공급이 수요에 맞춰 빠르게 늘어날 수 없다. 따라서 기존의 조선사들은 주문이 늘어날 뿐 아니라 판매단가까지 올라가는 호황을 누리게 되고 그 호황 사이클이 일반의 예상보다 오래가리라고 전망할 수 있었다. 그러므로 2003년~2004년에 3만 원 내외였던 현대중공업 주식이 2006년에 10만 원까지 3배 이상 상승하자 많은 펀드매니저들이 단기간에 주가가 너무 올랐다면서 수익을 실현하고 나갔지만, 박현준은 전혀 흔들리지 않고 현대중공업을 보유하는 뚝심을 가질 수 있었다. 결국 현대중공업 주가는 2007년 45만 원까지 상승하여 2004년 대비 15배나 뛰었고 그는 이 과정에서 큰 수익을 실현할 수 있었다.

현대중공업 주가(2002년 말~2008년 중반)

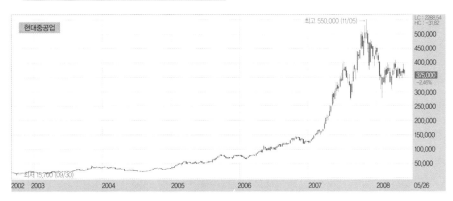

같은 시기의 고려아연도 마찬가지. 2003년 고려아연의 주가는 2만 원이었다. 이 종목 또한 글로벌 경기 사이클이 호황에 접어들자 2006년 10

만 원까지 5배나 상승했다. 그럼에도 고려아연 주가는 추가로 다시 5배 가까이 상승해서 2011년에 45만 원을 상회하였다. 박현준은 결국 중요한 것은 이러한 종목을 먼저 발굴하느냐 못하느냐가 아니라고 얘기한다. 좋은 종목을 남보다 먼저 발견하지 못했더라도 그 내용을 충분히 파악한 사람은 그 종목의 상승분을 상당 부분 취할 수 있는 반면, 아무리 먼저 이 종목을 발굴했더라도 수익률 게임에 연연하는 사람들은 단기간에 주가가 상승하면 흥분한 나머지 재빨리 매도하는 걸 많이 보았다고 한다. 현대중공업이나 고려아연의 경우, 박현준은 경기 사이클 확장에 대한 충분한 이해와 확신이 있었기에 이들을 성급히 팔지 않고 수익을 온전히 누릴 수 있었던 것이다.

시장의 비관론이 바닥을 확인시켜 주는 신호일 수도

박현준의 경험에 의하면 어떤 종목이 저평가되어 있음에도 불구하고 시장에서 부정적인 전망이 지배하고 매도 리포트가 이어진다면, 이는 그 종목에 대한 악재가 다 노출되는 효과가 있으며 바닥을 확인시켜 주는 신호가 된다. 이런 종목에 투자하는 것은 다수의견과 반대로 가야 한다는 면에서 매우 부담스럽지만 그 판단이 맞을 경우 보상은 매우 달콤하다.

2004년 박현준이 KB에서 광개토펀드를 운용할 때 한국금융지주에 투자해서 성공한 사례가 이에 해당한다. 당시 동원증권이 한국투자신탁을 인수했는데 시장에서는 두 회사의 합병에 대해 대개 부정적인 의견이었고 동원금융지주의 주가는 6천 원에 불과했다. 시장의 애널리스트들은 동원증권그룹이 무리하게 큰 회사를 인수하는 걸로 보았고 양사의 결합이 별

다른 시너지를 창출할 걸로 기대하지 않았다.

그런데 박현준의 분석은 달랐다. 당시 동원증권은 현금이 충분했고, 한국투자신탁을 인수한 가격인 5,000억은 한국투자신탁의 가치에 비해서 매우 저렴하다고 판단되었다. 게다가 당시 정부가 정부 소유의 투신사를 정리하면서 매수자에게 매수 비용 부담을 덜어주기 위해 법인세 혜택을 주었기 때문에 이를 감안하면 인수 가격은 헐값이었고, 인수합병사인 한국금융지주의 주가 6천 원은 지나치게 싸다고 봤다. 경험 많은 매니저들은 시장의 매도 리포트를 리버스 인디케이터 reverse indicator로 활용하기도 한다. 이 경우도 실제 충분한 분석을 통해 이 종목의 저평가가 확인되었음에도 불구하고 시장의 부정적 견해는 오히려 저가 매입의 기회를 제공했다.

이에 박현준은 이 종목의 지분을 6천~9천 원 사이에 꾸준히 매입했다. 운이 좋았음인지, 당시 동원그룹 관계사들이 인수합병 후 지분 정리를 위해 블록 딜로 지분을 많이 내놓아서 원하는 대로 물량을 확보할 수 있었다. 그는 지분이 5%를 초과해 공시를 해야 할 만큼 공격적으로 투자했다. 이후 한국금융지주의 주식은 시장의 재평가를 받았고, 2005년부터 주가가 반전하기 시작해 2007년 9만 원까지 상승하면서 박현준은 10배가 넘는 수익을 실현할 수 있었다. 시장에 비관적 견해가 만연해 있을 때에도 이 주식을 꾸준히 매입한 것 역시 꾸준한 분석과 확인을 통해 '확신의 수준'이 높았기 때문이다. 시장의 비관적인 전망은 오히려 주가의 바닥을 만들어 주었고, 그에게는 주식을 싸게 사는 기회를 제공했던 것이다.

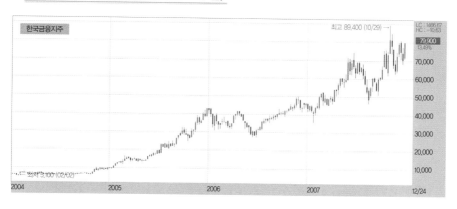

∷ 한국금융지주 주가(2004년 초~2007년 말)

   2015~2016년 한국투자신탁운용에서 운용하던 내비게이터펀드에 큰
수익을 가져다 준 아모레퍼시픽도 2012~2013년에는 비관론이 지배했던
주식이다. 아모레퍼시픽은 전통적으로 방문판매 비중이 높은 회사였는데
당시 방문판매 시장이 축소되어 가는 분위기에 한국콜마나 코스맥스 같은
주문자개발생산방식(ODM) 화장품 회사들의 증가로 아모레퍼시픽은 사
면초가의 처지였다. 당시 애널리스트들의 리포트도 아모레퍼시픽의 장래
에 대한 부정적인 이야기로 넘쳐났다. 그러나 아모레퍼시픽은 중국 시장
이라는 새로운 돌파구를 찾아냈고, 쿠션 화장품이라는 전 세계 화장품 시
장의 판도를 바꿀 만한 혁명적인 라인업을 내놓았다.
   박현준은 쿠션 화장품과 중국 시장의 잠재력을 분석한 결과 80만~100
만 원 사이에서 아모레 퍼시픽을 공격적으로 사 모았다. 당시 내비게이터
펀드는 화장품 비중이 너무 높다고 시장에 소문이 날 만큼 아모레퍼시픽
을 많이 편입했다. 그리고 예상대로 2015년~2016년 아모레퍼시픽은 중
국 시장으로의 성공적 진출과 쿠션 화장품의 대박으로 엄청난 수익을 창

출했고 주가는 4백만 원 이상으로 상승한다. 내비게이터펀드는 4백만~5백만 원 사이에서 수익을 실현했고 펀드의 성과에 크게 기여한 종목이 되었다. 이 종목 역시 시장의 넘쳐나는 비관론과 애널리스트들의 부정적 전망이 더 이상 나빠질 수는 없다는 리버스 인디케이터 역할을 해 준 사례였다. 이러한 경험에 비추어 그는 다음과 같이 얘기한다.

"애널리스트는 담당 종목을 가장 열심히 연구하는 사람이지만 그들의 리포트를 아무런 의심 없이 받아들이지 말고 내용을 깊이 있게 확인하는 작업이 필요합니다. 그들의 리포트를 통해 자신이 가지고 있던 긍정적 의견을 확인할 수도 있고, 반대로 그들의 논리가 나의 논리와 다를 경우에도 서로 비교해 가면서 오히려 내 논리가 더 옳다는 것을 확인하는 데 사용할 수도 있습니다. 쉽지는 않지만 시장의 부정적 의견에 맞설 만한 논리가 있고 이것이 결과적으로 옳았을 땐 그에 대한 보상도 충분하기 때문에 펀드매니저는 항상 이런 리버스 인디케이터에 관심을 가져야 합니다."

바이오 투자, 공부가 부족했다

박현준 매니저는 최근 몇 년간 제약·바이오 섹터가 많이 성장했음에도 이 섹터에서 성과를 거두지 못한 것이 아쉽다고 한다. 한미약품과 같이 개발 잠재력이 높은 회사나 신약 개발업체들을 폄하했던 것 같다고 한다. 제약·바이오는 다른 섹터에 비해서 내용을 알기 어려운 업체들이 많다. 이런 경우 본인이 잘 모르더라도 부지런히 공부할 자세만 있다면 전문가들을 찾아서 그들의 이야기를 듣고 이를 바탕으로 판단해야 한다. 본인은 제약·바이오 분야를 잘 모르지만 시장에는 전문가들이 많이 있고 그들이 이 분야에서 좋은 잠재력을 지닌 회사들을 많이 거론하고 추천했건만, 좀 더 적극적으로 귀 기울이지 않은 채 충분한 지식이 없고 이해하기 어려운 내용이라면서 소홀히 했던 걸 후회한다. 인구의 고령화 등으로 헬스케어에 대한 수요는 성장할 수밖에 없는 산업이므로, 이제부터는 이 분야를 좀 더 적극적으로 연구하고 관심도 가질 계획이라고 한다.

향후 시장에 대한 박현준의 전망

박현준은 한국 주식시장이 여러 가지 문제점에도 불구하고 싼 시장임에는 분명하다고 말한다. 한국시장이 충분한 가치를 인정받지 못하는 건 세 가지 이유에서라고 생각한다.

(1) 한국엔 반도체, 조선, 화학 등 경기에 민감한 산업이 많아서 이익의 안정성 면에서 변동성이 심한 편이기 때문이다. (2) 내수시장의 규모가 작아 수출이 줄어드는 경우에 경기가 급속하게 위축되고 기업 실적도 둔화되는 한계를 보이기 때문이다. (3) 기업의 지배구조 측면에서 아직도 주주 친화적인 정책이 부족하고 투자자 보호를 위한 장치가 선진시장에 비해서 부족하기 때문이다. 그럼에도 불구하고 한국시장 주가는 외국에 비하여 PER이나 PBR 면에서 저평가된 시장이고 싼 시장이 분명하다. 현재 한국 기업의 현금 보유 수준이나 수익성을 볼 때 PBR 1 이하일 때는 적극적으로 주식을 매수해도 좋다고 믿는다.

향후 한국 경제의 가장 큰 화두 중 하나는 고령화일 것이다. 전 세계에서 가장 인구가 많은 중국도 고령화사회 진입을 목전에 두고 있는데, 이는 고령화가 본격적으로 전 세계의 문제라는 의미가 아닐까. 고령화는 경제활동 인구의 변화를 일으키고 산업 측면에서도 많은 변화를 가져올 것이다. 고령화 때문에 AI, 로봇 등으로 하여금 인간의 노동을 대체하게 하려는 시도도 점차 고도화될 것이다. 점차 고령화하는 글로벌 인구구조 속에서 AI의 등장이 미치는 영향을 잘 분석한다면 많은 투자 아이디어를 찾을 수 있지 않을까 생각한다.

또한 북한과 단일경제를 형성하게 된다면 도약의 큰 기회가 될 수 있을 것이다. 두 경제가 합쳐질 때 인구가 8천만 이상이기 때문에 장차 1억 인구의 내수시장이 생길 수 있는 것이고, 현재 베트남 등으로 나가고 있는 기업들이 북한의 싼 노동력을 활용할 수 있다는 것은 매우 매력적인 투자 기회다. 그러나 이런 변화가 얼마나 빨리 일어날지는 예측하기 어렵다. 너무 단기적으로 바라보면 테마성 투자밖에 될 수 없을 것이다. 그보다는 중·장기적으로 북한의 개방과 개혁은 피할 수 없는 방향이고 이는 일부 수혜주에 국한되어서 일어날 변화가 아니라 한국 경제 전반에 큰 변화를 일으키는 것이기에, 지속적으로 관심을 가지고 경제 전반에 미칠 영향을 생각하며 투자 기회를 찾아야 한다는 것이 그의 의견이다.

일반투자자를 위한 박현준의 조언 – 확실한 정보란 없다

주식에 투자해서 '확실하게' 돈을 벌 수 있는 방법은 없다. 오랜 시간 시장과 함께해 온 경험으로 볼 때, 여유자금으로 시간을 넉넉하게 갖고 순리에 따르는 투자를 한다면 성공 확률을 높일 수 있다. 많은 투자자들이 대박을 꿈꾸며 확실한 정보라는 이름의 유혹에 소중한 자금을 용감하게 투자하는데, 세상에 확실한 정보란 존재하지 않기에 모든 투자는 기본적으로 위험을 갖고 있음을 인식해야 한다. 외국인이나 기관투자자 등의 전문 투자자들도 어떤 확실한 정보를 가지고 투자하는 것은 아니다. 다만, 분석을 통해 확률이 높다고 생각하는 방식으로 다양한 자산에 분산투자할 뿐이다.

주식투자가 갖는 위험성 때문에 주식투자를 하지 않는 사람도 있다. 본인이 주식투자의 손실 위험 때문에 스트레스를 많이 받을 성격이고 차라리 돈을 못 벌더라도 속 편한 게 좋다면 그것도 좋은 선택이다. 그러나 큰돈이 없는 개인이 부를 늘려나갈 수 있는 수단으로 주식투자만한 것은 없다고 생각한다. 부동산은 비교적 자본이 큰 사람들의 투자 대상인 데 비해서 주식은 누구나 투자할 수 있다. 따라서 일반인들도 주식투자에 대한 관심의 끈을 놓지 않고 있을 필요가 있다. 그런 관심을 가지다 보면 우연한 기회에라도 좋은 주식이 눈에 띄고 거기에 소신을 갖고 투자한다면 10배 이상의 수익을 거두는 것도 충분히 일어나는 일이다.

정보가 넘쳐나는 오늘날, 개인투자자라도 펀드매니저에 비해 딱히 정보가 뒤처지지 않는다. 따라서 본인이 관심을 갖고 열심히 공부하다 보면 좋은 종목을 발견할 수 있다. 일단 좋은 종목을 발견하고, 살 때는 주식을 오래 가져간다고 생각하고 사는 게 좋겠다. 단순히 용돈 정도 벌 생각으로 주식을 자주 매매할 거라면 아예 주식투자를 하지 않는 편이 낫다. 주식에서 큰 수익을 얻기 위해서는 주가가 올라갈 수 있는 충분한 시간을 주어야 한다.

고객자산의 선량한 관리자가 되는 운용사를 지향

2017년 박현준은 11년간 근무했던 한국투자신탁운용을 나와 씨앗자산운용을 창업했다. 펀드매니저로서 다른 펀드매니저들을 이해하기에, 능력 있고 성실한 펀드매니저들과 함께 즐겁게 일할 수 있는 회사를 만들고 싶다는, 어찌 보면 소박한 꿈을 갖고 새 회사를 시작했다.

"사실 펀드매니저라는 직업은 스트레스가 많고 지칠 수밖에 없는 직업입니다. 올해 좋은 수익을 내더라도 내년에 또 다시 시장을 이기고 경쟁해야 해서 여태까지 잘해 온 게 큰 의미가 없기 때문이죠. 항상 새로운 싸움을 해야 하기 때문에 쉽게 지칠 수 있는 직업이라, 이들에게 충분한 보상을 해 주고 싶습니다."

아울러 세상에는 열심히 노력하는 매니저도 있고 열심히 하는 척만 하면서 조직 안에서 눈치나 보고 자리를 보존하려는 사람도 많은데, '정말 열심히 하는 사람을 인정해 주고 우대하는 그런 회사를 만들어서 모든 펀드매니저들이 가고 싶어 하는 운용사로 발전시키고 싶다'는 게 창업자이자 CEO로서 그의 바람이다.

다른 한편, 고객에게는 안심하고 돈을 맡길 수 있는 신뢰받는 자산운용사가 되고자 하는 목표를 갖고 있다. 자산운용사란 고객의 재산을 불려 주어야 하고 그걸 통해서만이 회사도 이익을 얻고 성장할 수 있다고 믿는다. 열심히 하고 선량한 관리자가 되고자 하는 펀드매니저는 이 원칙을 잘 지켜야 한다. 고객에게 돈을 벌어 주는 것만 추구해야지 고객의 돈을 이용해 자신의 이익을 추구하는 매니저는 실패하게 되는데도, 실제 시장에는 그런 사례들이 적지 않다고 한다. 박현준이 그동안 성공해 온 이유도 그 원칙을 한 번도 잃은 적이 없고 잔꾀를 부리지 않았기 때문이라고 얘기한다.

"앞으로도 고객의 자산을 불리는 것을 최우선 원칙으로 놓고 열심히 선량한 관리자의 역할을 추구할 것입니다. 또한 분석을 통해서 높은 수익률이 예상 되는 포지션을 구축하되 예상이 빗나갔을 때에도 피해를 최소화할 수 있는 안 전장치를 마련해 나갈 것입니다. 철저한 분석과 선제적인 리스크 관리를 통해 투자의 확률과 기댓값을 높여, 꾸준히 고객의 자산을 증가시키고자 합니다."

박현준 대표가 '고객 자산의 선량한 관리자'라는 원칙 아래 회사를 경영 하며 앞으로도 꾸준히 고객의 자산을 증대시켜 스타 매니저로서뿐 아니라 최고경영자로서도 당당히 성공하는 모습을 기대해 본다.

● **박현준** 대표
————————————

1974년생
서강대 정치외교학과
KB 자산운용 주식운용팀장
한국투신운용 코어운용본부장
현) 씨앗자산운용 대표이사

일반주식형

최광욱 애셋플러스+J&J자산운용

최광욱 매니저는 현재 J&J자산운용의 CIO 겸 공동대표다. 그는 가치투자의 대가로 알려진 강방천 회장의 에셋플러스자산운용이 자문사로 문을 열었을 때부터 2016년 J&J로 이직할 때까지 18년간 근무했다. 특히 2008년부터 코리아리치투게더 주식형펀드를 책임 운용하면서 괄목할 만한 성과를 기록했으며, 이로 인해 스타 펀드매니저로 명성을 얻었다. 에셋플러스와 J&J를 통해 최광욱이 기록한 성과는 지난 10년간 누적 수익률 203.12%와 연평균수익률 11.74%로서, 같은 기간 KOSPI 누적수익률 47.42% 및 연평균수익률 3.96%를 3배 이상 압도한다.

:::: 최광욱 매니저의 성과 vs KOSPI 성과

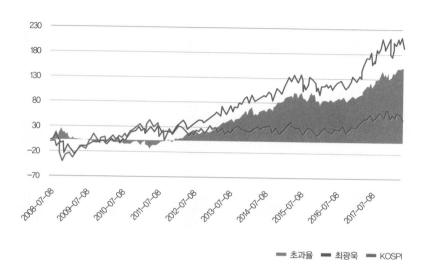

■ 초과율　■ 최광욱　■ KOSPI

누적성과 및 연도별 성과 요약

기간(현재기준 최근)	운용수익률	KOSPI	초과수익률
1년	11.86(11.86)	−2.75(−2.75)	14.6(14.6)
3년	34.02(10.25)	12.15(3.89)	21.88(6.82)
5년	90.15(13.71)	24.84(4.54)	65.31(10.58)
6년	132.63(15.11)	25.46(3.85)	107.17(12.91)
7년	140.83(13.38)	10.73(1.47)	130.1(12.64)
10년	203.12(11.74)	47.42(3.96)	155.71(9.85)
운용 이후(08.07)	203.12(11.74)	47.42(3.96)	155.71(9.85)

* 최광욱 매니저는 설정 이후 운용 기간이 10년으로 10년 기간 성과와 일치함.

연도	운용수익률	KOSPI수익률	초과수익률
2009	15.96	49.65	−33.69
2010	25.84	21.88	3.95
2011	−2.81	−10.98	8.17
2012	20.54	9.38	11.16
2013	28.02	0.72	27.30
2014	9.66	−4.76	14.42
2015	9.49	2.39	7.11
2016	−1.23	3.32	−4.55
2017	35.52	21.76	13.75
2018 상반기	0.60	−5.73	6.33

최광욱의 중·고등학교 시절 장래 희망은 기업가였다. 대학 전공도 경영학을 선택했다. 많은 경영학과 학생들처럼 최광욱 역시 재학 중에 회계사 공부를 했고 이를 위해 투자론 수업을 듣던 중 주식을 배우게 된다. 주식을 공부해 보니 장사 잘하는 기업과 동업자가 되는 것이 주식투자의 본질임을 알고서 반하게 되었다고 한다.

처음부터 본인이 투자를 잘할 거라는 확신은 없었지만, 적어도 좋아서 미친 듯 빠져들 수 있는 일이라고 생각했다. 그래서 실제로 증권사 계좌를 개설해 실전투자를 해 보기도 했다. 그러나 그땐 철저한 분석 없이 투기적 매매를 하는 아마추어 투자자였을 뿐이다.

대학을 졸업할 무렵 최광욱은 자신이 좋아하는 주식을 하기 위해서 증권사와 자산운용사 쪽으로 진로를 정했다. 그러나 IMF 금융 위기 직후여서 증권사나 자산운용사 쪽의 채용이 거의 없는 상황이었다. 그러던 중 우연히 학교 취업게시판에서 에셋플러스라는 투자자문사가 유가증권 분석 업무를 담당할 직원을 뽑는다는 공고를 발견하고 당시로는 신생 기업인 에셋플러스에 지원, 공채1기 멤버로 합류하게 된다.

이때 에셋플러스를 창업한 강방천 회장을 만나 가르침을 받은 것이 펀드매니저로서 본인 인생에 가장 큰 행운이었다고 믿고 있다. 최광욱이 강 회장에게서 받은 영향과 그에 대한 존경심은 에셋플러스를 떠난 지금도 변함이 없다. 그가 이루어 낸 모든 성과는 강 회장의 가르침에서 비롯된 것이라고 이야기할 정도다. 그리고 자신은 강 회장으로부터 배운 투자 철학을 본인의 철학으로 신념화했으며, 앞으로도 이를 지켜 나간다면 장기적으로 좋은 성과를 얻으리라는 자신을 갖고 있다.

최광욱의 투자원칙 – 일등 기업의 주주가 되자

최광욱의 투자 철학은 주식의 본질에 대한 확고한 신념에서 출발한다. 매우 원론적인 이야기랄까, 그는 **주식의 본질은 시세차익을 취하는 유가증권이 아니라 기업의 주주가 되는 증서이며, 따라서 주식투자는 결국 기업의 주주가 되어서 기업의 성장과실을 공유하는 것**이라고 정의한다. 결국 주주의 몫인 기업 이익이 기업의 가치와 가격을 결정한다는 믿음을 가지고 있다.

그렇다면 어떤 기업에 투자해야 안정되고 높은 이익을 확보할 수 있을까? 이 목표를 달성하기 위해 최광욱이 세운 투자의 원칙은 '최악의 불황에도 마지막까지 살아남을 수 있는 일등 기업의 주주'가 되는 것이다.

이와 같은 투자원칙을 세운 이유를 그는 이렇게 설명한다.

"산업의 역사는 늘 호황과 불황을 반복하게 되어 있고, 그 과정 속에서 경쟁 열위의 한계기업은 퇴출되고 그 몫을 살아남은 기업이 흡수해 가는 질서가 존재해 왔습니다. 최악의 불황에도 마지막까지 살아남을 수 있는 일등 기업의 주주가 된다면 그 어떤 불황이 와도 오히려 불황을 즐길 수 있는 편안한 투자자가 될 수 있을 것입니다.

다만 새로운 기술의 등장, 제도의 변화, 소비자 트렌드의 변화, M&A 등으로 일등 기업이 바뀌기도 하고 사라지기도 하기 때문에 변화하는 미래 환경에 적합한 사업모델인지, 또는 능동적으로 대응하고 있는지 등의 여부까지도 일등 기업의 중요한 요건으로 판단합니다."

이러한 일등 기업의 예로 그는 반도체 분야의 삼성전자를 언급했다. 메모리 반도체 산업은 수십 년간 치킨 게임이 지속되면서 호황과 불황을 반복하였는데, 결국 일등 기업인 삼성전자와 SK하이닉스와 마이크론만이 살아남았고 그 밑의 회사들은 사라져 버린 상황이다. 그리고 살아남은 기업들은 지난 몇 년간 반도체 호황에 따른 과점적 이익이라는 달콤한 열매를 누리게 되었으며, 이것이 바로 일등 기업에 투자하는 논리라고 설명한다.

그러나 일등 기업이었다고 하더라도 변화하는 환경에 적극 대응하지 못하는 경우에는 언제라도 그 지위를 빼앗길 수 있다는 점에 주의하라고 강조한다. 가령 디지털 카메라의 등장으로 전 세계 일등 카메라 필름회사였던 코닥이 몰락했던 역사, 휴대폰 일등 기업이었던 노키아가 스마트폰의 등장으로 파국의 길을 걸었던 역사가 좋은 본보기가 된다.

따라서 이러한 변화에 적극적으로 대응하지 못하는 기업은 아직까지는 일등 기업이라 해도 그가 생각하는 일등 기업의 요건에는 부합하지 못하므로 투자하지 않는다는 얘기다.

정태적 가치가 아니라 동태적 가치를 보라

최광욱 매니저가 기업의 가치를 판단하는 기준은 정태적 가치보다 동태적 가치다. 앞서 말한 대로 주식은 유가증권이 아니라 기업이기 때문에 그 가치 역시 살아 있는 생물처럼 끊임없이 변하기 때문이다.

기업 가치를 평가함에 있어서 회계 정보도 중요한 투자지표지만, 그보다는 그런 회계 정보의 근간이 되는 기업의 비즈니스 모델이 얼마나 견고한가, 그리고 변화하는 미래 환경에 적합한 비즈니스 모델인가 등이 더욱 중요한 분석의 잣대라는 것이다. 그는 산업이 고도화되면서 백 년도 넘는 과거에 만들어진 회계 체계는 기업 가치를 충분히 나타낼 수 없다고 판단한다.

"지금의 인터넷 세상 속에서 가치를 만들어가는 아마존, 알파벳, 페이스북, 넷플릭스 같은 기업들의 가치는 결코 회계 정보만으로 파악하기 어렵습니다. 그럼에도 불구하고 이들은 4차 산업혁명이라는 변화를 주도하며 연일 사상 최고 주가를 갱신하면서 전 세계 증시를 주도하고 있습니다. 자산도 보이지 않고 적자까지 내면서도 폭발적으로 지배력을 확대해 온 이 기업들은 어느 순간 제조업에서 경험해 보지 못한 이익 성장세를 보여 줍니다. 이런 기업들을 회계의 잣대로 해석하려고 했다면, 결코 싸게 투자하지 못했을 것입니다. 항상 비싸게만 평가되었을 것이기 때문입니다. 전 세계 소비재시장을 주도하는 명품소비재 기업들의 브랜드 가치 또한 재무제표에서 찾아볼 수 없습니다. 이들은 스스로 매장 수를 조절하고, 스스로 가격을 결정하고, 스스로 제품 포트폴리오를 다양화합니다. 결국 변화하는 산업 환경과 비즈니스 모델을 이해해야만 이런 기업들에 장기투자가 가능할 것입니다."

최광욱은 재무제표를 볼 때도 자산가치(PBR)보다는 수익가치(PER)를, 이익의 양보다는 질을 중요시한다고 덧붙인다. 아무리 PBR이 낮아도 이익이 늘지 않으면 주식시장이 그 기업의 가치를 할인하기 때문이다.

또한 똑같은 이익을 내는 기업의 주가라도 그 이익의 질이 다르다면 그 가치는 결코 같지 않다. **좀 더 지속 가능한 이익, 좀 더 성장 가능한 이익, 좀 더 예측 가능한 이익에 더 높은 프리미엄을 부여하는 것이 주식시장의 생리**이기 때문에 PBR보다는 PER이, 이익의 양보다는 질이 중요하다는 얘기다.

늘 생각하라, 가치 있는 것이 무엇인지를

"늘 생각하라, 가치 있는 것이 무엇인지를….." 최광욱의 좌우명이다. 이것 역시 강방찬 회장이 자주 얘기했던 것으로, 그의 마음에 강렬한 인상을 남겼기에 늘 되뇌고 있다 한다. 그가 늘 생각하라고 스스로를 채찍질하는 이유는 세상이 늘 변화하기 때문이다.

변하는 세상은 가치를 이동시키고 새로운 가치를 만들어 내므로, 사고가 어제에 머물러 있어서는 새로운 가치의 이동을 쫓아가지 못하니 말이다. 이러한 세상의 가치 변화를 생각하며 투자해서 성공한 투자 스토리로 그는 NAVER와 호텔신라에 대한 투자를 꼽는다.

인터넷 플랫폼 시장의 성장을 예상하다 −NAVER

최광욱이 NAVER에 투자하기 시작한 것은 2002년 이 회사가 상장되었을 때부터이며, NAVER는 지금도 그가 운용하는 포트폴리오에 변함없이 담겨 있는 장기투자 종목이다. NAVER라는 기업은 KT나 SKT 같은 통신 사업자들이 깔아 놓은 망 위에서 사업을 영위하는 회사임에도 시가총액이 2007년 KT의 그것을 뛰어넘었고, 그로부터 몇 년 후 SKT의 시총마저 뛰어넘었다.

한편 NAVER의 이익은 폭발적인 성장을 거듭하고 있지만, 여전히 통신사들의 이익 수준에 못 미치는 상황이다. 이 때문에 종종 고평가 논란에 휩싸이면서 이에 투자한 펀드매니저들을 곤혹스럽게 만들었다.

그러나 최광욱은 NAVER가 본인을 포함한 대다수 소비자들에게 많은 효용과 가치를 만들어 주고 있다는 점에 주목했다. 아직까지 대부분의 소비자는 NAVER에 지갑을 열어 본 적이 없지만, 시간이 흐르면서 NAVER나 카카오 같은 인터넷 플랫폼 기업들의 수익모델은 더욱 강화될 것으로 생각하여 중·장기적 시각으로 투자했다.

NAVER는 2002년 약 3,800억 원에 상장되어 2018년 여름 기준 게임 부문(NHN)을 분할한 이후에도 시가총액이 25조 원에 달했다. 기업 가치가 무려 65배나 증가한 것이다. 다만, 최광욱은 이해진 의장의 일선 후퇴에 따라 리더십에 변화가 있는 것은 아닌지, 회사가 너무 커지면서 내부의 벤처정신이 약화되고 있는 건 아닌지 우려하고 있으며, 최근에는 보다 역동적으로 인터넷 플랫폼 사업을 확장하고 있는 카카오를 주목하고 있다.

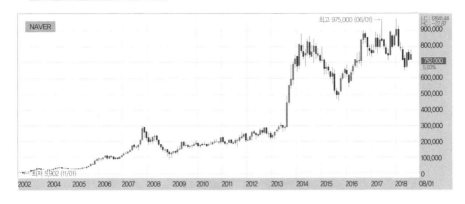

비즈니스 모델이 변하면 기업 가치도 변한다 – 호텔신라

최광욱이 호텔신라에 투자한 것은 이 회사가 호텔업에서 면세점유통업으로 주력 모델을 바꾸면서 새로운 기업 가치를 창출했기 때문이다. 호텔업의 비즈니스는 객실 수라는 물리적 한계에 매출이 막혀 있는 구조이면서, 진입장벽도 낮고 고정비가 큰 사업이다.

이에 반해 면세점유통업은 단위면적당 트래픽이 늘어날수록 매출과 이익이 열려 있는 사업구조이면서 진입장벽도 높을 뿐 아니라 변동비가 큰 사업이다.

그는 2009년부터 중국의 소비가 늘어나고 한국을 찾는 중국관광객 수도 빠르게 늘어나는 모습을 목격하면서 면세점에 대해 관심을 갖기 시작했다. 당시 호텔신라의 면세점 투자 확대는 매분기 적자를 내는 부실한 재무제표의 주범이었고, 이에 따라 증권사 분석보고서도 대개 부정적이었다. 주가도 시가총액 5,000억 원을 밑도는 수준에서 움직이고 있었다. 최광욱은 이때를 매력적인 가격에 호텔신라의 주주가 될 수 있는 좋은 기회라 판단하고 적극적으로 투자하기 시작한다. 결국 호텔신라는 몇 년 만에 롯데와 함께 면세점산업의 과점적 지위에 올랐고 사상 최고 이익 갱신과 더불어 시가총액도 5조 원 수준까지 상승하는 기염을 토해 냈다.

그러나 2015년 정부가 면세점사업자를 추가로 인가해 주면서 신세계, 한화갤러리아 등 유통업체의 강자들이 이 시장에 진입하자 경쟁이 과열될 것을 예상해 호텔신라에 대한 투자를 정리했다.

⠿ 호텔신라 주가(2009년 초~2015년 말)

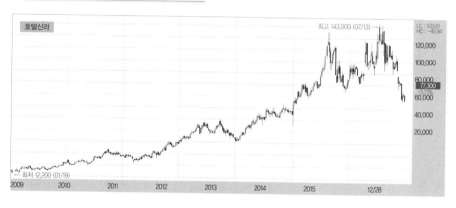

지나친 확신과 고집을 경계할 것

펀드매니저로서 최고의 성과를 내 온 최광욱에게도 실패의 사례는 여럿 있다. 그가 꼽는 대표적인 실패는 2011년 삼성전자 휴대폰 사업부문의 몰락을 예견하고 삼성전자에 대한 투자 비중을 크게 낮추었던 일이다. 그는

2010년 국내에 애플 아이폰이 처음으로 출시되자마자 이를 구입했는데, 기존의 국내 휴대폰과는 차별화된 아이폰의 매력에 푹 빠졌다. 당시 삼성전자는 옴니아폰으로 아이폰에 대응했지만 전혀 상대가 되지 못했다. 이에 최광욱은 삼성의 휴대폰사업에 경쟁력이 없다고 판단했고, 돌이켜보면 지나칠 정도의 확신을 갖고 삼성전자에 대한 투자를 대폭 줄였다(당시 삼성전자는 모바일사업부의 수익이 회사 수익의 70% 정도나 차지해 휴대폰사업의 성패가 회사 전체 수익을 좌우했었다).

하지만 2012년 출시된 삼성전자 갤럭시3 모델은 세계적으로 큰 성공을 거둔다. 이를 통해 삼성전자는 애플과 같은 혁신은 아니지만 하드웨어 측면에서 뛰어난 제조기술을 과시했다. 이러한 삼성전자의 제조기술 경쟁력을 과소평가한 결과로 최광욱의 성과는 약 1년간 KOSPI지수를 크게 밑돌게 되었고 고객자금의 이탈도 경험했다.

물론 삼성전자도 급변하는 환경에 적응하지 못해 몰락한 노키아의 전철을 얼마든지 따를 수 있었다. 그러기에 이를 피하기 위해서 기업은 변화를 지속해야 하며, 우리는 항상 새로운 변화를 통해 성장을 모색하는 기업에 장기 투자해야 한다. 다만, 삼성전자는 당시 그러한 변화를 만들어 낼 역량과 혁신하려는 의지가 있었는데, 최광욱은 이를 간과했고 자신의 판단에 너무 확신을 가졌던 것이다. 지나친 확신은 매니저로서 항상 경계할 대상임을 그에게 절감시켜 준 사례였다.

산업지도의 변화를 전망하다

최광욱은 지금 일어나고 있는 여러 가지 변화가 앞으로 시장을 리드하는 힘이 될 것이라고 전망한다. 4차 산업혁명이라는 기술의 변화, 에너지산업의 구조 변화, 인구구조의 변화, 경쟁구도의 변화 등은 한 나라의 산업지도를 바꾸어 놓기에 충분하며, 이러한 변화는 일시적인 현상이 아니라 상당히 오랜 기간에 걸쳐 지속될 구조적 변화라고 예견한다.

2018년 GE는 미국 다우존스지수에서 111년 만에 탈락하는 수모를 겪는다. 최광욱이 업계에 처음 발을 들였던 시절만 해도 전 세계 시가총액 1위의 기업이었다. 그러나 이제는 애플과 아마존 같은 기업이 시가총액 1조 달러를 넘어서며 1위를 다투고 있는 상황. 4차 산업혁명이라는 장기적이고 구조적인 변화가 미국의 산업지도를 바꾸고 있는 것이다.

미국 주가지수가 2012년에 최고치를 갱신한 이후 6년째 사상 최고 지수를 매년 갈아치우는 강세 흐름 속에서 아마존이 아닌 월마트에, 테슬라가 아닌 GM에, 넷플릭스가 아닌 컴캐스트에 돈을 넣어두었던 투자자들은 매우 우울한 결과를 맛보았을 것이다. 바로 이것이 변화를 인식하느냐, 못하느냐의 차이다.

과거 GE와 엑슨모빌이 이끌어 온 미국의 산업지도를 이제는 애플, 아마존, 알파벳(구글) 등의 혁신 기업들이 바꾸어 놓고 있듯이, 한국의 산업지도도 그렇게 바뀌어 가고 있고 또 바뀌어야 한다. 그것이 최광욱의 생각이다.

"한국의 경우 과거에 경제를 이끌어 왔던 조선, 철강, 화학, 기계 등의 중후장대산업이 이미 중국에 밀린 지 오래고, 최근에는 자동차, 그리고 몇 년 내로는 IT 하드웨어가 경쟁력을 잃어갈 것으로 예측되는 상황입니다. 대체로 경제 전망이 이러하니, 많은 국민들은 불안해 할 수밖에 없지요. 그러나 막히는 산업이 있다면 열리는 산업이 있기 마련이고, 또 변화를 읽고 새로운 비즈니스 모델에 올라타는 기업가들이 존재하기에 한 나라의 경제가 성장해 가는 것이라고 생각합니다."

그는 향후 한국시장에서 다음과 같은 변화를 주목해야 할 것이라고 얘기한다.

(1) 인공지능, 빅 데이터가 이끄는 4차 산업혁명, 스마트 카, 스마트 홈, 스마트 팩토리, IOT, 핀테크 등 기존 산업의 질서를 파괴하는 새로운 기술과 산업의 등장을 주목해야 한다. 이런 신기술의 등장은 한국의 IT 하드웨어 기업들에게 한편으로는 위기이면서 다른 한편으로는 또 하나의 새로운 기회로 작용할 수 있다고 예측한다.

과거에 경험해 보지 못한 반도체 및 IT 하드웨어의 폭발적인 수요와 가전과 휴대폰에 머물러 있던 IT 세트업체가 자동차 전장 쪽으로 비즈니스 모델을 이동하면서 성장하는 구도가 목격되기 때문이다. 요즘 MLCC로 역대 최고의 이익을 내고 있는 삼성전기가 좋은 예이다.

또한 메모리 반도체와 디스플레이 기술의 혁신을 한국 기업들이 주도하고 있듯이 향후에도 IT 하드웨어 산업 내 기술 혁신을 한국 기업들이 만들어 낸다면 중국 기업들의 성장에도 불구하고 꽤 오래 한국 경제의 버팀목이 될 것으로 기대할 수 있다는 긍정적 견해를 피력한다.

(2) 최근 남북해빙 모드와 더불어 동아시아의 평화의 시대가 도래하고

있는데, 이는 곧 동아시아 경제협력 강화로 연결되고 한국은 여기서도 기회를 찾을 수 있을 것으로 예측한다. 트럼프 발 미국의 보호무역주의 강화는 중국을 중심으로 한 아시아권의 경제협력이 강화되는 계기로 작용할 것이다. 전 세계 GDP에서 차지하는 국가별 비중에서 어느덧 중국이 16%까지 올라온 상태다.

2002년 중국이 전 세계 GDP의 4.2%를 차지하고 있던 시절, 미국은 32.9%를 차지하고 있었다. 그러나 작년 기준으로 미국의 비중이 23.7%까지 하락한 상황에서 중국에 대한 미국의 견제는 계속될 수밖에 없겠지만 이는 오히려 아시아권역 내 국가들의 경제협력 강화로 이어지리라는 것이 그의 생각이다.

"2018년 한국의 수출 물량 가운데 35%가 중국과 베트남 대상이었다는 통계청 발표가 있었습니다. 이 비중은 앞으로 더욱 확대될 여지가 큽니다. 사드 배치에 따른 중국의 경제보복 기간에도 꾸준히 늘어나는 K-뷰티, K-푸드, K-패션, K-콘텐트 등 수출에 주목할 필요가 있습니다. 여전히 강한 한류 콘텐트를 타고 빠르게 지역적 확장을 하고 있는 한국의 수출형 소비재 산업은 이전에 없었던 새로운 가치를 만들어 내고 있습니다. 브랜드 파워가 있는 한국 소비재 기업들의 성장이 한국 경제의 한 축이 되면서 산업지도는 바뀔 수 있다고 판단합니다."

한국의 소비재 업체들은 더 이상 5천만 명이 아니라, 중국과 동아시아 전체 30억 명을 상대로 장사하고 있다. 이 업체들의 제품을 중국 등 다른 아시아 국가가 못 만들어 내서가 아니라 한국 제품의 브랜드 파워가 훨씬 강하고 K-컬처의 인기가 뜨겁기 때문이다. 스타벅스나 맥도널드 같은 글로벌 소비재 기업들의 가치는 우리가 세계적 기업으로 성장했다고 생각하는 POSCO나 현대차보다 훨씬 크다. 최광욱은 우리나라 소비재 기업들도 아시아 전체를 대상으로 시장을 넓히면 지금보다 기업 가치가 한 단계 상승할 수 있다고 확신한다. 실제로 휠라코리아 같은 경우, 세계 시장을 상대하는 소비재 업체로 성장하면서 2017~2018년 주가도 두 배 이상 뛰었는데 이런 소비재 기업들이 계속 출현하기를 기대하는 것이다.

그 밖에도 그는 친환경으로 바뀌어 가는 에너지산업의 구조변화에 비즈니스 모델을 탑승시킨 기업들, 또 노령인구의 증가에 따라 성장할 산업에 새로운 가치를 만드는 기업들이 많이 탄생하길 희망한다. 한국의 경제가 작금의 답답한 상황에 처해 있지만, 주식을 통해서 이런 성장하는 기업들의 과실을 공유할 기회는 충분히 있을 것으로 전망한다.

투자 조언 – 신뢰할 만한 펀드 혹은 일등 기업에 장기투자하라

주식시장은 변동성이 크고 때론 과열과 공포를 초래하기도 한다. 그런 시장에서 펀드투자를 할 때, 시장이 좋으면 펀드에 가입했다가 수익률이 저조하거나 손실을 보면 환매하는 우를 범하는 것이야말로 반드시 피해야 한다고 조언한다. 그는 매니저 교체가 없고 일관된 철학과 원칙이 있으며 신뢰할 수 있는 운용사의 펀드에 오래도록 투자하면, 반드시 만족할 만한 성과가 나올 것이라고 자신한다. 그리고 직접투자를 하는 경우에는 일등 기업에 장기 투자하는 것이 최선이라고 단언한다.

"자본주의 역사는 기업의 역사이고 호황과 불황을 반복하게 되는 바, 불황을 극복하고 살아남는 기업은 이전보다 더 큰 가치를 만들어 냅니다. 그래서 일등 기업들은 장기적으로 시장 평균인 지수를 크게 상회하는 역사를 만들어 왔습니다."

국민의 노후자금을 책임지겠다는 사명감

최광욱의 개인적인 꿈은 가능한 한 오래도록 펀드매니저로 일하는 것, 유능한 펀드매니저로 기억되는 것, 그리고 좋은 후배들을 많이 양성하는 것이다. 또 회사 차원에서는 우리 국민들의 노후자금을 책임지는 사명감으로 일하는 좋은 운용사를 만들고 싶다고 한다. 2018년 하반기에 J&J의 전체 주식운용 규모가 2조9천억에 이르렀고 조직과 프로세스가 완비되어 가고 있다. 이에 따라 공모운용사로의 전환 작업도 진행 중인데, 이를 마치고 나면 조만간 공모주식형 상품을 선보일 계획이다.

"저희 회사는 곧 공모펀드를 출시하여 퇴직연금 시장으로 진출할 계획입니다. 회사의 최초 설립자인 이재현 대표와 의기투합하게 된 것은 주식이라는 효율적 투자수단을 통해 대한민국 국민의 노후자금을 책임지는 존재감 있는 운용사를 함께 만들어 보자는 비전의 공유에서 출발하였습니다. 조만간 회사가 끝까지 책임과 정성을 다하는 펀드를 선보이겠습니다."

지금까지 최광욱 매니저가 이루어낸 투자성과가 장기적으로 큰 굴곡 없이 시장을 압도적으로 초과했었기에, 누구보다도 퇴직연금을 성공적으로

운용할 수 있을 거라고 믿어 의심치 않는다. 따라서 최광욱과 J&J가 운용할 퇴직연금펀드에 대해서 많은 투자자들이 관심을 갖고 기대해도 좋을 것이다.

● **최광욱** 대표

1970년생
한양대학교 경영학과
에셋플러스투자자문 주식운용팀장
에셋플러스자산운용 전무 겸 CIO
현) 제이앤제이자산운용 대표이사

05

일반주식형(사모)

최준철 VIP자산운용

　최준철 매니저는 1976년생으로 약관 27세이던 2003년 김민국 공동대
표와 함께 VIP투자자문을 설립해서 정통 가치투자 철학을 기반으로 회사
를 키워 왔다. VIP투자자문은 2018년에 VIP자산운용으로 전환했으며 아
직까지는 공모주를 출시한 적이 없다. 따라서 VIP자산운용이나 최준철
매니저의 운용성과와 기존 공모형 주식펀드를 운용해 온 매니저의 성과를
직접 비교하는 것은 적절하지 않다. 왜냐하면 투자자문사가 운용하는 일
임펀드나 사모펀드는 일반투자자 보호를 위해 공모펀드에 부과되는 여러
가지 제약을 받지 않기 때문이다.

　가장 대표적으로는 한 종목에 포트폴리오의 10% 이상을 담지 못하는 분
산투자 요건 등이 일임-사모펀드에는 적용되지 않는다. 따라서 일임이나
사모펀드는 소수의 종목에 집중투자해서 단기간에 높은 수익률을 올릴 가
능성이 상대적으로 높다. 또한 위탁자산의 편입-편출도 공모처럼 빈번하

지 않다는 점도, 운용하는 매니저의 입장에서는 포트폴리오를 일정 기간 자기 페이스대로 운용할 수 있게 도와준다. 일임이나 사모펀드의 규모는 공모펀드보다 작기 때문에 대형주 비중이 적게끔 포트폴리오를 운용할 수 있으며 이를 토대로 지수 대비 차별화된 성과가 나타나기 용이하다.

　이런 모든 차이점을 고려하더라도 최준철 매니저가 2003년 이후 기록한 운용성과는 놀랍다. VIP사모펀드는 지난 15년간 누적수익률 622.67% 및 연평균수익률 14.15%을 기록함으로써 KOSPI의 누적수익률 222.16%과 연평균수익률 8.15%를 거의 3배(누적수익률 기준)로 압도한다.

![최준철 매니저의 성과 vs KOSPI 성과

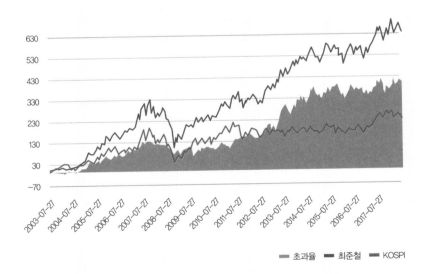

연도별 성과요약

기간(현재기준 최근)	운용수익률	KOSPI	초과수익률
1년	−2.06(−2.06)	−2.75(−2.75)	0.68(0.68)
3년	8.13(2.64)	12.15(3.89)	−4.02(−1.36)
5년	30.53(5.47)	24.84(4.54)	5.69(1.11)
6년	71.13(9.37)	25.46(3.85)	45.66(6.47)
7년	63.2(7.25)	10.73(1.47)	52.46(6.21)
10년	96.15(6.97)	38.88(3.34)	57.27(4.63)
11년	83.31(5.66)	33.41(2.66)	49.9(3.75)
12년	176.37(8.84)	79.6(5)	96.77(5.8)
13년	264.64(10.46)	130.73(6.64)	133.91(6.75)
14년	536.16(14.13)	196.02(8.06)	340.13(11.17)
운용 이후(03.07)	622.60(14.15)	222.16(8.15)	400.43(11.38)

연도	운용수익률	KOSPI수익률	초과수익률
2004	24.28	10.51	13.77
2005	89.01	53.96	35.05
2006	14.72	3.99	10.72
2007	32.85	32.25	0.60
2008	−34.25	−40.73	6.48
2009	33.20	49.65	−16.45
2010	21.09	21.88	−0.80
2011	2.42	−10.98	13.40
2012	15.24	9.38	5.86
2013	20.33	0.72	19.61
2014	5.76	−4.76	10.53
2015	0.76	2.39	−1.63
2016	4.67	3.32	1.35
2017	13.49	21.76	−8.27
2018 상반기	−3.30	−5.73	2.43

가치투자로 의기투합한 두 대학생, 투자자문사 설립하다

최준철은 대학에 들어가기 전까지 부산에서 초등학교와 중·고등학교를 다녔다. 당시 그의 집안 형편이 어렵지는 않았어도 사립초등학교에 보낼 만큼 부유하지도 않았는데 부모님은 그를 사립초등학교에 보냈다.

어린 최준철은 자신보다 형편이 좋은 친구들을 보면서 왜 자기 집이 다른 집에 비해서 부유하지 않은지 생각해 보았다. 그러고서 내린 결론은 자기 아버지가 혼자 월급을 벌어 생활하는 데 비해 부자 친구들 집은 아버지 한 사람의 노동력이 아닌 사업체가 돈을 번다는 차이가 있음을 깨달았다. 그래서 그는 커서도 월급쟁이가 되지 않고 사업가가 되리라고 마음먹었다.

어린 나이에 부에 대하여 나름대로 욕망을 품고 방법까지 생각했던 것은 그의 인생행로에 크게 영향을 미쳤다. 그래서인지 청소년 시절 그의 롤 모델은 성공한 정치가나 사상가가 아니라 기업가였고, 이병철, 정주영, 김우중 같은 성공한 기업인들의 자서전을 흥미롭게 읽으며 사업가로의 꿈을 키웠다. 그런 그가 경영학과에 간 것은 매우 자연스러운 선택이었다.

그런데 재수까지 해서 입학한 서울대 경영학과 1학년 시간표를 받아 보니, 그토록 갈망했던 사업하는 방법은 가르쳐주지 않고 전혀 관심 없는 국어, 작문, 독일어 등 교양과목들뿐이었다. 학교 수업에 흥미를 못 느낀 그는 자주 강의에 빠지고 혼자서 사업아이디어를 짜내며 돈 버는 길을 모색했다. 그야말로 현실적이고 적극적인 사업가 지망생이었던 것이다.

하지만 자본도 특별한 기술도 없는 학생이 사업을 한다는 것은 생각처럼 쉽지 않았다. 그러던 중 그는 우연히 워런 버핏의 스승인 벤저민 그레이엄의 책을 읽고 외치게 된다. "유레카!" 그레이엄의 책을 보면서 자본이 없는 자신이 기업을 소유할 수 있는 지름길이 바로 주식임을 깨달은 것이다. 그리고 자신이 직접 사업을 하는 것보다 유능한 기업의 파트너가 되는 것이 더 빨리 사업가로 성공하는 길이라는 믿음을 갖고 본격적으로 주식투자 세계에 들어서게 된다.

최준철은 1학년 때부터 열심히 과외를 하면서 종잣돈을 모아 버핏의 가치투자 방식대로 기업을 고르고 투자했다. 주식투자를 시작했을 당시에는 기업에 대한 자료를 구하기도 힘들었지만, 1999년 전자공시가 시작되면서 재무제표를 볼 수 있었고 제대로 된 기업정보를 가지고 가치투자가 가능해졌다. 그런 방식의 초기 개인투자가 다행히 좋은 결과로 이어지면서 평생 이 길이 자기 길이라고 확신하게 된다.

열심히 주식투자를 하던 2001년의 어느 날, 복학생 최준철은 인터넷 투자 사이트에서 '낭중지추 K'라는 아이디를 가진 김민국의 기업분석 보고서를 읽게 된다. 신도리코에 대한 보고서였다. 김민국은 복사기 제조업체인 신도리코가 연간 순이익이 30% 이상 증가할 것으로 기대되며, 배당수익률도 8%에 달하는 숨은 가치주라고 평가했다.

'엔젤'이라는 필명으로 활동하던 최준철은 이 보고서를 인상 깊게 읽었고, 이를 계기로 '낭중지추 K' 김민국과 메일을 주고받으며 투자의견을 교환하기 시작했다. 두 사람이 종목을 고르고 투자하는 방법이 철저한 가치투자에 기반을 두었기에 얘기가 잘 통했다. 얼마 되지 않아 두 사람은 메일이나 채팅에서 한 걸음 더 나아가 직접 통화를 하게 되었다.

신기하게도 두 사람 모두 서울대학교 상경계 학생인 데다 나이도 동갑이라는 걸 알게 되었고, 마침내 서울대 앞 녹두거리의 한 식당에서 직접 만나게 된다. 생전 처음 만난 자리였음에도 두 사람은 주식에 대한 생각과 경험을 나누면서 마치 오랜 친구처럼 쉽게 가까워졌다.

이 만남을 계기로 최준철은 김민국이 가입해 있던 서울대 투자연구회(SMIC; SNU Midas Investor Club)에 참여해 활동을 시작했다. 이들은 투자동아리 안에 'VIP펀드'라는 것을 만들어 본인들이 생각하는 가치투자를 실행해서 보여 주는 실험을 감행했다. 투자동호회 회원들과 지인들의 자금을 모아 마련한 1천만 원 정도가 VIP펀드의 초기 운용자금이었다.

이들은 2001년 6월부터 VIP펀드를 운영하면서 편입 종목, 편입 이유, 종목별 기업분석보고서, 펀드 수익률 등을 공개했다. 자신들의 가치투자 방법이 현실에서 좋은 성과로 나타나리라고 확신한 행동이었다.

실제로 VIP펀드는 2003년까지 2년 만에 117%의 수익률을 기록했다. 가치투자가 짧은 기간에 높은 수익률을 올릴 수 있는 방법은 아니지만, 운좋게도 2001년 9·11테러가 발생했을 때 폭락한 가치주들을 쓸어 담은 것이 주효했던 것이다.

가치투자 결과가 실제 좋은 성과로 나타나자, 두 사람은 자신들의 가치투자 노하우를 동아리 후배들에게 전수하기 위해 교재를 만들기로 한다. 그러나 후배들을 위한 교재라도 제대로 만들고 싶었건만, 학생들 처지에서 편집비와 인쇄비가 부담이었다.

고민 끝에 이들은 동호회 회원들뿐 아니라 일반인까지도 사서 읽을 수 있는 책을 만들어 보기로 결심했다. 일반 출판사에서 출간만 해 준다면 편집과 인쇄 비용이 별도로 필요 없고 오히려 인세까지 기대할 수 있다고 생각한 것이다.

그 동안 두 사람이 가치투자를 하면서 겪은 경험과 자료를 토대로 집필한 이 책이 바로 〈한국형 가치투자전략〉이다. 이 책은 일반투자자들 사이에 폭발적인 반응을 불러일으켰다. 펴내 줄 출판사조차 찾기 어려웠던 이 책은 3만 권 가까이 팔렸고, 그 내용에 공감하는 팬들도 생겨났다. 심지어는 아예 돈을 맡길 테니 운용해 달라는 요청도 많았다.

최준철과 김민국은 이때 심각한 고민에 빠졌다. 겨우 스물일곱 나이에 회사를 차리고 직접 펀드매니저 겸 경영자가 될 것인가, 아니면 남들처럼 금융회사에 취직해서 일할 것인가? 그러나 이들은 증권사나 운용사에 소속되어 일하는 것보다 스스로 회사를 설립하는 것이 자신들의 투자 철학과 운용방식을 실현하는 데 더 적합하다는 결론을 내리고 'VIP투자자문'을 설립한다.

마침 이들의 주식투자에 대한 열정과 실력을 보아 왔던 대학선배(김정주 넥슨 대표)가 100억 원이라는 회사 여유자금의 운용을 맡겨주었기에 가능했던 것이다.

워런 버핏 같은 정통 가치투자 – 삼성전자를 사지 않는 이유

최준철 매니저의 투자 철학은 '보텀-업bottom up'에 근거한 철저한 가치투자다. 경제의 사이클이나 시장 상황은 그에게 별로 중요하지 않다. 그가 집중하는 건 오직 한 가지다. **"이 기업이 본질적인 가치에 비해 저평가 되어 있는가?"**

VIP사모펀드를 출범시키면서 그는 삼성전자 같은 대형주들을 편입하지 않았다. 왜일까? 시장에는 이런 대형주들을 분석하는 애널리스트도 많고 해당 종목에 대한 정보도 풍부하기 때문에, 주가가 효율적으로 형성되므로 특별히 싸게 살 수 있는 기회를 찾기 어렵다고 판단했기 때문이다.

또한 우리나라 주식시장의 상당 부분을 차지하는 IT 주식에 대한 투자 비중도 낮은 편인데, 이는 IT 종목의 경우 업황의 기복이 심해서 시장 환경 변화에 의해 기업의 수익이 크게 좌우될 뿐 아니라, 산업 내 경쟁도 심해서 어느 기업이 살아남을지 가늠하기 힘들기 때문이다.

예컨대 반도체를 하던 회사 중에서 삼성전자는 살아남았지만 LG반도체나 현대전자는 그렇지 못했다. 휴대폰 또한 삼성전자가 애니콜 신화를 쓰면서 잘 나가던 시절도 있었지만 애플에 밀리고 화웨이에 추격당하며 어려움을 겪는 것처럼. IT는 생태계가 변화무쌍해서 안정된 수익이 확보되기 어렵다는 게 여느 펀드매니저들과는 달리 최준철이 삼성전자를 좋아하지 않는 이유다.

이보다는 산업 자체의 안정성이 높고 꾸준히 매출과 이익이 나오면서도 시장의 관심과 유행에서 벗어나 있어서 거래량도 적은 종목들을 선호한다. 특히 소비 주기가 빨라 지속적으로 수요가 창출되는 품목을 가지고 있는 데다 시장지배력과 가격결정력을 갖고 있는 기업들을 선호한다. 이런 종목들은 단기간에 높은 수익을 주진 않아도, 3~4년 이상 기다리면 결국은 주가가 재평가 받는 시점이 오기 마련이고, 그럴 때에는 높은 수익률로 그 동안의 기다림을 보상해 준다는 게 최준철의 믿음이다.

특히 이런 종목이 현금이나 알짜배기 자산까지 소유하고 있다 돈을 빌려주면서 담보물을 잡고 있듯이 안전마진이 확보되기 때문에 돈을 잃을 확률이 거의 없다.

가령 2000년대 초 롯데칠성에 투자한 것은 '2% 부족할 때'라는 음료수가 당시 대학생들에게 선풍적인 인기를 끄는 것을 보고 제품의 성공을 확신해서였지만, 롯데칠성이 서초동에 물류센터 부지를 가지고 있는 것도 투자 결정에 영향을 미쳤다.

시장지배력이 높은 기업에 장기 투자해 15배 수익 얻다 – 동서

동서는 맥심이라는 커피 브랜드로 일반인에게 잘 알려져 있는 식품회사. 최대주주의 지분율이 70%로 높아서 유통물량이 작고 거래량도 적다. 최준철은 2001년부터 동서에 투자하기 시작했다. 당시 맥심 브랜드는 믹스커피 시장의 80%를 점유하고 있어서 시장지배력이 압도적인 데다, 제품의 소비 주기가 초단기라 지속적으로 재구매가 이루어진다는 속성이 매력적이었다. 동서는 독점에 가까운 지배력을 가지고 있음에도 불구하고 꾸준히 제품 개발과 유통망 관리 등을 지속적으로 노력한다는 점도 맘에 들었다.

그러나 이처럼 좋은 회사에 투자했다 하더라도 이를 2014년까지 10년 넘게 지속적으로 보유해 15배의 수익을 남긴다는 것은 그리 쉬운 일이 아니었다. 주식투자를 해 본 사람이면 누구나 알 테지만, 잘 고른 종목이 2~3배 올랐을 때도 팔지 않고 지속적으로 가지고 가는 것, 혹은 처음 투자했을 때 예상치 못했던 좋지 않은 상황이 닥쳐도 여전히 회사에 대한 믿음을 유지한다는 것 모두 어려운 일이기 때문이다.

최준철이 동서를 장기 보유할 수 있었던 것은 최고 경영자의 경험과 능력을 볼 때 맥심의 절대적인 시장지배력을 계속 유지시킬 수 있다고 판단했기 때문이다. 동서의 최고경영자는 CJ제일제당의 초대 사장을 역임했으며 음식료 업계에서 자타가 공인하는 실력자였고, 경영 스타일 자체도 삼성그룹 출신 CEO답게 치밀하고 조직적이었다. 실제로 동서는 위기가 될 만한 사건들이 여러 번 발생했음에도 이를 잘 헤쳐 나갔고, 그런 모습을 한두 번 보면서 웬만큼 주가가 올라도 팔지 않고 장기 보유하자는 믿음을 갖게 되었다.

동서를 크게 위협했던 사건은 남양유업이 믹스커피 시장에 도전장을 낸 것과 원두커피가 유행하면서 수많은 커피전문점 프랜차이즈가 등장한 것이라 할 수 있다. 그러나 최준철은 남양유업의 거센 도전에도 동서 맥심커피에 대한 소비자들의 로열티가 흔들리지 않을 것으로 봤고, 원두커피 붐도 전체 커피 인구를 늘려 시장을 키우는 것이지 그로 인해 동서가 쇠퇴하지는 않을 거라고 판단했다. 다행히 동서는 남양유업의 도전에도 시장을 잘 방어했고, 원두커피를 원하는 소비자들의 기호에 맞추어서 '카누'라는 포장 원두커피를 성공시키는 저력을 보여 주었다.

그 결과 2001년 천 원을 조금 넘겼던 주가는 2014년 2만 원 내외에 거래되며 평균 15배 정도의 수익을 안겨 주었다. 동서의 주가는 그 후에도 4만 원 넘게까지 상승하기도 했지만, 최준철은 커피믹스 시장의 추가 성장을 기대하기는 어렵다고 판단해서 2014년 동서에 대한 투자자금을 회수했다.

⠿ 동서 주가(2000년 초~2016년 말)

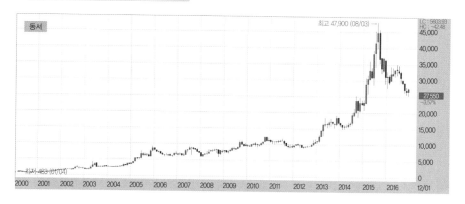

지주회사라서 저평가된 주식의 발굴 – 아모레G

최준철 매니저는 지주회사가 저평가되는 경우가 종종 있어서 이를 잘 분석하여 숨은 가치를 발견하면 높은 수익을 얻을 수 있다고 생각한다. 2010년 그가 투자했던 아모레G(구 태평양)가 바로 그런 사례다. 당시 아모레퍼시픽은 많은 사람들이 좋은 기업으로 생각해서 투자를 했지만, 지주회사인 아모레G는 상대적으로 외면당하는 주식이었다.

최준철은 자회사 가치와 보유현금을 감안하면 아모레G가 현저한 저평가 상태(당시 시총 9,000억)라는 걸 발견했다. 그리고 VIP투자자문의 직원들과 함께 아모레그룹의 성장 가능성을 철저히 조사하기 시작했다. 일부러 시간을 내어 화장품 가게를 방문해서 어떤 제품이 잘 팔리는지 체크했다. 아모레 연구소의 직원을 만나 아모레 화장품에 대한 중국 시장의 반응은 어떤지, 향후 출시될 제품의 개발 과정은 어떤지도 청취했다.

VIP투자자문 연구원들과 함께 한국 및 중국의 화장품 잡지까지 챙겨 보면서 열심히 공부했고 중국 출장길에는 한국 화장품에 대한 중국 소비자들의 반응도 조사했다. 거의 화장품 전문가가 될 정도의 깊이 있는 리서치를 진행한 그는 한국 화장품 및 아모레퍼시픽의 중국 시장에서의 성공을 확신하게 되었고, 아모레G와 아모레퍼시픽 우선주를 매수했다. 지주회사 가치가 자회사 가치에 비해 매우 낮게 평가되어 있었고 우선주도 보통주에 비해서 괴리가 컸기 때문이다.

최준철은 지주회사를 과자회사의 종합선물세트에 비유한다. 종합선물세트를 구성하는 과자들이 맛있고 품질 좋은데 단지 여러 과자가 같이 묶여 있어서 싸게 파는 거라면, 이는 사는 사람 입장에서 매우 유리한 매수 기회라는 것이다. 아모레G뿐 아니라 SK나 NICE와 같은 지주회사도 매우 수익성이 좋은 알짜배기 자회사들을 갖고 있는 종합선물세트이므로 투자자들이 관심을 가져 볼 만하다는 의견이다.

꞉꞉ 아모레G 주가(2010년 초~2015년 말)

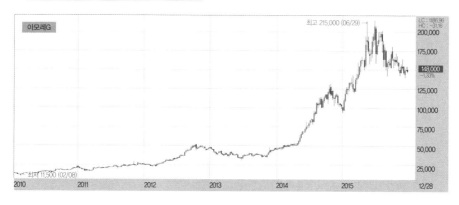

실패 사례 −가치투자의 원칙을 어기다

정통 가치투자의 원칙 아래 철저히 저평가된 주식만을 선호하는 최준철 매니저에게 가장 가슴 아픈 실패는 2007년 리조트회사인 에머슨퍼시픽에 투자해서 손실을 본 경험이다. 에머슨퍼시픽 사건이 뼈아픈 것은 다른 투자 건과 달리 그가 고수해 왔던 가치투자 원칙에서 벗어남에도 불구하고 투자를 감행했기 때문이다.

투자 당시 에머슨퍼시픽은 남해 힐튼 리조트 개발을 성공적으로 마치고 금강산 리조트를 개발하고 있었다. 국민소득이 늘어나면서 여행레저산업이 성장할 것이라고 생각은 했지만, 리조트사업 자체의 수익모델이나 안정성은 이전에 본인이 세워 놓았던 투자 철학(경기 부침에 흔들림 없이 안정된 수익을 창출하는 기업)에 잘 부합하지는 못했다. 그럼에도 불구하고 이 회사의 경우 CEO의 비전이나 능력이 출중해 보여서 이를 믿고 투자를 집행한 것이다.

그러나 투자가 집행된 직후 금강산 관광 여행객이 북한 해안초소 경비병의 총에 숨지는 사건이 발생했고 금강산 관광은 중단되어 버렸으며 금강산 리조트 개발을 추진 중이던 에머슨퍼시픽도 큰 손실을 안게 되었다. 엎친 데 덮친 격으로 2008년 글로벌 금융 위기가 발생하자 에머슨퍼시픽이 추진하던 다른 프로젝트들도 줄줄이 좌초되었다. 최준철은 결국 투자했던 주식을 손절하고 만다.

이 실패를 계기로 비즈니스 콘셉트나 경영자의 비전보다 산업의 속성이 더 중요하며 특히 경기하강 시에는 더욱 그렇다는 것을 절감했다. 또한 어떤 이유에서든 투자원칙의 양보는 화를 불러일으킬 수 있다는 걸 깨달았으며, 이후 같은 실수를 반복하지 않기 위해서 더욱 정통 가치투자 원칙을 고수하고 있다(참고로 에머슨퍼시픽 그룹은 이후 해운대리조트 개발을 다시 성공시키고 부활함으로써 최고경영자의 출중한 능력은 결국 입증되었다).

시장 전망 – 금리상승기는 오히려 가치주 투자의 기회

전 세계가 오랜 저금리시대를 마감하고 차츰 금리를 올리는 방향으로 전환되고 있지만, 최준철은 주식투자의 매력이 쉽게 떨어질 거라고 보지는 않는다. 금리가 올라간다고 해도 주식시장의 수익률에 비해서 매력적인 수준으로까지 올라가려면 몇 년이 걸릴지 모르고, 그때까지 주식투자는 여전히 금리보다 높은 기대수익을 갖기 때문이다. 오히려 과거의 예를 보면 금리가 완만하게 상승할 때 가치주가 각광받게 된다는 것이 그의 생각이다. 최준철은 이렇게 설명한다.

"저금리 상황은 사실 경기가 나쁠 때 발생합니다. 정책당국이 경기부양을 위해 금리를 낮추면 유동성이 차츰 회복되면서 증시 주변에도 자금이 풍부해지며 주가가 올라가지만 핵심 성장 섹터로 자금이 쏠리는 현상이 두드러집니다. 지난 10년간 저금리시대에도 FAANG과 같은 핵심 성장 기업에만 자금이 쏠린 것이 이에 해당합니다. 하지만 경기가 회복돼 다시 금리가 올라가는 상황에서는 더 이상 경제나 기업의 빠른 성장을 기대하기 힘듭니다. 빠른 성장을 기대하기 힘들 때 투자자들은 기업의 본질가치에 다시 주목하기 시작하면서 성장주보다 가치주로 관심이 이동하게 되는 일들이 역사적으로 반복되어 왔습니다."

2004년부터 2007년까지 그린스펀의 FRB가 금리를 올리던 시기에도 가치주들의 상승은 두드러졌고 한국에서도 SK, 대성산업, KT&G 같은 가치주들의 등급재산정(rerating)이 진행되었다. 이와 같이 다시 금리가 상승하면서 가치주에 대한 관심이 증가될 때는 지배구조가 개선되는 시대적 분위기와 맞물려 자의든 타의든 배당, 자사주 소각, 합리적 자본배치 등 선진적인 주주 정책을 실행하는 기업의 주가가 재평가될 것으로 그는 기대한다.

산업적 측면에서는 향후 4차 산업이나 전기차와 같이 미래 먹거리가 될 산업을 주목하는 펀드매니저들은 많지만, 최준철이 미래의 새 성장사업을 보는 관점은 매우 다르다. 그 역시 4차 산업이나 전기차 등의 산업에 대한 공부를 게을리 하진 않지만, 그의 연구는 새롭게 큰돈을 벌 불확실한 사업에 베팅하기 위해서가 아니다. 그보다는 이들 새로운 회사의 등장이 그가 이미 투자한 기업들, 즉, 이미 훌륭한 수익을 실현해 온 기업들의 이익을 침범하진 않는지 체크하기 위해서다.

아마존 같은 온라인 회사가 등장함으로써 행여 본인이 보유한 이마트의 수익이 줄어들진 않는지, 테슬라 전기차의 등장으로 행여 현대차의 매출이 줄어들진 않는지 등의 관점이 더 큰 역할을 하는 것이다. 그만큼 그는 '확실하게 돈을 버는' 회사의 주주 되기를 선호하며, 미래의 성장잠재력에 대한 투자에는 다른 가치투자 펀드매니저들에 비해 매우 보수적이라는 얘기다.

특히 신약 개발을 하는 바이오 회사들에 대해서는 투자하지 않는데, 이는 신약 개발이 성공하면 대박이지만 그 확률이 높지 않을 뿐더러 이런 기업에의 투자는 로또처럼 운에 기대는 면이 커서 본인의 투자 스타일에 맞지 않기 때문이다.

최준철이 생각하는 주식투자의 올바른 자세

최준철은 하나의 종목을 고르기 위해서도 엄청나게 많은 공부를 한다. 지금도 매일 400페이지 넘는 자료를 챙겨 본다. 그래서 스스로를 입시공부 하는 고3 수험생에 견주기도 한다. 일단 관심이 생긴 기업은 자료뿐만 아니라 여러 번의 탐방을 통해서 재무제표나 증권사의 기업보고서 등에서 볼 수 없는 정보를 얻기 위해 노력한다.

보통 하나의 기업에 투자하기 전에 VIP자산운용의 애널리스트들과 함께 서너 달 이상 공부하고 토론한 후 투자를 결정한다. 이렇게 까다롭게 종목을 골라 투자하기 때문에 주식을 사는 순간 내가 그 기업의 주인이라는 의식을 갖는다. 예컨대 휠라코리아 주식에 투자하는 순간부터 그가 사는 모든 의류나 스포츠용품은 휠라 제품이다. 내 회사 제품이니까 다른 회사 것을 살 수 없을 만큼 애정을 갖게 되는 것이다.

이처럼 까다로운 선별 과정을 거쳐 내 회사라는 개념으로 투자를 하므로, 웬만한 사건이 발생해도 주식을 팔고 나오는 일은 별로 없다. 그래서 최준철은 어떤 종목이든 평균 3년 이상이 투자기간이다. 그 전에 회사에 영향을 미칠 만한 사건이 발생하면 이것이 잠시 맞고 가야 할 소나기인지, 처마 밑에 들어가 피한 다음 길을 가야 하는지 검토한다.

VIP자산운용은 투자 대상 기업에 대해 전담 '마크맨'이라는 제도를 두어 투자한 회사의 모든 동향을 관찰하고 '따라다니게' 한다. 이 직원은 그 회사에 대해서 누구보다 잘 알고 있기 때문에, 무슨 사건이 발생하면 이 마크맨의 의견을 매우 중시한다. 그러나 웬만큼 회사의 수익의 본질을 해치는 사건이 아니면, 3년 이상 기다리는 것을 원칙으로 유지한다. 다만 3년이 지나도 기대했던 수익이 실현되지 않을 경우엔 뭔가가 잘못된 것은 아닌지, 더 기다려야 하는지 심각하게 다시 점검한다. 2018년 큰 수익을 거 둔 휠라코리아도 장장 4년을 참고 기다린 후에야 결실을 맺은 케이스다.

일반투자자를 위한 최준철의 조언 – 배당주투자를 권장

개인투자자는 펀드매니저처럼 많은 시간을 들여 자료를 읽고 기업을 탐 방해서 종목을 고르기 어렵다. 그래서 **개인투자자가 직접투자를 한다면 가 장 좋은 방법은 고배당주에 투자하는 것**이라고 생각한다. 배당수익률은 숫 자 하나로 저평가 여부, 현금 흐름의 상태, 주주에 대한 태도를 보여 주는 효율적인 지표다. 따라서 배당수익률이 높은 회사에 투자한다면 수익성도 좋고 주주도 중시하는 기업에 투자하는 것이므로 안전하다.

또한 주기적으로 들어오는 배당금만으로도 기다림 때문에 생기는 기회 비용을 벌충해주므로, 주가가 상승하지 않더라도 장기투자를 가능하게 해 준다. **배당수익률에 기반을 둔 투자는 오랜 기간 가장 검증된 투자 방법**이 라 생각한다.

개인투자자들이 배당주같이 검증된 투자 방법을 선호하지 않는 것은 일 반인들의 주식투자에 대한 기대수익률이 너무 높기 때문이다. 고액자산가 들은 원금이 워낙 크기 때문에 6~7% 정도의 수익도 충분하다고 생각하지 만, 소액투자자들은 적어도 두 자리 수 이상의 수익을 목표로 투자하기 때 문에 상당히 공격적인 투자를 하게 되고 그래서 오히려 큰 손실을 안고 끝 나는 경향이 있다.

최준철은 충고한다. 주식투자란 상대방을 꺾어야 하는 축구나 만루홈런 처럼 시원한 한 방을 기대하는 야구보다는 차라리 골프와 가까운 것으로 생각하라고. 골프는 남을 이기는 게임이 아니라 자신과의 싸움이며, 점수를 많이 내기보다는 실수를 적게 하는 사람이 이기는 게임이다. 주식투자를 이러한 마인드로 접근하면 보다 좋은 성과를 거둘 수 있을 것이라고 조언한다. 이것이 그레이엄이나 버핏이 '잃지 않는 투자'를 강조하는 이유이기도 하다.

● **최준철** 대표

―――――――――――

1976년생
서울대 경영학과
VIP 투자자문 창업 (공동대표 김민국)
VIP 투자자문 대표이사
현) VIP 자산운용 대표이사

06

중소형주식형

민수아 삼성액티브자산운용

민수아 매니저는 시장에서 잘 알려진 중소형주식형 펀드매니저다. 펀드매니저로서의 커리어는 대부분 현재 재직하고 있는 삼성자산운용에서 쌓아 올렸으며, 지난 10년간 삼성중소형FOCUS펀드를 맡아 국내에서 운용규모가 1,000억 원 이상인 중소형펀드 가운데 가장 우수한 성과를 기록했다. 민수아가 운용하고 있는 삼성중소형FOCUS는 규모 면에서도 순자산 6,000억 이상으로 다른 중소형펀드보다 압도적으로 크며, 2007년 9월 설정 이후 누적수익률 116.00%와 연평균수익률 8.74%로 같은 기간 KOSPI가 기록한 누적수익률 26.70% 및 2.21%보다 3배 이상 높은 성과를 나타냈다.

민수아 매니저의 성과 vs KOSPI 성과

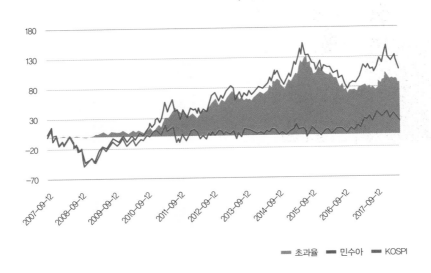

초과율   민수아   KOSPI

연도별 성과 요약

기간(현재기준 최근)	운용수익률	KOSPI	초과수익률
1년	1.04(1.04)	−2.75(−2.75)	3.78(3.78)
3년	−10.59(−3.66)	12.15(3.89)	−22.74(−8.24)
5년	28.44(5.13)	24.84(4.54)	3.6(0.71)
6년	47.1(6.64)	25.46(3.85)	21.63(3.32)
7년	39.67(4.89)	10.73(1.47)	28.94(3.7)
10년	131.09(8.74)	38.88(3.34)	92.21(6.75)
운용 이후(07.09)	116.00(7.38)	26.70(2.21)	89.29(6.08)

연도	운용수익률	KOSPI수익률	초과수익률
2008	−37.21	−40.73	3.52
2009	59.61	49.65	9.96
2010	22.02	21.88	0.14
2011	12.64	−10.98	23.62
2012	19.95	9.38	10.56
2013	4.62	0.72	3.90
2014	7.41	−4.76	12.17
2015	18.12	2.39	15.74
2016	−15.31	3.32	−18.63
2017	21.96	21.76	0.20
2018 상반기	−5.53	−5.73	0.20

주식의 문외한, 첫 직장서 투자인생을 시작하다

민수아 매니저는 대학에서 법학을 전공해 투자에는 전혀 문외한이었다. 게다가 "주식 하면 패가망신 한다." "주식은 다 작전이다." 등등의 부정적인 말만 집안어른들로부터 듣고 자란 터라, 주식투자에는 눈곱만치도 관심이 없었다. 하지만 사회 현상이나 세상의 변화에는 관심도 많았고 새로운 것을 배우려는 지적인 호기심도 많았다.

민수아가 주식을 처음 접한 것은 1996년 첫 직장이었던 LG화재(현재 KB손해보험)에 입사하고 나서였다. 여기에서 그녀는 투자팀에 배치되었고 당시 LG화재에서는 일반대출, 채권, 주식 모두 자산운용으로 분류하여 같은 부서에서 취급하고 있었다.

선배직원들이 여러 종류의 자산을 운용하는 모습을 보면서 다양한 상품을 비교하며 이해할 수 있었고, 이러한 경험은 훗날 주식을 운용하는 데도 도움을 주었다.

처음 투자팀에서 일하기 시작할 당시 민수아는 국내 증권시장이 주식을 '투자'의 대상으로 보기보다는 '게임'의 대상으로 보는 분위기라고 느꼈다. 주식시장에서는 기업에 투자한다는 개념보다 '주식의 변동성에 대한 트레이딩'을 하는 것이 일반화되어 있었고 소위 정보 매매가 시장을 주도했다.

민수아는 주식에 완전 문외한이었고 여대에다 법대 출신이라 신입사원 시절 마땅히 따라다니며 배울 친한 선배가 없었다고 한다. 어쩔 수 없이 독학으로 주식을 공부했다. 벤저민 그레이엄, 워런 버핏, 피터 린치 같은 대가들의 책을 읽으며 공부했는데, 돌이켜 생각하면 당시 왜곡된 주식시장에 들어가 거기에 익숙해진 선배들한테 주식을 배우기보다 차라리 아무것도 모르는 백지 상태에서 최고의 대가들로부터 배운 것이 다행이었다.

민수아는 1998년 대리로 갓 승진했을 때 아시아 외환 위기를 맞게 된다. 당시 주식시장이 폭락하면서 운용 책임자였던 상사들이 모두 회사를 떠나는 상황이 발생했고 아직 주식투자를 충분히 공부하지도 못한 그녀가 자산을 관리-운용하는 일을 맡게 되었다. 당장 무얼 어떻게 해야 좋을지 알 수 없는 막막한 상황이 눈앞에 펼쳐진 것.

그녀는 우선 보유 중인 100개 이상 회사들의 재무제표를 일일이 확인하고 모든 기업들을 하나하나 탐방하며 포트폴리오를 정리했다. 돌이켜 보면 그때 그 절박한 심정으로 밤을 새어가며 기업을 선별하고 찾아다녔던 경험이 자신의 투자인생에 가장 튼튼한 뿌리가 되었다고 생각한다.

"제 주변에도 그렇고 주식이 재미있어서 시작했다는 분들이 많은데, 제 경우는 절박함과 책임감으로 시작했던 거죠. 그래서인지 저는 대박을 꿈꾸며 주식투자를 하는 많은 다른 분들과 달리, 주식의 **업사이드 포텐셜**upside potential보다 **다운사이드 리스크**downside risk를 먼저 생각하는 습관을 가지게 되었습니다. 저의 예측에 전혀 자신감이 없었기 때문에 투자하는 기업의 내용을 꼼꼼히 분석하고 저와 다른 의견을 가진 사람들의 말을 굉장히 귀 기울여 듣는 습관 또한 그때부터 생겼고, 이는 지금 팀 운용을 가장 효과적으로 하는 밑거름이 되었습니다."

대한민국을 대표하는 중소형주 펀드를 키우다

민수아의 첫 직장이었던 보험사는 업의 성격상 주식보다는 채권 운용을 위주로 했기 때문에 그녀는 보다 전문적인 주식운용의 기회를 원했다. 2002년 민수아는 같이 주식전문 자문사를 만들자는 업계 동료들과 뜻을 같이해 인피니티투자자문사 창립 멤버가 된다. 이 회사에서 4년을 일하다가 향후 발전 방향에 대한 의견 차이로 창립 파트너들은 헤어져 각자 새로운 길을 모색하게 되었다. 이때 삼성자산운용의 제안을 받고 2006년부터 삼성에서 근무하게 된다.

삼성에 와서 보니 회사에 여러 가지 유형의 펀드가 있었지만 그때까지 중소형펀드가 설정되어 있지 않았다. 마침 국민연금기금에서도 중소형 스타일에 대한 위탁운용 규모를 늘리고 있던 터라, 삼성에도 중소형펀드 운용팀이 만들어졌고 민수아가 이를 맡게 되었다.

그녀는 이때 소형주 투자의 대가 랠프 웬저가 쓴 〈작지만 강한 기업에 투자하라〉라는 책과 제러미 시걸이나 찰스 멍거의 저서들을 통해 '**합리적인 가격의 성장주(GARP; growth at a reasonable price)**' 개념에 눈을 뜨게 되었다. 제러미 시걸은 이러한 강소주식을 황금주라고 지칭할 만큼 높게 평가했다. 민수아는 이런 대가들의 투자기법을 바탕으로 기업을 선별하고자 노력했다.

그녀는 중소형이지만 유동성이 어느 정도 확보된 주식, 중소형이지만 글로벌 경쟁력이 있는 회사 위주로 투자한다고 한다. 변동성이 심한 중소형주 매니저로 장기간 살아남은 것도 이러한 투자정책 때문인 것 같다고 자평한다.

그녀가 2006년 삼성에 와서 2007년 중소형주펀드가 만들어지자마자 글로벌 금융 위기가 터졌다. 중소형주의 경우 하락장에서 하락 폭이 훨씬 커서 큰 손실을 보았지만, 회복될 때도 역시 큰 폭으로 올라서 손실을 금세 만회했다. 글로벌 금융 위기 이전에는 중후장대 산업의 회사들이 크게 상승했었는데 이는 중국의 인프라투자 사이클에 따른 혜택을 누렸기 때문이다. 그러나 금융 위기를 기점으로 이런 사이클이 끝나고 2010년부터는 당시 중소형주였던 롯데칠성, 아모레, 코스맥스 등의 소비재 기업 주가가 큰 폭으로 상승했다.

민수아 매니저는 이러한 황금주들을 잘 선별했고 투자 시점을 선점해 매년 안정적으로 우수한 수익률을 낼 수 있었다. 덕분에 2010년부터 2016년까지 KOSPI지수는 박스권에 갇혀 있었음에도 삼성중소형FOCUS펀드는 한 해도 마이너스 없이 시장을 압도했다. 다만 2016년에는 대형주 장세가 펼쳐지면서 2010년 이후 처음으로 마이너스 수익률을 기록했다.

시장이 횡보하는 국면에서 특정 섹터가 오르면 다른 섹터에서 주식을 팔아 오르는 섹터로 옮겨가는 법이라, 2016년에는 대형주를 사기 위한 중소형주의 매도가 펀드의 수익률 저하를 초래했다. 당시 중소형주들의 기업 실적이 나쁘지 않았음에도 불구하고 시장의 쏠림 때문에 이런 현상이 나타난 것이다. 민수아는 2018년 들어 다시 중국 경기확장이 둔화되면서 대형주들의 레벨 업 사이클은 어느 정도 끝났기 때문에 2016년부터 외면 받던 중소형주가 다시 성장할 수 있는 사이클이 오고 있다고 예상한다.

그녀의 투자원칙 – 좋은 기업을 싼 값에

민수아가 생각하는 투자의 기본은 '**인플레이션 헤지**'다. 아무리 돈이 많아도 금고에 그냥 쌓아 두면 인플레이션만큼 그 가치가 떨어지기 때문에, 자산 가치 하락을 막기 위해서도 지속적으로 투자를 해야 한다고 믿는다. 그리고 좋은 기업은 일반적인 경제성장률보다 훨씬 더 성장할 수 있기 때문에, 여기에 투자하는 것이 자산 가치를 높이는 가장 좋은 방법이라고 생각한다.

그녀의 투자원칙은 간단하다. '좋은 기업'을 '싼 값'에 사는 것이다. 하지만 싼 값으로 좋은 기업에 투자하는 것, 즉, 투자의 타이밍을 정하는 것은 펀드매니저에게는 쉽지 않은 일이다. 펀드에 돈이 들어오고 나가는 것은 펀드매니저가 아니라 투자자들이 결정하기 때문이다.

주가가 많이 오르면 펀드에 투자자금이 들어오고 주가가 하락하면 오히려 환매 요청이 발생하기 때문에 펀드매니저가 원하는 대로 투자 타이밍을 잡을 수 없다. 그래서 민수아는 '**싼 값**'보다 '**좋은 기업**'에 투자의 **방점**을 찍는다. 주가는 왔다 갔다 할 수 있지만 장기적으로 보면 좋은 기업의 주가는 결국 우상향하기 때문에 '싼 값'에 살 타이밍을 찾으려는 노력을 차라리 '좋은 기업 찾기'에 쏟자는 것이다.

민수아가 생각하는 좋은 기업이란 어떤 기업일까?

(1) 독점적 경쟁력을 갖고 있어서 시장을 리드할 수 있는 영향력을 지닌 기업이다. 여기서 독점적 경쟁력이란 사전적 의미의 독점은 아니다. 아무리 작은 제품을 만들더라도 그 제품이 글로벌 경쟁력을 가지고 있어서 결국 시장 점유율을 높이고 지속적으로 성장할 수 있는 잠재력을 가진 회사를 독점적 경쟁력을 가진 좋은 기업으로 정의한다.

그러나 좋은 기업이 꼭 좋은 주식이 되진 않는다. 그래서 그녀의 '좋은 기업'은 (2) 주주가치가 높아질 수 있는 회사여야 한다. 따라서 주식을 볼 때 그녀는 기업의 현금 흐름을 가장 중요하게 생각한다. 돈을 잘 벌어서 번 돈으로 적절한 데다 재투자하거나 투자할 곳이 마땅치 않으면 배당을 많이 하여 ROE를 높일 수 있는 기업을 골라 투자한다.

이러한 투자원칙은 성장산업에 있는 기업이든, 비성장산업의 기업이든 동일하게 적용된다. 결국 '경쟁력'을 가지고 '지속가능한 성장'을 만들어 냄으로써 '주주의 가치'를 높이는 기업에 투자한다는 얘기다.

핵심 기술을 보유한 지속 성장주 투자 – 리노공업

민수아 매니저가 리노공업에 처음 투자한 것은 2014년 8월이었다. IT 부품인 테스트 핀이나 테스트 소킷 등의 검사 장비를 만드는 회사였는데, 2009년 매출액이 전년 대비 25% 감소한 이후 비메모리 분야 투자를 통해 위기를 탈출하였고 지속적으로 영업이익률 20% 이상을 달성하는 우량 기업이었다. 전부터 관심을 가졌던 회사지만 IT 부품회사치고는 밸류에이션이 너무 높아 투자를 망설이고 상당 기간 지켜보았다. 일반적으로 IT 부품 기업들은 영업이익률이 높다가도 업황이 나빠지면 영업이익률이 급락하는 경우가 많아서 대체로 밸류에이션이 낮게 거래되기 때문이다.

그러나 리노의 경우 IT산업이 발전할수록 매출이 급증했을 뿐 아니라, 머리카락보다 얇은 핀 생산이라는 독보적인 기술로 '가격 결정력'을 누리며 매출처를 다변화하고 있었다. 이에 따라 민수아의 투자원칙인 '핵심 경쟁력'을 가진 것으로 판단하여 높은 밸류에이션에도 불구하고 투자를 결정하게 된다. 특히 탐방을 통해서 매우 숙련된 직원들이 수작업으로 핀을 생산하는 걸 봤던 것이 이러한 결정을 내리게 된 계기였다.

현장을 직접 보니 다른 회사나 외국 기업이 따라올 수 없는 이 회사의 경쟁력을 확인할 수 있었고 다소 높은 밸류에이션에도 불구하고 투자를 결정한 것이다.

2014년 8월 매수 당시 3만5천 원 내외였던 주가는 2015년 5만 원 이상으로 상승했다가 2016년 조정을 받아 4만 원과 4만5천 원 사이를 횡보했다. 이후 2017년 중반부터 다시 오르기 시작하여 2018년 하반기 6만5천 원과 7만 원 사이에서 거래되고 있다. 약 4년의 투자기간에 주가는 두 배 상승한 것이다.

2018년부터 동사는 2차 전지, 자동차 전장, 헬스케어 등 예상치 못했던 산업으로부터도 테스트 핀의 수요가 증가하고 있어 향후에도 추가적인 성장이 예상된다.

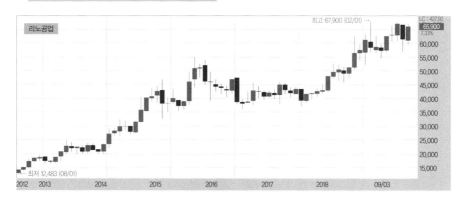

리노공업 주가(2012년 말~2018년 중반)

에너지 패러다임의 변화 포착 – 포스코켐텍

포스코켐텍은 포스코그룹의 제철 부산물을 활용한 화학사업의 성장으로 시장의 기대가 컸던 회사였다. 그러나 수년 동안 실적이 뒷받침해 주지 못했고 주가 또한 지속 하락하였다. 하지만 포스코의 조강 생산량에 비례하여 내화물, 정비, 생석회 부문의 성장은 꾸준했으며, 안정적인 현금 흐름을 기록하고 있었기 때문에 지속적으로 관심주 리스트에 올려놓고 지켜보았다.

민수아가 이 회사에 투자를 결정하게 된 건 2016년. 화학사업 부문이 꾸준히 성장하고 있었으며 전기차시장 성장에 따른 음극재 부문 성장도 가시화되고 있었지만, 시장은 이런 요소들을 지나치게 과소평가 또는 무시하고 있다고 판단했기 때문이다.

민수아가 운용하는 삼성중소형FOCUS투자 팀은 자체 내부 스터디 과정을 통해 가전제품 및 자동차에서 2차전지의 발전 속도가 엄청날 것이라는 결론을 내리고 있었기에, 당사의 2차 전지 음극재 부문 매출 성장성에 대해서도 자신이 있었다. 이에 따라 2016년 하반기 거의 6개월에 거쳐 포스코켐텍의 주식을 분할 매입했다.

주가는 2017년 하반기부터 급격히 오르기 시작했다. 처음 매입할 당시 약 7,000억 원이었던 시가총액은 2018년 후반 약 4.3조로 치솟았고, 주가 상승의 기폭제가 되었던 음극재 생산능력은 2018년 현재 약 1.2만 톤(매출 비중 3%)에서 2020년까지 6.4만 톤(매출 비중 약 20%)으로 성장할 것으로 전망된다. 이 종목은 최근의 투자 중에서 에너지 패러다임의 변화에 대한 확신과 그 산업 내의 경쟁력 있는 기업을 찾으려는 노력이 좋은 결과로 이어진 예라고 생각한다.

⫶ 포스코켐텍 주가 추이(2015년 초~2018년 말)

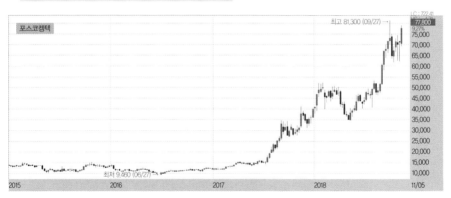

너무 많이 빠졌다고 바닥이라 판단하지 말라 - 현대차

민수아 스스로 실패한 사례로 생각하는 것은 2018년의 현대차에 대한 투자다. 현대차의 경우 지난 몇 년간 주가가 많이 빠져서 2018년 초엔 13만 원 부근에서 주가가 형성되어 있었고 PBR은 0.6에 이르렀다. 현대차 제품의 경쟁력이 외국 자동차회사들에 비해 강점이 있다고 생각하지 않았음에도, 이런 수준이면 주가가 더 이상 하락하기 어려운 바닥권이라고 판단해서 13만 원 부근에서 주식을 매입했다.

당시 국내에서 외국차의 점유율은 정체 상태였고 GM도 철수할 가능성이 보여서 적어도 내수시장에서 현대차의 점유율은 개선될 것으로 전망한 것. 또 수출에서 중요한 위치를 차지하고 있는 중국 시장의 경우에도 사드 문제로 인한 적대적 분위기가 최악을 지나 점점 개선되고 있다는 점 또한 긍정적이었다.

무엇보다 그 해 여러 건의 신모델 출시가 예정되어 있었고, 그중 새로운 SUV도 예정되어 있어 해외시장에서 이를 통한 돌파구가 마련될 것으로 기대했다. 기본적으로 세계 5위권의 글로벌 기업으로 성장한 현대차가 더 이상 나빠질 수 없는 악재만 노출된 최악의 상황에서 향후 발생할 호재에 대한 상승탄력은 클 것이고 하방은 거의 막혀 있다는 판단에서 투자를 결심했던 것이다.

그런데 결과는 사뭇 달랐다. 현대차는 그 이후에도 추가 하락을 지속해서 10만 원 이하로 떨어졌다가 어찌어찌 반등하여 간신히 원금을 회복하는 수준에 와 있다. '주가가 많이 하락했다고 해서 사는 건 아니다'가 민수아의 믿음이었고, 실제로 그런 경우도 거의 없는데 현대차의 경우만큼은 그런 실수를 한 게 아닌가 싶다.

물론 아직 보유 기간도 길지 않고 앞으로 주가가 반등할 수도 있으므로 실패인지 아닌지 속단하기에는 이르지만, 어쨌든 제품이나 회사 경쟁력에 대해서는 믿음이 없었음에도 매수할 때 '너무 빠져서 바닥'이라는 기준으로 판단했다는 점에서 반성해야 할 투자였다고 생각한다. 매니저의 입장에서 기업 내용도 중요하지만 싼 가격에 사는 것도 그만큼 중요할 수밖에 없다. 현대차의 경우에는 이에 집중하다보니 기업보다 가격을 본 것이 아닌가 싶다.

시장 전망 - 시장은 급변할 것이나 투자원칙은 변하지 않음

향후 10년간 세상은 우리가 예측할 수 없을 만큼 빠르게 변화할 것이다. 기술적으로는 빅 데이터, AI, 자동화로 대표되는 4차 산업혁명이 IT업계는 말할 것도 없고 금융, 서비스, 의료, 교육 등등 모든 분야에서 변화를 주도할 것이다. 신기술 분야의 기업들뿐 아니라 모든 업종에서 혁신에 성공한 기업과 그렇지 않은 기업 간의 격차가 더 벌어질 것이고, 새로운 기업들이 끊임없이 생겨나는 다이내믹한 생태계가 조성될 것이다.

변화의 속도 또한 빨라져서 예전의 기업들에게 30년 걸렸던 성장의 사이클을 새로운 기업들은 3년 만에 달성하고 우량 기업이 급속도로 쇠퇴하거나 비즈니스 모델을 바꾸는 등 지금까지와는 차원이 다른 변화의 속도를 보게 될 것이다. 사회적으로도 인구 노령화와 양극화가 지속될 것이고 국제정세의 변화 또한 예측할 수 없을 만큼 급격할 것이다.

이에 따라 앞으로 주식시장 역시 지금보다 더 변동성이 심해질 수 있고 불확실성이 커질 수 있다고 생각된다. 따라서 지금까지보다 더욱 시장이 아니라 개별 기업에 집중해 투자해야 할 것이다. 또한 개별 기업을 보고 투자할 때는 위에서 언급한 '좋은 기업'에 집중해야 할 것이다. 예컨대 AI, 자율주행차, 2차 전지, 신재생에너지, BIO 신약, IoT 등등 우리가 이미 알고 있는 신기술 기업들은 괄목할 만한 성장을 할 수도 있지만 경쟁 또한 치열해질 것이다.

오히려 투자는 많이 해야 하고 돈을 버는 속도는 느려서 투자 회수가 어려울 수 있으며, 이에 반해 밸류에이션은 높아서 투자 매력도가 떨어질 수 있다. 고로 이런 기업들에 투자할 때는 반드시 위에서 언급한 '독점적 경쟁력', 즉 시장을 리드할 수 있는 핵심 경쟁력이 있는지를 따져 보아야 한다. 만약 그런 경쟁력이 있다고 판단되면 다소 비싸더라도 장기 투자해야 한다.

반대로 이런 혁신 기술에서 도태된 기업들은 아무리 싼 가격이라도 투자하면 안 된다. 이전에는 내재가치보다 싼 가격에 투자하고 기다리면 언젠가는 제값을 받을 수 있다는 기대감이 있었지만, 변화가 점점 더 빨라지는 상황에서 이런 기업들은 더 빨리 도태될 수 있기 때문에 단순히 싸다는 이유로 투자하는 것은 위험하기 때문이다. 오히려 신기술 변화에 대한 우려로 기존 산업에 대해 과소 투자되어 장기간 높은 마진을 누릴 수 있는 전통 산업에 투자하는 역발상 투자가 더 안전할 수 있다.

"예를 들어 전기차 산업의 성장에 대한 우려감으로 정유산업에 대한 시설투자가 없어서 정제마진이 오랫동안 높은 수준에 유지될 것으로 기대될 경우 전기차 제조업보다 정유업에 투자하는 편이 더 좋은 수익률을 얻을 수 있습니다. 또한 새로운 하드웨어가 급속도로 보급될 경우에는 그 하드웨어에 들어가는 핵심 부품에 투자해야 하지만, 보급이 어느 정도 진행되어 증가율이 둔화될 때는 그 하드웨어를 이용해서 매출을 늘릴 수 있는 소프트웨어 분야에 투자해야 할 것입니다. 최근 핸드폰 보급률이 둔화되면서 유튜브나 그를 통한 콘텐트 산업이 급속히 성장한 것과 같은 맥락으로 보면 됩니다."

민수아는 혁신적인 제품이나 서비스로 새로운 수요를 창출하는 산업을 성장산업이라고 한다면, 앞으로도 좋은 투자 기회는 주로 성장산업에서 나올 것이라고 전망한다. 하지만 과거처럼 어떤 산업-업종이 올라간다고 해서 그 분야의 기업이 다 같이 움직이는 패턴보다는 기업별로 좀 더 차별화되는 모습이 나타날 거라고 생각한다. 그러므로 어떤 기업에 투자할 땐 반드시 그 기업에게 산업 내 독점적 경쟁력이 있는지, 시장을 키울 능력이 있는지 등을 꼼꼼히 분석한 다음 투자해야 한다고 말한다.

시장의 변화는 전례 없이 빠르고 변동성 또한 그만큼 높겠지만 그럴수록 투자의 원칙은 굳건해야 한다는 뜻이다. 그녀는 '변화를 인지하되 그 안에서 투자의 원칙을 지켜나간다면' 결국 장기적으로 높은 수익률을 얻을 수 있다는 믿음을 갖고 있다.

일반투자자를 위한 조언 – 시장을 보지 말고 기업을 보라

민수아 매니저는 "투자 의사결정은 고난도의 정신노동이며, 주식투자는 돈 놓고 돈 먹는 게임이 절대 아니다."라고 강조한다. 한 회사에 투자하기 위해서는 정말 공부를 많이 해야 하며 실제 그녀도 그렇게 해왔다. 가령 IT 기업에 투자를 한다면 그 회사의 기술, 경쟁사와의 관계, 비슷한 유형의 외국 회사들, 회사의 이력, 산업에 대한 규제, 재무구조 등등 수많은 것들을 공부하고 조사한 후 비로소 투자할지를 결정한다. 그런 조사 이후 밸류에이션에 의해 주가의 하방위험(다운사이드 리스크)을 측정하고 투자 비중을 정하는 것이다.

왜 이렇게 투자할까? 그래야만 주가의 변동성이 크더라도 흔들리지 않을 수 있고, 또 설사 예측이 틀리더라도 뭐가 틀렸는지 알아야만 빨리 수정할 수 있기 때문이다. 투자는, 특히 주식투자는, '기업에 대한 투자'라고 그녀는 정의한다. 시장을 보지 말고 기업을 보라는 것도 이런 이유 때문이다. 그녀는 일반투자자들에게 다음과 같이 조언한다.

"시장을 보고 투자하지 마십시오. 주식시장 하락기에는 시장에 대한 우려가 정말 많습니다. 최근에도 미국 금리 인상에 대한 우려, 중국과의 무역분쟁에 대한 우려, 경기에 대한 걱정 등등 시장이 올라갈 만한 요인은 전혀 보이지 않습니다. 하지만 개별 기업을 보면 주가가 하락할 요인이 전혀 없는데도 시장이 빠지니까 덩달아 빠지는 경우가 수도 없이 많습니다. 사실 그럴 때가 좋은 기업을 싼 값에 투자할 수 있는 정말 좋은 타이밍인데, 대부분의 사람들은 시장 때문에 그 타이밍을 놓치고 맙니다. 시장이 아닌 기업에 대해 깊이 공부하고 투자해야 합니다."

만일 일반투자자로서 이렇게 투자하는 게 어렵다면, 이런 원칙을 가지고 있는 펀드에 간접투자하는 것을 권한다. 특히 어떤 펀드의 운용 철학을 신뢰한다면, 펀드의 기준가가 빠질 때 추가로 더 투자하는 편이 현명하다. 시장이 나쁠 때 좋은 기업이나 펀드에 투자하는 것이 가장 단순하고 가장 확실한 투자라고 생각하기 때문이다. 특히 정치적인 요인으로 시장이 하락할 경우, 이는 단기간에 그칠 수밖에 없다. 그럼에도 불구하고 시장이 급격

하게 빠지면 특히 중소형주가 더 많이 하락한다. 그럴 때는 EV/EBITDA
가 2~3배밖에 안 되거나 배당수익률이 5%를 넘는 기업들이 많이 생겨난
다. 이처럼 말도 안 되게 싸진 주식은 반드시 다시 오르게 되어 있음을 경
험으로 믿기에, 기업을 보고 싸진 주식을 매입하면 된다는 것이다.

펀드매니저라는 직업의 매력

민수아는 일하면서 주가의 변동에 엄청난 스트레스를 받지만, 그런 세
상의 변화를 공부하는 것이 너무 흥미롭고, 기업을 방문해서 회사의 전략
이나 꿈을 들을 때면 에너지를 충전 받는 느낌이 들어서 좋다. 그녀는 주
식투자를 하면서 세상을 배우고 인생을 배운다는 것이 이 직업의 매력이
라고 말한다.

"저는 처음 매니저가 되고 10년쯤 지날 때까지도 이 일이 내 적성에 맞지 않
는다고 생각했고 언제든 떠날 준비를 하고 있었습니다. 생각해 보면 스트레
스가 정말 많았던 거 같은데, 비슷한 시기에 시작했던 대부분의 사람들이 업
을 떠날 동안 저는 결국 떠나지 않았고 그 와중에도 수익률을 지켜 냈으니 이
젠 이 일이 저에게 천직이었던가, 하는 생각도 듭니다."

항상 떠나고 싶어 했던 그녀를 잡아 둔 건 다름 아닌 세상에 대한 호기심
이었다. 주식투자를 위해서는 원치 않아도 끊임없이 세상의 변화를 공부
해야 했다. 사람들이 어디에 돈을 쓰고 있는지, 기업들은 어떤 혁신적인
기술들을 개발하고 있는지, 산업별로 보면 어떤 나라의 기업이 비교 우위

에 있는지, 경기는 상승하고 있는지 아니면 침체되는 단계인지 등등. 우리가 살아가는 하루하루는 똑같은 것 같지만 세상은 매일 변하고 있고, 그걸 가장 가까이 느끼는 사람들이 주식투자자이기 때문이다.

오랜 펀드매니저 생활을 통해 그녀는 주식투자가 단순히 주식을 싸게 사서 비싸게 파는 '트레이딩'이 아니고 성장하는 기업에 장기투자 함으로써 그 이익을 함께 향유하는 것임을 알게 되었다. 그 과정에서 얻는 에너지가 민수아를 쉬지 않게 했고, 앞으로도 계속 이 일을 하게 될 거라는 확신을 주었다. 그녀에게 투자는 세상의 변화에 한발 앞서고자 하는 인생의 과정인 것이다.

투자자들이 믿고 맡길 수 있는 펀드를 만들고 싶다

이제 펀드매니저로서의 그녀의 꿈은 '투자자들이 믿고 맡길 수 있는 펀드'를 만들어 나가는 것이다.

"우리나라에는 단기적으로 수익률이 좋지 않더라도 믿고 갈 수 있는 펀드매니저들이 많지 않습니다. 이직도 잦고요. 저는 투자자들이 믿고 투자할 수 있는 펀드를 만들고자 하는 꿈과 비전이 있습니다. 저를 비롯한 저희 회사 임직원들이 중소형FOCUS펀드의 철학과 전략을 잘 유지해서, 투자자들이 자기 자산의 일부를 맡겨 놓고 단기적으로 손실이 나더라도 걱정 없이 '은퇴할 때 찾아야겠다'고 생각하실 수 있는 펀드가 되었으면 좋겠습니다."

민수아 본부장은 잘 알고 있다. 펀드매니저나 애널리스트들이 일관된 운용 철학을 갖고 장기적으로 펀드를 운용하고 싶어도 시장 변동성이 크다 보니 고객이나 회사나 여러 관계자들로부터 크나큰 스트레스를 받고 힘들어 하는 현실을. 그래서 관리자로서의 그녀는 투자에 재능 있고 투자를 위해 공부하는 일이 즐거운 사람들을 모아서 함께 고민하고 투자해서 좋은 수익률이라는 결과를 투자자들에게 돌려 주는, 분위기 좋은 직장을 만들고 싶다.

'여성은 펀드매니저로 성공하기 힘들다'는 편견을 깨고 재능 있는 여성들이 자산운용업계에 더 많이 진출하고 CIO에도 도전할 수 있도록 민수아가 앞으로도 탁월한 성과를 지속하고 더 높이 비상하기를 바란다.

● **민수아** 본부장
_____

1971년생
이화여자대학교 법학과
LIG 주식운용팀
인피니티 투자자문 주식운용팀 이사
현) 삼성액티브자산운용 밸류주식운용 본부장

07

배당주식형

최상현 한화자산운용+베어링자산운용

최상현 매니저는 베어링자산운용 주식운용 본부장으로 2013년부터 베어링고배당펀드 운용을 맡아 부임 당시 1,000억 원 미만이었던 펀드를 현재 1조 원이 넘는 대형펀드로 키웠다. 베어링으로 이직하기 전에는 푸르덴셜자산운용(현 한화자산운용)에서 2007년부터 2013년 초까지 밸류포커스펀드를 운용했다. 2007년에 공모펀드를 운용하기 시작한 이후 최상현의 누적수익률은 130.33%, 연평균수익률은 7.64%로서 같은 기간 KOSPI의 누적수익률 65.81%과 연평균 수익률 4.56%에 비해 2배 이상 높은 성과를 기록했다.

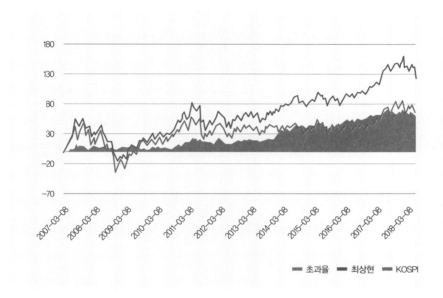

최상현의 성과 vs KOSPI 성과

초과율 ━ 최상현 ━ KOSPI

연도별 성과 요약

기간(현재기준 최근)	운용수익률	KOSPI	초과수익률
1년	−3.95(−3.95)	−2.75(−2.75)	−1.20(−1.20)
3년	18.30(5.76)	12.15(3.89)	6.16(2.01)
5년	50.09(8.46)	24.84(4.54)	25.26(4.61)
6년	56.00(7.69)	25.46(3.85)	30.54(4.54)
7년	35.12(4.39)	10.73(1.47)	24.39(3.17)
10년	75.82(5.81)	38.88(3.34)	36.94(3.19)
운용 이후(06.09)	130.33(7.64)	65.81(4.56)	64.53(4.49)

연도	운용수익률	KOSPI수익률	초과수익률
2008	−38.81	−40.73	1.92
2009	45.58	49.65	−4.07
2010	25.07	21.88	3.19
2011	−7.38	−10.98	3.60
2012	11.63	9.38	2.24
2013	5.08	0.72	4.37
2014	4.55	−4.76	9.31
2015	5.19	2.39	2.80
2016	8.64	3.32	5.32
2017	20.19	21.76	−1.58
2018 상반기	−7.43	−5.73	−1.71

최상현은 중·고등학교 시절부터 독서를 좋아해서 다양한 종류의 책을 많이 읽었다. 사회현상이나 사회의 작동원리 등에 관심이 많아서 사회학과에 진학할까도 생각했다. 그런데 경제학 역시 사회과학으로서 자본주의 사회의 현상을 이해하는 데 적합한 학문이라고 생각해 경제학과에 들어갔다. 대학생 시절에는 주식투자를 하진 않았다. 다만, 신문이나 잡지를 통해 국제경제나 국제정치를 이해하는 데 관심이 많았고 여전히 책도 많이 읽었다. 그는 대학 시절 독서를 통해 축적해 놓은 지식이 주식투자에 직접적인 도움이 되지는 않았지만, 중요한 고비마다 합리적인 판단을 내릴 수 있는 근거를 제공했다고 생각한다.

최상현은 대학을 졸업하면서 쌍용화재 투자팀에 입사한다. 졸업 당시 그는 경제나 세상 돌아가는 걸 공부하여 이를 바탕으로 의사결정을 하는 투자운용 쪽으로 취직하길 희망했다. 그런데 한국투자나 대한투자 같은 대형 투신사(당시는 투신사가 운용과 판매를 겸업했던 시절임)의 분위기를 보니, 신입사원은 대부분 지점 영업 쪽으로 가고 운용직으로 갈 확률이 낮아 보였다. 그래서 보험회사의 투자운용부서를 대안으로 생각했는데, 선배들의 이야기를 들어 보니 삼성이나 LG 같은 대기업 계열 보험사는 공채에 합격하더라도 해외 MBA 출신이 아니면 투자관련 부서에 배치받기 어렵다는 것이었다. 때마침 쌍용화재에 특별채용이라는 제도가 있는데, 투자팀에 갈 수 있으면 입사하고 그렇지 않으면 입사하지 않겠다는 의사를 인사팀에 표시했다. 다행히 그런 요청이 받아들여져 쌍용화재에서 사회생활을 시작하게 되었다.

막상 1995년 쌍용화재 투자팀에 입사하고 보니 본인의 기대와는 달리 투자가 주먹구구식으로 이루어지고 있었고 전문성이라고는 전혀 없었다. 다만, 보험회사 투자팀은 운용사와는 달리 온갖 상품을 투자 대상으로 하고 있었다. 신입사원 시절 거의 매일 야근을 하면서 주식, 채권, 해외상품, 외환, 파생 등 다양한 투자실무를 경험했는데, 후일 그가 자본시장 전반을 폭넓고 깊이 있게 이해하는 데 이 경험이 많은 도움을 준 것 같다고 생각한다.

입사 후 몇 년 되지 않아 1997년 IMF 위기가 발생했고 쌍용화재 투자팀에도 큰 변화가 있었다. 부·차장급 간부들이 구조조정으로 퇴사하고 그 자리를 쌍용증권의 보다 전문성 있는 인력들이 채우게 되었다. 그때부터 그는 증권회사 출신들에게 보다 체계화된 주식투자를 배우게 되었고, IMF 위기 이후의 증시 회복에 힘입어 투자팀의 성과도 매우 좋았다.

그러나 IMF 사태의 여파로 쌍용그룹이 와해되면서 쌍용화재도 매각되었는데, 새로 회사를 인수한 대주주가 개인인 데다 도덕성이나 투명성이 불안해 보여 그는 새로운 직장을 찾아 나섰다. 이때도 기왕이면 한국투자나 대한투자 같은 대형 운용사로 옮기고 싶었지만, 대형운용사에서는 그의 보험사 투자팀 운용 경력을 높게 평가해 주지 않았다. 대신 투자자문업계의 빅2 가운데 하나였던 한가람투자자문에서 그의 경력을 좋게 봐 주어 2002년부터 한가람에서 주식운용역으로 일하게 된다. 한가람에서는 주로 사모펀드를 운용했는데 당시 한가람 투자자문은 중소형가치주 운용을 잘하는 걸로 소문난 회사였고, 최상현은 여기서 일하면서 중소형주 투자에 대해서 많은 걸 배울 수 있었다.

배당주식형 펀드매니저로 성장

최상현은 2007년 한가람투자자문에서 푸르덴셜자산운용(현재는 한화자산운용)으로 이직한다. 아무래도 투자자문사의 위탁자산은 대개 1년씩 계약이 갱신되는 단기성이어서, 좀 더 큰 대형운용사의 중장기 위탁자산이나 공모형펀드를 운용하고 싶었기 때문이다. 푸르덴셜에서는 중소형주식을 운용해 본 그의 경험을 고려해 밸류포커스라는 중소형배당주식형 펀드의 운용을 그에게 맡겼다. 또한 모회사인 푸르덴셜생명이 위탁한 배당펀드의 운용도 맡겼는데, 두 펀드 모두 벤치마크가 푸르덴셜 퀀트팀이 자체적으로 설정한 밸류지수였다.

이 밸류지수는 PBR, PER, 배당수익률 등을 근거로 종목을 선정해서 지수화한 것이었는데, 이런 벤치마크에 맞추어 운용하다 보니 배당가치주 중심이 될 수밖에 없었다. 돌이켜 생각해 보면 이 과정에서 그는 좋은 배당가치주를 어떻게 선별하느냐를 배울 수 있었고, 그가 배당주 전문매니저로 성장하게 된 계기가 되었다. 예를 들어 배당수익률이 높은 회사에 투자해봄으로써 배당수익률보다는 배당을 증가하느냐 마느냐의 여부가 더 중요하다는 것을 나름 터득하게 되었고, 중소형배당주는 유동성이 높지 않은데 이 문제를 해결하는 방법은 결국 장기투자밖에 없다는 것도 깨닫게 되었다.

무엇보다도 그에게 주어졌던 푸르덴셜의 자체 밸류지수라는 벤치마크가 시장 상황이나 KOSPI의 등락과는 무관하게 중장기적 수익을 추구하는 벤치마크였기에, 그 역시 시장의 움직임보다는 기업 자체의 수익성을 보고 투자하는 습관을 기를 수 있었고, 이것이 지금까지도 그의 운용 방식에 큰 영향을 미치고 있다.

2013년 최상현은 SEI에셋에 스카우트되어 고배당주식형 펀드를 맡게 된다. 그가 푸르덴셜에서 배당주식형 펀드를 운용해 본 경험이 있었기에 SEI 고배당주식형 펀드의 운용을 맡을 새로운 매니저로 그를 뽑은 것이었다. 이것은 2002년 설정된 펀드로 최상현이 운용을 맡은 2013년 당시 규모가 1,000억 원 미만이었고 딱히 주목받지 못하는 펀드였다. 하지만 그가 운용을 맡은 후 저금리시대에 배당수익률이 높은 주식들이 각광을 받으면서 펀드수익률도 상승했고 설정 규모도 빠르게 성장했다.

시장의 여러 고배당주식형 펀드 중에서도 베어링고배당주식형펀드(SEI에셋이 베어링에 인수되어 이름이 바뀌었을 뿐 SEI고배당주식형펀드와 동일함)의 수익률이 돋보였는데, 이는 배당주 간 옥석을 선별하는 최상현의 실력 덕분일 것이며, 이를 통해 그 역시 시장이 주목하는 스타 매니저로 알려지게 되었다.

특히 그는 지난 10년간 줄곧 배당주식형 펀드 위주로 운용을 해 왔기 때문에 시장을 대표하는 배당형 펀드매니저로 자리매김하게 되었다.

시장에서는 일반적으로 신영의 밸류고배당펀드와 베어링의 고배당주식형펀드가 잘 알려져 있는데, 굳이 차이점을 들자면 베어링펀드가 배당주식형 펀드의 본질에 보다 충실하다고 볼 수 있다. 즉, 신영의 펀드는 그 이름에서 볼 수 있듯이 가치주와 고배당이라는 양쪽을 추구함에 비해 베어링의 펀드는 고배당 자체에 초점을 맞추고 있다. 그래서인지 배당수익률만을 놓고 볼 때 베어링 쪽의 배당수익률이 더 높다.

투자 예측의 범주를 넓히는 것이 중요

베어링운용은 사내에서 서로 스타일이 다른 펀드라도 주식운용본부 13명이 공동으로 리서치하고 운용하는 체재를 채택하고 있다. 이중 4명은 운용 역할에 더 큰 비중을 두고, 9명은 리서치 쪽에 더 비중을 두어 일하고 있다. 최상현 본부장이 설명하는 베어링자산운용의 투자원칙은 다음 세 가지다.

(1) 액티브 롱 투자 원칙을 고수하여 저평가된 자산을 매수해 장기 보유한다.

(2) 주가의 방향보다 기업 가치의 핵심 원천이 무엇인지 파악하고, 가치 이상으로 상승했을 때 매도한다.

(3) 과도한 확신으로 잘못 선택할 가능성을 줄이기 위해 적절히 분산투자를 한다.

위와 같은 투자원칙을 제대로 이행하기 위해 최상현은 두 가지를 중시한다. 첫째, 투자 예측의 범위를 넓히려고 한다. 많은 투자자들이 이번 분기나 다음 분기 실적을 예측하려고 하지만 베어링 리서치팀은 좀 더 길고 넓게 보려고 노력한다.

"기업의 장래를 예측한다는 것은 결코 쉽지 않습니다. 재무제표만 보고 이익의 성장성을 예측할 수 없고, 다양한 정보를 가지고 예측한다 해도 오류를 피할 수는 없습니다. 다만 당장의 예측이 틀리는 경우에도 기업의 주식을 보유하고 기다리기 위해서는 장기적인 안목으로, 다각도로 기업을 보고 판단해야 합니다. 우선 경영진과 구성원들의 인식과 태도, 사업 환경, 그리고 준비된 역량이 무엇인지 파악하는 것이 필요합니다. 과거에도 성공 스토리가 있다면 그 회사는 성공의 DNA가 있는 회사이고, 간부나 임원들이 성공을 경험했기에 또 한 번 성공 스토리를 쓸 수 있다고 봅니다. 특히 경영자의 자질과 능력에 관심을 갖는데, 경영자가 훌륭하다면 기업이 잘 될 확률이 분명히 높기 때문입니다."

그는 또 기업분석 시 가능한 한 오랜 기간에 걸친 (기업의) 역사를 공부하려고 한다. 과거 리포트들은 물론 자본의 변동 현황, 대주주의 지분 매수-매도, 설비투자의 역사와 그 결과를 짚어 본다. 예컨대 기업이 장기 투자계획을 발표하고 나면 곧바로 주가가 오르는 경향이 있지만, 이후 실적이 부진하거나 환경이 나빠지면 주가가 하락하고 사람들이 장기 투자계획 자체를 잊어버리는 경우가 많다.

최상현은 투자자들의 관심이 집중되어 주식이 비싸게 거래되는 시점보다는 시장의 실망이나 시간의 경과로 인해 호재들이 망각되고 주가의 거품이 빠졌을 때 매수하는 것이 바람직하다고 생각한다. 한마디로 기업의 투자가 시작되는 시점보다는 투자 성과가 나타나는 시점을 노리고 투자하는 편이 실패를 줄이고 수익률을 높이기에 좋다고 생각한다.

그는 리서치를 함에 있어서 IR과 대화나 기업 방문을 그리 중요하게 생각하지 않는다. IR 담당자는 당연히 회사 홍보를 할 수밖에 없고 주가를 관리하려는 의도가 높기 때문에 이를 너무 따르면 안 된다는 것이 그의 판단이다. IR이 제공하는 정보에는 지엽적인 이야기가 많고 이에 집중하면 큰 그림을 못 본다. IR의 도움 없이도 시중에는 객관적인 정보가 넘쳐난다. 최상현은 이런 데이터를 제대로 조회하고 축적해서 관리하려고 노력한다. 그런 노력을 통해서 예측력을 높일 수 있기 때문이다.

둘째, 싸게 사고 비싸게 파는 것이 중요하다. 주가가 저렴할 때는 더 싸야 한다고 주장하는 사람들이 시장에 넘쳐나고, 비쌀 때는 더 올라간다고 외치는 사람들이 넘쳐난다. 그래서 언더슈팅이나 오버슈팅이 빈번하게 발생하고 이를 이용하는 게 필요하다는 것이다. 이 때문에 그는 분할매수와 분할매도를 원칙으로 삼는다.

일단 싸다고 생각하면 망설임 없이 매수했다가 밸류 트랩에 갇혀 오랫동안 기다리는 밸류투자자들을 많이 보게 된다. 그런가 하면 주가가 올라도 가치 높은 좋은 회사이니까 더 비싸야 한다고 과신해서 붙들고 있다가 낭패 보는 경우도 흔하다.

물론 이럴 때 매니저는 자신의 신념으로 오래 기다릴 수 있을지 모르지만, 펀드투자자들이 기다리지 못하므로 환매를 요청하게 되면 어쩔 수 없이 매도해야 한다. 따라서 자기 판단에 대해서 지나치게 확신을 갖기보다 분할해서 매수하고 분할해서 매도하는 게 결과적으로 좋다는 것을 오랜 경험으로 깨달았다.

가치 이상으로 상승했을 때 분할매도에 성공 – 한샘

배당주 매니저로서 최상현이 꼽은 대표적인 성공사례는 한샘이다. 수많은 다른 성공보다 한샘이 그의 머릿속에 깊이 각인된 것은 '가치 이상으로 상승했을 때 분할매도'를 잘했기 때문이다. 그가 한샘에 주목하기 시작한 것은 2011년부터다. 그는 단순히 현재의 배당수익률이 높을 뿐 아니라, 현재 배당수익률이 시장 평균이거나 그 이상이면서 향후 배당을 증가시킬 수 있는 고배당주를 선호한다.

한샘은 2013년 배당수익률이 2% 이상으로 시장 평균을 상회했으며 이익도 계속 증가되고 있어서, 향후 배당증가 여력이 충분해 보였다. 이에 최상현은 2011년부터 2013년까지 2만 원대에서 한샘을 꾸준히 분할 매수했다.

국내 주택건설의 호조와 소득증가에 따른 가구별 인테리어에 대한 관심 증대로, 2013년부터 한샘의 이익은 한층 더 빠르게 올랐고 주가는 2015년까지 그의 매수단가에 비해 7~8배 상승하여 20만 원을 넘어섰다. 이익 증가 속도가 워낙 가팔라서 시장에서는 한샘에 대한 호평이 이어졌고 애널리스트 보고서도 지속적인 강력매수(strong buy) 일색이었다.

그러나 최상현은 주가 상승 때문에 배당수익률이 1%로까지 떨어지자, 배당주로서 더 이상 매력이 없다고 판단해 한샘 주식을 분할 매도했다. 이후 한샘의 주가는 오버슈팅되어 34만 원 넘게 상승했지만, 그가 20만 원대에 매도한 것을 성공사례로 꼽는 이유는 위의 투자원칙에 충실했기 때문이다. 즉 배당주의 가치는 배당수익률이 증가하거나 배당금수입이 증가할 때 있는 것이지, 배당수익률이 시장 평균보다 떨어지면 매도해야 한다는 것이다. 물론 분할매도의 원칙을 지켰기 때문에 매도단가는 20만 원 초반부터 30만 원까지 분포되었으며 평균 매도단가는 20만 원대 중반이었다. 베어링고배당펀드는 한샘 주식을 2015년 중에 모두 정리했다. 2015년 여름 34만7천 원의 최고가를 기록한 한샘의 주가는 이후 줄곧 하락하여 2018년 하반기부터는 10만 원 이하에 머물러 있다.

⁛ 한샘의 주가(2011년 초~2018년 8월)

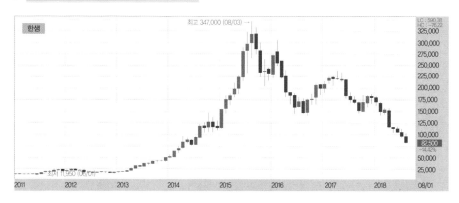

배당수익률이 상승하는 기업에 투자 – 엔씨소프트

2013~2015년 베어링고배당펀드는 중소형 내수주 중심의 포트폴리오를 구축하고 있었다. 해당 종목들이 배당 성향이나 현금흐름 측면에서 안정적이었기 때문이다. 당시 이른바 종목장세 속에서 투자자들이 개별 종목의 랠리에 열광하면서 투자지표 기준으로는 설명하기 어려울 정도로 중소형 소비재주들의 랠리가 지속되었다. 그럼에도 불구하고 아모레퍼시픽, 오리온 등의 놀라운 성공 스토리들이 화장품–음식료 회사들의 높은 주가를 합리화시키고 있었다.

이들의 평균 PER이 30에 이르자 최상현은 해당 주식들이 고평가구간에 들어왔다고 판단, 이들을 꾸준히 매도해 나갔다. 그가 2015년 상반기 과대평가된 중소형주를 판 다음 매수한 것은 배당수익성이 좋아진 대기업들이었다.

2015년 수출 위주의 국내 대기업들은 오랜 실적 부진에 따른 비관적인 전망으로 주가가 많이 내려와 있었고, 이 때문에 배당수익률이 4%가 넘는 종목들이 속출했다. 그런데 베어링 리서치팀이 이들의 재무제표를 들여다보니 현금흐름이 양호한 기업이 많았다. 그래서 삼성전자, POSCO, 만도, 엔씨소프트 등의 주식에 적극 투자를 집행했다. 이들에 대한 투자기준 역시 배당수익률이었다. 최상현은 **배당수익률이야말로 '투자의 확신'을 높이는 데 가장 확실한 지표**라고 생각한다.

특히 엔씨소프트는 2014년과 2015년에 걸쳐 배당을 늘림으로써 배당수익률이 2.5%에 달했기에, 베어링고배당펀드가 비교적 많은 금액을 투자했다. 당사는 배당수익률이 높았을 뿐 아니라 영업마진이 60%에 달해 현금유동성도 뛰어났다. 이런 현금유동성을 가지고 야구단(NC 다이노스)에 투자한 것은 주주로서는 실망스러운 일이었지만, 그만큼 현금 여력이 있어 향후에도 배당을 증가시킬 수 있으리란 점을 투자 포인트로 삼았다.

2015~2016년 매수 시 20만~25만 원이었던 엔씨소프트 주가는 이후 2017년 말까지 2년 정도의 시간에 2배 넘게 상승한다. 그러나 주가만 상승했을 뿐 배당은 늘어나지 않았고 그 결과 배당수익률이 시장 평균 이하인 1.5%로 떨어졌기에, 베어링고배당펀드는 2017년 말부터 분할매도를 시행했다. 다만 영업이익률 및 현금흐름이 좋아서 아직도 현재의 배당성향(30%)을 높일 만한 여력이 있기 때문에 아직까지 일부 주식은 보유하고 있다고 한다.

:!: 엔씨소프트 주가(2013년 초~2018년 8월)

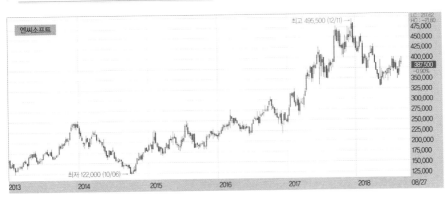

배당주투자는 긴 호흡으로 – 현대차 우선주

최상현이 생각하는 최근의 실패 사례는 2014년에 투자한 현대차 우선주다. 2014년 현대차가 삼성동 한전 부지를 10조 원에 매입했다는 뉴스는 시장을 시끄럽게 했었다. 현대차의 이 투자가 과도한 지출이라는 평가를 받으며 주가도 많이 떨어졌다. 회사 실적 역시 2012년부터 계속 '역성장' 추세여서 현대차에 대한 시장의 평가는 부정 일색이었다.

그런데 회사 재무제표를 살펴보니 땅값 10조 원을 지불할 만한 현금 여력이 충분할 뿐 아니라, 향후의 예상 현금흐름도 양호했다. 심지어 10조 원을 지불하고도 배당을 높일 여력까지 있다고 판단해서 베어링배당주펀드는 우선주 위주로 매수하기 시작했다. 투자의 논리는 주당 4,000원씩 배당하는 회사이므로 우선주 주가가 10만 원 이하라면 4%가 넘는 배당수익률만 보고 투자해도 된다는 판단이었다. 이러한 이유로 2015년 9만 원대에서 우선주를 분할 매입했다.

그러나 이후 중국 시장에서의 실적이 저하되고 미국 SUV 시장 점유율이 떨어져서 주가는 2015년부터 계속 내리막길, 2018년 말에는 7만 원대까지 내려왔다. 그러므로 지금까지는 실패한 사례라 하겠지만, 아직도 배당수익률이 높기 때문에 최상현은 현대차 우선주를 매도할 생각이 없다. 배당주투자의 성격상 장기투자로 기다리다 보면 손실을 만회할 수 있으리라고 판단한다. 그러나 지난 1~2년의 성과만으로 보면, 10만 원 이하가 충분히 싸다는 그의 판단이 빗나간 셈이다.

배당주의 매력과 전망

저금리 시대에는 배당주의 매력이 더 부각된다. 배당수익률만으로도 시중금리를 능가하기 때문이다. 미국은 작년부터 금리 인상이 시작되었지만 한국은 경제여건상 빠르게 금리를 올릴 수 없어서 2019년은 물론 2020년까지도 배당주의 수익률이 매력적일 것이라는 것이 최상현의 의견이다.

"한국 기업들이 배당을 늘리고 있어서 이미 배당수익률이 평균 2.3%까지 올라와 있습니다. 삼성전자가 2019년에 배당을 대폭 올리겠다고 예고한 상태고 현대차 역시 최근 엘리엇이 배당 상향을 요구하고 있어서 배당을 올리거나 적어도 현재의 수준보다 낮출 수는 없는 상황입니다. 이처럼 한국의 대표주들이 배당을 올릴 예정이거나 최근의 주가 하락으로 배당수익률이 더욱 매력적이 되었기 때문에 배당주투자는 향후에도 좋은 투자전략이 될 것입니다."

그의 경험상 배당주의 매력이 떨어지는 것은 시장 침체가 걱정되는 요즘보다는 오히려 시장이 너무 활황이어서 꿈이 현실을 압도하는 경우다. 가령 2017년처럼 바이오 주식에 투자자들의 관심이 쏠리는 경우 시장금리보다 나은 수익을 준다는 배당주의 매력이 외면당할 수 있다.

그러나 막연한 꿈에 기댄 투자는 10~20년 후의 기업 수익을 당겨오는 것이기 때문에 오래 지속되기 어렵고, 특히 금리가 올라갈수록 미래 수익에 대한 디스카운트 비율이 높아지므로 주식의 가격은 떨어지게 된다. 시장이 어려울수록 사람들의 관심은 막연한 꿈을 약속하는 기업보다 현실적인 수익에 쏠리게 되며, 그런 측면에서 배당주투자는 시장 분위기와 상관없이 장기 안정성이 높은 투자라는 것이다.

최상현의 시장 전망

최상현은 한국 주식시장이 세계 금융시장에서 갈수록 독자적인 지위를 잃어가고 있는 상황이라고 진단한다. 신흥시장에서는 중국, 인도, 브라질, 기타 동남아 국가들의 비중이 높아지고 있는 반면, 한국은 내수시장 규모도 작으며 경제가 저성장 국면에 접어들어 활력도 떨어지고 있다. 이 점이 주요 기업들이 경쟁력과 자산가치 대비 저평가되는 원인을 제공하고 있다고 설명한다.

이에 따라 최근 수년간 우리 주식시장에는 롱 액티브 펀드의 지위가 급속히 약화되고 헤지펀드, 메저닝 같은 틈새시장이 커짐으로써 꼬리가 몸통을 흔드는 모습을 보이고 있다. 이 때문에 일반투자자들에게 주식투자의 매력이 상실되는 듯하고 펀드투자도 줄어들고 있는 것이 펀드매니저 입장에서 매우 안타깝다.

그러나 그는 한국 기업의 경쟁력이 글로벌 차원에서 쉽게 무너질 상황은 아니라고 믿는다. 내부에서 보면 부정적일 수 있으나, 우리나라 인력이 우수하고 기업의 경영 행태도 합리적으로 변하고 있어서, 해외에서 볼 때 한국 기업은 여전히 국제무대에서 경쟁력이 있는 것으로 평가되고 있기 때문이다.

최상현은 펀드매니저가 기업에 대한 보텀-업 분석 외에 향후 경제성장이나 시황을 전망하는 것은 적절치 않다는 입장이다. 다만 실제로 내수의 기반이 확충될 수 있는 일들이 일어나고 있는지는 관심을 갖고 추적한다. 예를 들어 남북교류 확대나 동북아 경제권의 활성화 같은 일들이 발생한다면, 이는 시장 확대에 기여할 수 있을 것으로 기대한다.

4차 산업혁명에 대해서도 이런 트렌드를 주도하는 기업에 투자하기보다는, 어떤 기업이든 이런 변화에 어떻게 적응하느냐에 따라 흥망성쇠가 결정될 수 있다는 측면에서 유심히 지켜보고 있다(앞서 최준철 매니저가 4차 산업을 바라보는 관점과 유사하다).

최상현은 많은 투자자들이 관심을 갖는 한국의 바이오산업에 대해 장기적으로 낙관적이다. 우리나라에서 그래도 가장 머리 좋고 똑똑한 사람들이 의대나 약대에 가는데, 이런 인재들이 바이오산업의 발전에 기여할 것으로 믿기 때문이다. 그러나 현 단계에서는 기업 밸류에이션이 나오지 않는 경우가 대부분이어서 투자하기 힘들다는 것이 그의 입장이다.

일반투자자를 위한 조언 – 경제나 시황을 보지 말고 기업만 보라

많은 투자자들이 경제전망이나 시황전망에 신경을 쓰고 그에 따라서 주식을 사거나 파는데, 이러한 전망은 잘 맞지 않는다. 일반투자자들도 이를 따라가려 애쓰지 말고 그냥 좋은 기업의 주식을 선별하는 데 집중하기 바란다. 펀드매니저인 자신도 보텀-업 어프로치를 통해 배당수익률이 높고 앞으로 배당을 높일 수 있는 기업을 찾는 데 주력하지, 매크로에 대한 전망을 한다거나 이에 따라 투자하지는 않는다.

과거 최상현이 포스코나 SK이노베이션에 투자한 것은 그들의 현금흐름이 양호하고 배당 여력이 있다고 판단했기 때문이지, 글로벌 경기가 좋아지고 철강 가격이 올라간다거나 유가가 회복되는 시점을 맞출 생각은 아예 하지 않았다.

다행히 경기가 좋아지면서 그런 일이 발생하면 그것은 덤이다. 기본적으로는 매크로 사이클과 상관없이 내용이 좋은 기업에만 투자하면 그만이고, 그런 어프로치야말로 중장기적으로 이기는 전략이다.

또한 매매할 때 성급히 행동하지 말고 신중할 것을 조언한다. 자신이 없다면 분할매수를 고려하고, 주가가 급등하면 무리해서 추격매수하지 않으며 수익이 생겼을 때는 분할매도를 해 나가는 것이 현명하다. 그리고 항상 현금 비중을 어느 정도 확보하는 것이 필요하다는 것이 그의 어드바이스다.

● **최상현** 본부장

ㅡㅡㅡㅡㅡㅡ

1970년생
서울대학교 경제학과
쌍용화재보험 투자부
푸르덴셜(현 한화) 자산운용 주식운용팀장
현) 베어링자산운용 주식운용본부장

에필로그

막상 책 작업을 마치면서 생기는 몇 가지 바람과 독자들에게 미처 설명하지 못한 것들을 에필로그 형식을 빌어 말씀드리고 싶다.

첫째, 이 책이 정말 개인투자자들이 투자를 하는 데 도움이 되었으면 하는 마음이다. 내가 이 책을 쓰기 시작한 목적은 개인투자자들이 시장을 이기기는 힘들어도 비참히 지고 당하는 비극을 줄이고자 하는 데 있었다. 그렇다고 꼭 개인투자자들은 실력이 없으니 직접투자를 하지 말라는 의미는 아니니, 오해하지 않았으면 한다.

개인도 제2부에 소개한 황성환 대표가 처음 주식을 시작할 때처럼 절박한 마음으로 수중에 남은 돈을 목숨처럼 생각하고 열정과 피눈물 나는 노력으로 주식투자에 임한다면 직접투자에 성공할 수 있고, 그야말로 부자가 될 수도 있다. 그러나 그럴 수 있는 시간과 열정, 그리고 재능을 가진 사람이 소수이기 때문에, 왜 개인투자자가 성공하기 힘든가 하는 설명에 공감한다면 차라리 간접투자를 하라는 얘기다. 그러나 당신이 이 책에 나오는 펀드매니저들 못지않게 합리적인 투자철학과 원칙을 갖고 있고 심리적으로도 시장에 휘둘리지 않을 만큼 강하다고 느끼다면, 얼마든지 직접투자에 성공할 수 있다. 그러므로 이 책을 통해 자신이 직접투자에 적합한지 간접투자에 적합한지를 판단할 수만 있어도, 나는 이 책이 개인투자자들의 투자인생에 큰 도움을 줄 것이라고 생각한다.

둘째, 혹시 일부 독자들은 불만일지 모르겠다. 주식시장을 이기는 데 도움이 될 거라고 하면서 이 책은 당신이 시장을 이기지 못할 것 같으면 프로에게 맡기라고만 할 뿐, 직접투자를 원하는 사람에게 어떻게 종목을 고르는지, 어떤 타이밍을 잡아 매매해야 하는지 가르쳐주지 않는다고 말이다. 그러나 사실 제3부의 모든 내용이 이를 가르쳐주고 있다. 무려 일곱 매니저가 각기 다른 일곱 무지개 색깔처럼 다양하게 시장을 이기는 방법, 종목 고르는 방법을 설명해 주고 있다.

어떤 분들은 일곱 매니저의 이야기가 서로 달라서 헷갈린다고 할지도 모르겠다. 그러나 주식시장에서 성공하는 방법이 어찌 하나뿐이겠는가. 오히려 한 사람의 말만 듣고 이를 맹신하는 것보다 나름대로의 투자철학과 방법으로 성공한 일곱 사람의 조언을 듣고 이를 조합하거나 자신에게 가장 맞는 티칭 프로를 고를 수 있는 것이 이 책의 장점이라고 생각한다(다만, 제

3부의 일곱 베스트 매니저나 패시브를 신봉하는 배재규 부사장과는 달리 황성환 대표가 고수익을 거둔 단기 트레이딩은 말 그대로 트레이딩이지 투자와는 다른 영역인 만큼 함부로 따라하지 않았으면 좋겠다. 그가 제3부에 포함되지 않고 별도로 소개된 이유가 바로 그것이다). 그리고 이들 일곱 사람의 스토리로부터 투자에 성공하는 공통 요소도 쉽게 뽑아낼 수 있다.

무엇보다 시장에 휘둘리지 말고 기업을 보고 투자해야 하며, 좋은 기업을 골라서 가지고 있다면 끝까지 참고 기다려야 한다는 것 등을 이들의 실제 사례를 통해서 제대로 학습할 수 있었을 것이라 믿는다.

셋째, 이 책은 원래 2018년 12월에 출간할 예정이었으나 여러 가지 보완 작업을 거치면서 출간이 두 달 정도 늦추어졌다. 그러다 보니 2018년 여름 즈음을 기준으로 준비한 차트나 운용사와 펀드매니저에 대한 성과 평가가 2019년 초 시점에서는 달라져야 하지 않을까, 하는 고민도 했다. 그러나 자료들을 몇 달 더 업데이트한다고 해도 이 책이 출간 후 한두 달만 서점에서 독자들을 만날 것이 아니라면 업데이트에 큰 의미는 없다고 판단했다.

또한, 그간 시장상황이 변했으니 제3부의 매니저들과 나누었던 대화 내용과 조언이 바뀔 필요는 없는지 우려되어 그 내용을 다시 검토해 보았다. 놀랍게도 저자가 펀드매니저들을 인터뷰하던 몇 달 전과 책이 출간될 지금의 주식시장 상황은 많이 바뀌었음에도 불구하고, 그들이 얘기한 내용을 바꿀 필요는 없다는 걸 깨달았다.

그만큼 이들의 투자철학과 원칙, 그리고 시장에 대한 전망조차도 단기적인 것이 아니라 향후 몇 년이 지나도 유효한 내용임을 확인하고 크게 안도했다. 이 책에서 2018년 상반기까지를 기준으로 매긴 우수 운용사나 펀드 랭킹은 1~2년 후에 다소 변동될 수는 있겠지만, 10년 이상의 장기 운용성과를 바탕으로 했기 때문에, 이 책이 뽑은 우수 운용사나 우수 펀드는 여전히 유효할 것이다.

마찬가지로 지난 15년 이상의 투자경력을 통해서 베스트 매니저로 선정된 이들의 투자철학과 투자조언도 앞으로 오랜 기간 유효할 것이라 믿어 의심치 않는다. 따라서 이 책을 일독한 독자는 이 책을 보관했다가 향후 투자에 대한 본인의 가치관이 흔들리거나 올바른 조언이 필요할 때 다시 이독, 삼독해도 여전히 도움이 될 것이라고 감히 말씀드린다.

아무쪼록 독자들이 이 책을 통해 당장 돈을 벌 지름길을 찾으려 하기보다 다소 느리더라도 안정되고 또 마음 편하게 시장에 휘둘리지 않고 시장에 한 발 앞서나가는 현명한 투자자가 되는 방법, 투자의 큰 길을 만나게 되길 희망한다.

　끝으로 이 책을 통해서 만나게 된 많은 투자자와 자본시장에 종사하는 동료, 선·후배 분들은 이제 저와 또 하나의 인연을 맺은 것이기에 진심으로 여러분의 행복과 건강을 기원한다.

박 영규